WALL STREET

PARA BRASILEIROS

Domine Wall Street para *acelerar* o crescimento de seu patrimônio com muita segurança em poucas semanas

- 1st Edition -

Sidney Shauy, MBA

Rodrigo Bittencourt Shauy

PALLAS VESTA
PUBLISHING CO. LLC

Publicado por Pallas Vesta Publishing Company LLC, Nova Jersey, EUA

PALLAS VESTA
PUBLISHING CO. LLC

Pallas Vesta Publishing Company LLC
Nova Jersey, NJ – Estados Unidos da América

Descontos para vendas em quantidade estão disponíveis. Entre em contato conosco pelo e-mail abaixo.

SIDNEY SHAUY

Stock Market Investing
Guided by
Risk Management

ISBN: 978-1-960691-14-9 (e-book/PDF)
ISBN: 978-1-960691-15-6 (brochura)
ISBN: 978-1-960691-16-3 (capa dura)

Primeira edição: 2025

www.Engineering-Finance.com

Impresso no Brasil ou nos Estados Unidos da América. Design de capa e parte do conteúdo auxiliado por ChatGPT, CoPilot (concepção artística).

AGRADECIMENTOS ESPECIAIS

À minha família, por todo amor e apoio incondicional, sempre
Aos meus pais e avós, minha eterna gratidão
Aos meus mentores, por sua sabedoria e inspiração

AVISO LEGAL GERAL

Embora muito cuidado tenha sido tomado para fornecer material preciso, informativo e útil sobre os assuntos abordados no livro, nem a editora nem o autor são responsáveis por quaisquer erros e omissões, ou pelos resultados obtidos com o uso dessas informações. O livro contém ideias e opiniões do autor. As estratégias descritas no livro podem não ser adequadas para todas as pessoas em nenhuma circunstância, e não são garantidas ou garantidas para produzir quaisquer resultados específicos. O livro tem a intenção de fornecer informações gerais apenas para fins educacionais. O livro é vendido com o entendimento de que nem o autor nem o editor estão envolvidos em fornecer aconselhamento jurídico, comercial, financeiro, de investimento, tributário, contábil, de valores mobiliários ou qualquer outro aconselhamento profissional. O autor não é um consultor licenciado. O leitor deve sempre consultar seus próprios consultores profissionais confiáveis e licenciados antes de adotar qualquer uma das estratégias sugeridas no livro ou tirar inferências delas. O conteúdo deste livro é fornecido "como está", sem garantias de precisão, integridade ou pontualidade em relação aos resultados obtidos com seu uso. O leitor assume total responsabilidade pelo uso dessas informações e as usa por sua conta e risco. Nem o autor nem o editor serão responsáveis por quaisquer danos diretos, indiretos, especiais, incidentais, consequenciais ou punitivos de qualquer natureza. Em nenhuma hipótese, o autor, Sidney Shauy, nem o editor, Pallas Vesta Publishing Company LLC, suas empresas relacionadas, parceiros, agentes, funcionários, associados, provedores de serviços ou seus funcionários serão responsáveis perante os leitores ou qualquer pessoa por qualquer decisão ou ação tomada com base no conteúdo deste livro e suas consequências. As informações e todos os números neste livro que eram precisos no momento da escrita podem se tornar imprecisos ou desatualizados com o passar do tempo e por mudanças na economia e nos mercados. Novas leis e impostos podem ser promulgados. Os números, incluindo preços e taxas, e suposições não são garantidos e estão sujeitos a alterações a qualquer momento. Quaisquer desrespeitos contra indivíduos, grupos, organizações ou empresas não são intencionais. Os modelos usados no livro são baseados em suposições, que podem ou não se aplicar a todos, e estão sujeitos a erros, omissões e alterações. Todos os modelos são simplificações da realidade e devem ser entendidos como tal. Como em todos os modelos, suposições e exemplos numéricos no livro, foi enfatizado várias vezes que os resultados individuais variam com base em uma ampla gama de fatores relacionados ao conjunto único de circunstâncias, necessidades, objetivos, qualidade de execução de estratégias de cada pessoa, além de fatores incontroláveis, como o momento e o status da economia e dos mercados.

Esclarecimento sobre referências ao S&P 500®: **S&P 500® é uma marca registrada da S&P Global**. Não tem nada a ver com o RISP 500™, que é uma métrica de risco do mercado de ações desenvolvida pelos autores com base em dados relacionados ao S&P 500®, por meio de um algoritmo proprietário da Risk Scientific LLC.

Sobre o Autor

Sidney Shauy é CEO-fundador da Risk Scientific LLC (EUA), criador do RISP 500™, indicador de risco usado por gestores de ações e o Método SMIGRM baseado em Alocação Dinâmica Contextual. Foi trader e risk manager com mais de 30 anos de experiência combinada em mercados financeiros internacionais pelo Citigroup, Morgan Stanley, Lloyds Bank, ABN Amro, Bilbao Vizcaya, em Nova York, Hong Kong e São Paulo. O autor gerenciou portfólios multibilionários para os bancos com sucesso durante múltiplas crises financeiras desde a década de 1990. Nos últimos anos, trabalhou com clientes de alto patrimônio (high net worth), ajudando-os a criar estratégias e portfólios de investimentos, atuou como *subject matter expert* para Deloitte Consulting, e hoje presta serviços de trading e consultoria para gestores de fortuna e fundos de investimentos nos EUA. Especialista em derivativos financeiros em várias classes de ativos - ações, moeda, taxas de juros, commodities - incluindo derivativos híbridos e exóticos, ele está constantemente testando dados de mercado, novas estratégias (inclusive experimentais no mercado chinês, a próxima fronteira) e desenvolvendo/aprimorando novos algoritmos.

Engenheiro de automação por formação e quadrilíngue, Sidney Shauy obteve um MBA pela Wharton School da Universidade da Pensilvânia.

SIDNEY SHAUY

Stock Market Investing
Guided by
Risk Management

Site: www.WallStreetparaBrasileiros.com.br

Site: www.Engineering-Finance.com (em inglês)

Blog: engineering-finance.medium.com (em inglês)

Sumário

Prefácio

Caro Leitor e [Futuro] Investidor Global:

Se você já investe em Wall Street ou ainda não, parabéns! Você é uma pessoa diferenciada porque não é todo dia que alguém decide sair de sua zona de conforto e desafiar suas próprias fronteiras para explorar novas possibilidades que podem transformar sua vida. Só pelo fato de você estar aqui, lendo estas palavras, já demonstra sua coragem, sua vontade de expandir fronteiras, e sua mentalidade de crescimento – tanto pessoais quanto financeiras. Este é o primeiro passo de uma jornada que pode ser decisiva na sua busca por uma formação muito mais acelerada de patrimônio e por um futuro financeiro mais seguro e promissor.

O simples ato de querer aprender algo novo também te coloca à frente da maioria das pessoas. Afinal, é preciso visão para enxergar oportunidades, e determinação para aproveitá-las. Você está prestes a explorar um mundo novo: **o poderoso mercado financeiro dos Estados Unidos**, também amplamente conhecido como **Wall Street - o maior e mais sofisticado mercado de capitais do planeta**. Um mercado que oferece uma amplitude de possibilidades muito além do que estamos acostumados no Brasil – e que hoje já pode ser acessado de forma simples e direta, sem nem sequer precisar sair de sua casa. Mas para aproveitar a oportunidade, é imprescindível ter o conhecimento certo.

Wall Street: Uma Oportunidade para Mudar Vidas

Graças à globalização do século 21 e ao avanço da tecnologia, investir no mercado americano se tornou uma oportunidade real e acessível para todos os brasileiros, independentemente de classe social ou nível de experiência. Hoje, tudo o que você precisa para começar é um computador ou celular, uma conexão à internet e alguns cliques. É isso mesmo: você pode se tornar um investidor global com ferramentas que já estão na sua mão, logo ali ao seu alcance.

Mas, claro, existe uma diferença crucial entre simplesmente investir e **investir da maneira certa, com segurança, estratégia e resultados no bolso**. E é aqui que este livro entra na sua jornada. Nós vamos te guiar pelo caminho do conhecimento, te ensinando tudo o que você precisa saber para não apenas acessar o mercado americano, mas **saber evitar erros fatais e aproveitar ao máximo as oportunidades que ele oferece com muita segurança**. O que está diante de você não é apenas uma possibilidade de investir em dólar, mas uma chance de **acelerar a formação do seu patrimônio pessoal e familiar de forma sólida e consistente**.

Você provavelmente já investe em ações brasileiras, em renda fixa, CDI, etc. As taxas de juro real altas no Brasil sem dúvida têm sido muito atrativas para você. Mas e a bolsas de valores no Brasil? Infelizmente, o mercado de capitais no Brasil é muito pequeno comparado a outros mercados pelo mundo e o universo de companhias de capital aberto com forte potencial de retornos excepcionais no Brasil é bastante limitado. Isso sem falar na nossa moeda, que desde que me conheço como gente (já com meio século de vida), tem a tendência de se desvalorizar diante das moedas fortes, como o dólar americano (USD). Veja, os gráficos abaixo poderão te surpreender (ou não):

Source: YahoolFinance

Comecemos com o gráfico à esquerda que é do índice Bovespa nos últimos 10 anos. Vemos um gráfico ascendente com alguns percalços pelo caminho (o que é normal), mas essencialmente uma performance bastante positiva. Veja agora o gráfico do meio. Ele ilustra o ETF "EWZ", que é um fundo ETF que espelha e replica o índice Bovespa no exterior para investidores estrangeiros, e que é cotado em dólares. Note comparando os dois gráficos a diferença gritante entre eles. Enquanto o Bovespa tenha subido uns 140% no período dos últimos 10 anos, o EWZ perdeu quase 40% do seu valor. Por que isso aconteceu se estamos tratando do **mesmo investimento**, a bolsa de valores brasileira? Bem, a resposta está no terceiro gráfico - o gráfico da direita se refere ao valor do dólar em reais (nossa taxa de câmbio). No mesmo período de 10 anos, o dólar se valorizou. E como! Saiu por volta de 3 em 2015 e foi para mais de 6 ainda em 2024, quase 130%. Isso explica a maior parte da discrepância. Em outras palavras, tudo o que você ganhou na bolsa brasileira nos últimos 10 anos, **em dólar você não apenas não ganhou, como perdeu**. Mas não se preocupe! Tem sempre o reverso da moeda. Pense comigo. **Se você tivesse investido em ativos em dólar, teria tido esse ganho todo a seu favor**, não é mesmo? Então, o que aconteceria se você tivesse investido na bolsa americana? **Teria ganho não apenas nas ações, mas também na taxa de câmbio!**

Source: Yahoo!Finance

O gráfico da esquerda é do índice S&P 500 da bolsa dos Estados Unidos, o índice de lá que é equivalente ao Bovespa no Brasil. Veja como ele cresceu nos últimos 10 anos, quase 200%, e em dólar! Imagina quanto você teria lucrado em reais se tivesse investido no S&P 500!... Você teria

combinado o poder da bolsa americana + a valorização do dólar frente ao real (mais 130%), tudo junto. Você já percebeu onde estamos chegando com esse raciocínio. Entendo que esta é a razão de você estar lendo esse livro. Vamos fazer uma continha "de padeiro" para visualizar isso?

Opção 1: Ter investido na **Bovespa** (B3) nos últimos 10 anos começando com R$ 10.000:

R$ 10.000 x (1 + 139,64/100) = **R$ 23.964** (crescimento de 139,64%)

Opção 2: Ter investido no **S&P 500** nos últimos 10 anos começando com R$ 10.000:

R$ 10.000 x (1 + 129,17/100) x (1 + 193,32/100) = **R$ 67,220** (crescimento de 572,20%)

Conclusão: Investindo na bolsa de ações dos EUA, você estará dando um impulso muito, mas muito maior na sua formação e crescimento do seu patrimônio em reais – na verdade **ganhando muito tempo** – pois combinando o poder da bolsa americana + o poder do dólar juntos acelera o seu processo de enriquecimento (e como!). É isso que chamo de **aceleração de patrimônio**!

O Poderoso Mas Esquecido Fator Tempo

Pense bem comigo: qual é o ativo mais valioso na sua vida? Certamente não é seu dinheiro, nem seus investimentos ou qualquer ativo material. **É seu tempo**. Todos nascemos com o relógio em contagem regressiva. Todos nascemos com prazo de validade, não importa a classe social. Dinheiro a gente sempre pode ganhar ou recuperar, mas o tempo de cada um de nós é finito, não importa o status social ou econômico. Tempo perdido não se recupera. Como o tempo de vida é finito, quanto mais rápido acumulamos riqueza, mais tempo teremos na vida para desfrutar-se dele, não é? Um jovem de vinte e poucos anos tem uma vantagem enorme financeiramente falando que um idoso de sessenta e poucos anos. **O fator tempo é crucial por permitir que rendimentos compostos possam ter "tempo" para efetivamente acelerar formação ou crescimento de patrimônio.** E tem mais! Veja a fórmula central de qualquer investimento:

$$Valor\ Futuro = Valor\ Presente \times (1 + Taxa\ de\ Retorno)^{Tempo}$$

Na fórmula do valor futuro de um investimento, o fator tempo aparece no expoente e é geralmente esquecido ou negligenciado por investidores, Por que? Porque estamos sempre focados na busca por melhores retornos. Não é verdade? O quê que todo investidor e seus conselheiros financeiros discutem o tempo todo quando planejam novos investimentos, senão taxas de retorno ou rentabilidades? Ninguém se lembra daquele fatorzinho (Tempo) escondido no expoente da fórmula. Queremos uma maior taxa de retorno para acelerar crescimento de patrimônio, mas temos que considerar o fator tempo também! Quanto mais tempo se dispõe para crescer um investimento, melhor.

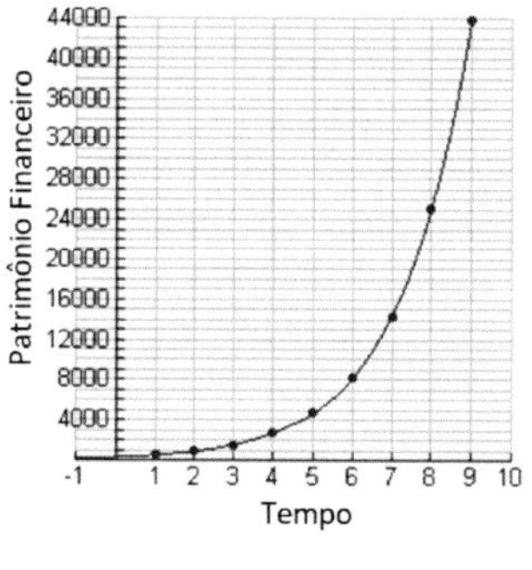

Acumulação de riqueza é o mesmo conceito de juros compostos. O gráfico da fórmula acima é exponencial (vide figura ao lado). Note como nos anos iniciais, a curva é mais achatada, ou seja, seu patrimônio cresce devagar (porque a base ainda é pequena). Note que à medida que o tempo passa, a curva se inclina e a velocidade de crescimento de patrimônio aumenta vertiginosamente. Todo mundo quer essa fase final de aceleração de formação de patrimônio, quando ganhos se acumulam rapidamente, mas para chegar lá, precisamos do que? TEMPO. Para chegar à fase final, temos que passar obrigatoriamente pela fase inicial. Então, a grande lição é essa: não procrastine decisões de investimento. Comece a jornada o quanto antes. Tempo é dinheiro, ainda mais em um país com uma certa dose de inflação persistente e juros relativamente altos. O dinheiro que se perde por procrastinação (ou que se deixa de ganhar, que é uma perda também) se acumula rapidinho. Pense assim: toda vez que você não abraça o fator tempo como seu melhor aliado para construir seu patrimônio, você o está antagonizando para que se torne seu pior inimigo, tornando você mais pobre. Então não procrastine. Faça cada minuto de sua vida valer, pois te asseguro que ele é precioso e vale muito dinheiro.

O Momento é Esse

Milhares de brasileiros já deram esse passo – pessoas comuns, de todas as regiões do país, que decidiram ampliar seus horizontes financeiros. Muitos começaram pequenos, mas colheram resultados surpreendentes ao longo do tempo. E se eles conseguiram, você também consegue. Porém tem uma diferença crucial. A maioria deles saiu para o campo de batalha no oba oba, mas você não: você está se preparando, adquirindo o conhecimento certo. Isso fará uma diferença crucial em termos de resultados, te garanto.

O que vai realmente **diferenciar sua trajetória é o conhecimento que você adquirirá aqui**. Este livro foi escrito para te dar uma vantagem absurda que eles nunca tiveram – **o Método SMIGRM** - e te mostrar **como navegar com confiança e principalmente segurança no maior mercado do mundo**. Estamos aqui para transformar complexidade em clareza e te equipar com tudo o que você precisará para conquistar seus objetivos de forma fácil, rápida, e segura, acima de tudo.

Uma Importante Revelação

Ao longo dos anos, você provavelmente já ouviu falar de uma infinidade de métodos para investir no mercado financeiro. Termos como análise fundamentalista, macro, *valuation*, análise técnica (grafista), diversificação, carteiras balanceadas entre ações e renda fixa (60/40), etc. são frequentemente promovidos como os **métodos tradicionais** para te orientar no mercado de ações. Escolas de negócios ensinam esses conceitos com entusiasmo, e especialistas financeiros os repetem incansavelmente na mídia. Mas aqui está a verdade que ninguém gosta de admitir: nenhum desses métodos funciona de maneira consistente no longo prazo. E apesar de teoricamente lógicos, não são muito fáceis de executar na prática.

A realidade é que todos esses métodos têm seus momentos – eles funcionam em algumas situações e falham em outras. Durante períodos de alta no mercado, quando as ações sobem quase de forma universal, qualquer um pode parecer um gênio. Mas é nos momentos de crise, quando o mercado entra em colapso ou se torna volátil, que esses métodos revelam suas verdadeiras limitações. E é justamente nesses momentos que você mais precisa de algo que funcione! É que nem ter o sinal do GPS cortado justamente quando você chega num local desconhecido e de muitas bifurcações.

Como trader profissional e risk manager com décadas de experiência em Wall Street, responsável por gerenciar de centenas de milhões a bilhões de dólares para bancos internacionais, eu vivi essa realidade na pele. Testei, apliquei e vi essas estratégias falharem repetidamente justamente nos piores momentos quando a confusão e as incertezas nos mercados aumentavam. A sensação de impotência nesses momentos é algo que nunca esqueci – e foi isso que me motivou a buscar uma solução verdadeiramente resiliente, capaz de se adaptar a diferentes condições de mercado: saber dar uma resposta quando ninguém sabe o que dizer e o que esperar.

Mas aqui está o que torna essa revelação ainda mais poderosa: esta solução – **o Método SMIGRM** – se provou ao longo dos anos que não é só eficaz em altas e baixas de mercado, mas também incrivelmente simples de usar. Não precisa de anos de experiência, saber falar inglês, e nem nenhum doutorado ou curso superior para saber usá-lo. Ele exige apenas 2 a 3 minutos por dia do seu tempo para ser implementado! Isso mesmo, em apenas alguns minutos diários, tão rápido quanto ler um email e dar alguns cliques (se necessário), você poderá tomar decisões de investimento com confiança, sabendo que estará maximizando seus retornos e mantendo os riscos sob controle no mercado de ações dos Estados Unidos.

Duvida? Todo método tem um calcanhar de Aquiles. O segredo do sucesso está justamente na combinação de ferramentas. **O Método SMIGRM fará com que os métodos tradicionais funcionem melhor e fiquem mais robustos, preenchendo um ponto cego importante: o *timing* de mercado**.

Um Método Poderoso ao Seu Alcance

Após anos testando e refinando o modelo no dia a dia do mercado sob condições reais (de alta, de baixa, de lado, volátil, sem direção, etc.), e usando-o em meus próprios investimentos pessoais, eu decidi compartilhar o método SMIGRM com o público em geral, assim como gestores de fortunas e profissionais financeiros (CFPs, gestores de fundos, Family offices, etc.). Para você, caro leitor brasileiro, meu objetivo é garantir que, ao dar seus primeiros passos no mercado de ações dos EUA, você possa fazê-lo com maior facilidade, confiança e estratégia. Não se trata apenas de investir; trata-se de **investir de forma inteligente e adaptável, mesmo durante as condições mais desafiadoras**.

Este livro será o seu guia. Aqui, você aprenderá **como transformar o maior mercado financeiro do planeta em sua maior oportunidade de aceleração de patrimônio de forma fácil, rápida e segura**. E com o método que vou te apresentar, você estará equipado com a ferramenta mais valiosa e imprescindível para explorar esse novo mundo.

A História de Marcelo: Uma Jornada de Descobertas e Transformação

Marcelo R. tem 51 anos e é gerente sênior de TI em uma grande multinacional no Brasil. Sempre disciplinado, com a mentalidade analítica de engenheiro, ele buscava estar sempre atualizado, tanto em sua área profissional como na administração de suas finanças pessoais. Oriundo de uma família de classe média em São Paulo, com boa formação acadêmica, Marcelo é casado e pai de dois filhos: um na faculdade e outro se preparando para o vestibular. Desde os 19 anos, Marcelo trabalha e busca poupar, sempre pensando no futuro da família, priorizando a educação dos filhos e de olho na própria aposentadoria futura.

Apesar de todos os esforços, acumular patrimônio no Brasil nunca foi uma tarefa fácil. Ele enfrentava os desafios típicos de uma economia instável: mudanças frequentes na política monetária, inflação persistente, juros altos e uma moeda em constante desvalorização em relação ao dólar. Como muitos brasileiros, Marcelo já tentou de tudo: ações, renda fixa, CDI, fundos de investimento. Mas as oscilações do mercado brasileiro sempre o mantinham em alerta, especialmente com ações. A sensação era de que, por mais que tentasse, sempre havia algo fora de seu controle, e iria ser muito difícil realizar todos os seus sonhos e aspirações que traçado tinha para si e sua família – ainda em tempo de vida - para depois ainda ter uma aposentadoria tranquila e se possível, deixar bens valiosos para seus filhos.

O Ponto de Virada

Durante a pandemia em 2020, Marcelo me mandou uma mensagem no WhatsApp. Foi uma conversa informal de menos de 15 minutos, mas acabou mudando completamente sua trajetória financeira. Diante de suas dificuldades, eu perguntei porque ele não investia no mercado de ações dos Estados Unidos. Marcelo disse que sempre admirou empresas como Amazon, Apple, Microsoft e Google, mas nunca pensou que esse mundo fosse acessível para ele. A ideia de abrir uma conta online em uma corretora americana parecia excitante, mas a empolgação inicial logo deu lugar à um montão de dúvidas.

Ele começou a se questionar: como investir sem o devido conhecimento? Onde estão as “cascas de banana”? Será que os métodos que ele usava na bolsa brasileira se aplicariam igualmente na bolsa americana? Apesar de conhecer as grandes empresas americanas de nome, nunca as analisou profundamente. Como saber se seriam realmente promissoras para o futuro? E o timing de mercado, como saber quando entrar e quando sair? O preço já não estaria muito alto (ou tarde demais para entrar agora)? Essas dúvidas sempre o desanimaram.

Foi preciso uma nova conversa para quebrar suas resistências. Eu mostrei a ele como eu havia não apenas evitado as perdas durante o crash relâmpago da pandemia, mas também voltado ao mercado na hora certa para capturar o movimento de alta que se seguiu. Marcelo ficou intrigado. Decidiu dar uma chance. Ainda cético, investiu R$ 10.000,00 no dia 17 de setembro de 2020, dividindo o valor em duas estratégias simples: R$ 5.000,00 na Estratégia A e R$ 5.000,00 na Estratégia B.

Resultados Surpreendentes de Cair o Queixo

Os primeiros meses já foram reveladores. Marcelo rapidamente começou a perceber algo que nunca havia experimentado antes: um método que realmente funcionava, com resultados consistentes e claros. O impacto foi tão positivo que ele foi alocando cada vez mais dinheiro nas duas estratégias aplicadas ao mercado americano, e nunca sacou um único centavo até o momento que escrevo esse livro (início de 2025). Mas por simplicidade, só para efeitos de análise do seu desempenho, vamos assumir que o Marcelo não aumentou o tamanho de seus investimentos e manteve os mesmos R$ 5.000.00 em cada estratégia até o fim de 2024. Veja no quadro abaixo o resumão de suas duas estratégias (A e B) comparado com um investimento simples e direto no índice S&P 500 e outro no índice Bovespa (através do ETF chamado BOVA11 no Brasil) de mesmo valor inicial:

TAXAS DE RETORNO

	Estratégia A SPY ou cash	Estratégia B SSO ou cash	S&P 500	Ibovespa BOVA11
17 Set 2020				
31 Dez 2020	5.08%	8.40%	-1.48%	19.4%
31 Dez 2021	12.22%	21.54%	26.61%	-12.1%
31 Dez 2022	0.53%	-5.19%	-19.64%	5.1%
31 Dez 2023	33.13%	59.21%	26.29%	23.1%
31 Dez 2024	23.51%	47.87%	23.31%	-10.1%
Retorno:	**94.9%**	**194.1%**	**56.1%**	**22.2%**

INVESTIMENTO INICIAL 10,000.00 reais

	Estratégia A SPY ou cash	Estratégia B SSO ou cash	S&P 500	Ibovespa BOVA11	Cotação do Dólar
Aplicação (R$)	5,000.00	5,000.00	5,000.00	5,000.00	
	(US$)	(US$)	(US$)	(R$)	
17 Set 2020	946.97	946.97	946.97	5,000.00	5.28
31 Dez 2020	995.10	1,026.51	933.00	5,971.35	
31 Dez 2021	1,116.70	1,247.63	1,181.27	5,250.00	
31 Dez 2022	1,122.61	1,182.87	949.27	5,518.23	
31 Dez 2023	1,494.54	1,883.25	1,198.83	6,791.15	
31 Dez 2024	**1,845.90**	**2,784.77**	**1,478.28**	**6,107.81**	6.20
Conversão:	(R$)	(R$)	(R$)	(R$)	
31 Dez 2024	**11,444.59**	**17,265.56**	**9,165.31**	**6,107.81**	
Retorno Total:	**128.9%**	**245.3%**	**83.3%**	**22.2%**	

O Marcelo iniciou o investimento em 17 de setembro de 2020. A cotação do dólar na ocasião era de 5,28. Ou seja, R$ 5.000,00 equivaliam a US$ 946,97. Como dissemos, ele alocou esse valor para cada uma das duas estratégias. Estamos fazendo uma outra simplificação aqui porque os preços unitários dos ativos SPY e SSO não são idênticos, mas facilita a comparação dos resultados, que é o que realmente importa nesse exemplo. Vamos examinar o quanto o patrimônio do Marcelo cresceu nos Estados Unidos até 31 de dezembro de 2024 (período de 4 anos e 3 meses), e comparar com o que teria acontecido caso ele simplesmente tivesse comprado o SPY (equivalente ao S&P 500 nos EUA) e aguardado o tempo passar ("buy & hold") e também o que teria acontecido se ele tivesse simplesmente investido no BOVA11 no Brasil (equivalente ao índice Bovespa).

Primeiro, note que as Estratégias A e B renderam 94,9% e 194,1% em dólar, respectivamente. Se o Marcelo tivesse simplesmente investido no índice S&P 500, ele teria auferido 56,1% em dólar. Ou seja, ambas estratégias bateram o S&P 500 por uma larga margem! E se o Marcelo não tivesse investido nos EUA mas investido no Índice Bovespa? Ele teria tido um retorno de apenas 22% em reais no mesmo período. Note que ainda nem incluímos a valorização do dólar de 17,4% (foi de 5,28 a 6,20 no período)! Vamos incluir e refazer as contas para ver como ficaram?

Convertendo-se os resultados dos investimentos em dólar nos EUA a reais para comparar na mesma base com o investimento hipotético no Ibovespa, veja como ficaram os resultados finais ordenado por resultado (assumindo que Marcelo investiu os mesmos R$ 5.000,00 em cada):

Investimento	Valor Final (R$)	Ganho Total (%)
Estratégia B	R$ 17.265,56	245,3%
Estratégia A	R$ 11.444,59	128,9%
S&P 500	R$ 9.165,31	83,3%
Ibovespa (BOVA11)	R$ 6.107,81	22,2%

A diferença não é de deixar cair o queixo?

O S&P 500 sozinho já rendeu 50% a mais. Mas:

A Estratégia A rendeu 87% a mais que o Indice Bovespa. O retorno foi 5.8x mais rápido.

A Estratégia B rendeu 183% a mais que o Indice Bovespa. O retorno foi 11.0x mais rápido.

Isso só foi possível graças ao **Método SMIGRM** baseado na gestão de risco. Iremos explicar melhor as duas estratégias no **Capítulo 10**, mas só para te adiantar, a Estratégia A usa o ETF SPY que replica o S&P 500 mas segue um indicador de risco chamado **RISP 500** pelo **Método SMIGRM** para se esquivar das perdas acentuadas do mercado quando elas ocorrem. A Estratégia B é o equivalente alavancado da Estratégia A. Mas iremos detalhar essas estratégias e muitas outras no **Capítulo 10** do livro.

Mas você pode estar se perguntando... Ok, mas e o risco? Não é maior o risco investir fora do Brasil? Bom, primeiro, estamos falando de Estados Unidos, que dispensa maiores comentários, e não de um pequeno país obscuro. E segundo, **o mercado americano é geralmente menos arriscado que o brasileiro em termos de volatilidade**. Para você ter uma idéia, o desvio-padrão anualizado do índice Bovespa no longo-prazo é de **24,5%** (dado do Y-Charts). Já o desvio-padrão anualizado do índice S&P 500 nos EUA é de **17,4%** (dado do TradingView). Ou seja, **investir na bolsa dos EUA é na verdade menos arriscado que investir própria na bolsa brasileira**.

Agora, entrando em 2025, Marcelo diz estar mais confiante e feliz do que nunca. Ele acredita que seus planos e sonhos para o futuro financeiro finalmente está no caminho certo. As preocupações que o atormentavam há anos foram substituídas por uma sensação de controle e otimismo. Ele vê a realização de seus objetivos como algo totalmente possível dentro do seu alcance.

Conectando com Você

A história de Marcelo pode ser a sua história. Assim como ele, você pode estar enfrentando os desafios de investir no Brasil ou até mesmo se sentindo inseguro para explorar novos mercados. Mas, assim como o Marcelo descobriu, existe um caminho prático e eficaz para superar esses obstáculos. Este livro está aqui para te mostrar como transformar essa oportunidade em realidade. E se ele pôde, assim como tantos outros, por que você não poderia?

O Mercado de Ações dos EUA Atrai Investidores do Mundo Inteiro

O mercado de ações dos Estados Unidos é o maior e mais líquido do mundo, caracterizado por sua vasta capitalização de mercado, número significativo de empresas listadas e alto volume de negociação diária.

Capitalização de Mercado e Número de Empresas Listadas:

A New York Stock Exchange (NYSE) e a Nasdaq são as duas principais bolsas de valores dos EUA. Em 2022, a NYSE contava com aproximadamente 2.584 empresas listadas, totalizando uma capitalização de mercado de US$ 25,8 trilhões. Já a Nasdaq, conhecida por abrigar muitas empresas de tecnologia, superou a NYSE em número de listagens pelo sexto ano consecutivo em 2024, com 160 ofertas públicas iniciais (IPOs) que arrecadaram cerca de US$ 22 bilhões. O volume de negociação diário na NYSE é significativo, com uma média mensal de US$ 1,452 trilhão em 2021. Esses números refletem a profundidade e a liquidez do mercado acionário dos EUA.

O mercado de ações dos EUA é composto por uma diversidade de investidores, incluindo institucionais e individuais. Estima-se que mais de 60% da população americana possua ações em seus portfólios de investimentos. Investidores institucionais, como fundos de pensão, companhias de seguros e fundos mútuos, também desempenham um papel significativo no mercado.

Em relação à **procedência dos investidores estrangeiros**, os principais países investidores diretos nos EUA incluem Japão, Alemanha, Canadá, Reino Unido e Irlanda. **O Brasil ocupa a 19ª posição, com investimentos diretos acumulados de US$ 46 bilhões até 2021, representando um crescimento de 48% em relação a 2016**.

NOTA 1: Investidores Brasileiros Residentes e Não-Residentes nos Estados Unidos

Se você reside ou não nos Estados Unidos não afetará nenhum dos princípios de finanças e investimentos que você aprenderá neste livro. Como você já sabe, brasileiros residentes em qualquer lugar do mundo hoje têm acesso ao mercado financeiro dos Estados Unidos. No entanto, operacionalmente a experiência será bastante diferente para quem vive nos Estados Unidos ou não e por isso precisamos dar algumas orientações para que você possa aproveitar o máximo das suas possibilidades sem grandes dificuldades.

Abertura de Contas

A primeira diferença notável está na forma de acesso, que começa no processo de abertura de conta numa corretora americana. Quem vive nos EUA terá uma gama maior de possibilidades de escolha, mas essa diferença está diminuindo ao longo dos anos, pois mais corretoras estão se abrindo para investidores internacionais. As exigências na abertura de conta são maiores para quem não vive nos EUA, mas varia de corretora para corretora. Só a título de exemplo, lembrando que não tenho nenhuma associação comercial com nenhuma dessas corretoras, há várias: Avenue, Nomad, Inter, XP, etc., inclusive a Charles Schwab, mas esta exige um investimento mínimo de US$ 25 mil, hoje. Mas a mesma Schwab, por exemplo, não impõe nenhum limite mínimo para residentes nos EUA. No fim das contas, a escolha da corretora se baseará nos requerimentos para abertura de conta, mínimos de aporte, e taxas cobradas.

No passado, antes do surgimento do Robinhood, as corretoras americanas costumavam cobrar taxas de corretagem por trade (compra ou venda) executado. Cobravam inclusive taxas de manutenção mensal e outras taxas espúrias (junk fees). Hoje, devido a maior concorrência, muitas dessas taxas desapareceram. Mas algumas podem persistir, especialmente para estrangeiros não-residentes. Então, muita atenção na escolha da corretora antes de assinar o termo de adesão. Evite corretoras que cobram taxas mensais ou taxas por trade em instrumentos básicos como ações e ETFs.

Impacto da Taxa de Câmbio

Residentes nos EUA que têm toda a vida em dólares não terão nenhum efeito de câmbio de moedas, mas investidores brasileiros no Brasil e mundo afora terão. Investidores no Brasil têm uma enorme vantagem no câmbio, conforme mostrado anteriormente, pois o real tem uma tendência de se desvalorizar frente ao dólar. No entanto, na hora de fazer o câmbio, podem estar fazendo mau negócio na taxa de conversão se não ficarem atentos.

Cuidado também nos custos de execução do câmbio. Aqui eles podem ser caros na taxa de conversão da moeda ou nas taxas fixas por transação, ou ambos. Convém se certificar isso também antes de decidir.

Precisa abrir conta corrente em banco americano? Para efeito de investimentos, não necessariamente, mas é uma decisão muito pessoal. Se você também compra imóveis ou outros bens nos EUA, convém ter uma conta corrente em banco. Os grandes bancos de rede como Citi, Chase, Wells Fargo, e Bank of America e também bancos regionais americanos exigem presença do correntista na agência para abrir conta corrente.

Efeitos de Tributação

Residentes nos EUA só precisam se ocupar com a tributação americana, mas investidores não-residentes nos EUA terão que declarar ganhos também para o leão brasileiro. Além disso, investidores no Brasil poderão ter obrigações de declaração de capitais investidos no exterior para o Banco Central do Brasil. Tributação internacional é um tema complexo que escapa do escopo desse livro e requer esclarecimento por profissionais de contabilidade especializados, porém vamos dar pinceladas gerais ao longo do livro e um **capítulo especialmente dedicado ao tema, Capítulo 22.**

Tributação nunca é um tema muito adorado, mas é importante que investidores tenham uma boa noção para saber ser estratégicos com relação a isso e **minimizar obrigações tributárias**. Lembre-se sempre que geralmente imposto é cobrado somente em cima do lucro auferido em investimentos. Isso significa que **se você recebe uma conta de imposto a pagar, significa que você teve lucro, que é algo a ser comemorado**. E com a possibilidade de altos ganhos com ações americanas, tributação pode acabar virando um mero detalhe, mas ter que ser inteligente, e evitar ter que pagar imposto de bobeira. Sempre vale a pena investir algum tempo para averiguar maneiras de pagar o mínimo de impostos possível.

NOTA 2: Investindo em ETFs de Índice do Mercado Americano pela B3 no Brasil

Isso mesmo! Se você não sabia, você pode acessar o mercado acionário americano diretamente por ETFs listados na B3 no Brasil. Você não precisará nem se preocupar em fazer câmbio, abertura de contas em corretoras americanas, etc. É a maneira mais fácil de fazer esse investimento!

É claro que você não conseguirá investir em ações individuais americanas para montar sua carteira dessa maneira, porém, você poderá investir nos principais índices do mercado americano. O mais popular deles é o índice S&P 500. O índice Nasdaq 100, mais voltado para empresas não-financeiras, com forte presença em tecnologia, é também muito popular. Veja abaixo alguns dos ETFs listados na B3 que replicam os correspondentes índices do mercado ou setores específicos do mercado americano com seus respectivos *tickers*:

- IVVB11 – S&P 500
- SPXI11 – S&P 500
- SPXB11 – S&P 500
- NASD11 – Nasdaq 100
- DNAI11 – MSCI USA IMI Genomic Innovation Select 50

- HTEK11 – MorningStar US Healthcare
- REVE11 – Russell® 1000 Green Revenues 50
- TECK11 – NYSE FANG+
- USTK11 – MSCI US Investable Market Information Technology 25/50 Index
- ESGU11 – MSCI USA Extended ESG Focus Index (ESG-U)
- PEVC11 – BlueStar Top 10 US Listed Alternative Asset Managers Index
- QQQI11 – Buena Vista Nasdaq-100® High Income
- SVAL11 – S&P SmallCap 600 Value
- URET11 – FTSE NAREIT Equity REITS
- USDB11 – Bloomberg US Aggregate Bond Float Adjusted
- UTEC11 – MSCI US Investable Market Information Technology 25/50

Saber o Momento de Entrar e Sair (Timing) é Até Mais Importante que Saber No Que Investir

Timing é mais importante porque investidores passivos de índice geralmente conseguem melhores resultados que a maioria dos investidores ativos e eles não nem precisam escolher ações. Mas ambos – investidores ativos e passivos - precisam de saber como executar o timing com precisão.

Assim como quem investe diretamente em solo americano, brasileiros que acessam índices de ações e setores da economia americana precisam de método. Principalmente sobre o *timing* de suas compras e vendas. Só acesso e a possibilidade de comprar e vender é apenas o primeiro passo. Mesmo sabendo o que comprar é apenas a primeira metade do caminho. Para ter lucro, você precisa vender para realizar esse lucro e colocá-lo no bolso. Saber o melhor momento de entrar e de sair é a chave do resultado.

Esse livro irá te ensinar o método SMIGRM – "Stock Market Investing Guided by Risk Management" - para saber determinar o *timing* com maestria: **quando vale a pena entrar no mercado e quando não vale a pena continuar nele do ponto de vista de risco vs. retorno potencial.**

Provo isso para você em um parágrafo, duvida? Voltemos ao básico, o princípio de tudo. Em primeiro lugar, por que você pensa em investir em ações? Você investe em ações para quê? Você corre risco comprando ações é pela expectativa de receber um retorno e nada mais, certo? Então, a relação entre risco e retorno é crucial para você. E para todos os investidores. Você vai maximizar seu retorno quando essa relação entre risco e retorno for favorável para você. O grande problema da grande maioria dos investidores é exatamente esse: quando perdem muito dinheiro, o diagnóstico é geralmente porque não estão sendo devidamente recompensados financeiramente pelos riscos que estão correndo. Em outras palavras, a relação risco vs. retorno deles está desajustada ou desfavorável para eles, geralmente sem eles nem perceberem. O método SMIGRM corrige esse exato problema. Seu indicador de risco RISP 500 irá medir o risco de agora no contexto dos últimos 15 anos para te dar esse parâmetro para ajudar a determinar quando vale a pena entrar no mercado (compra) ou se já não vale mais a pena permanecer no mercado (venda).

Esse conceito é tão importante que vamos fazer uma analogia para que possa entende-lo bem. Imagina que você está numa mesa de jogo de cartas. Chegou a sua vez e você tem duas opções: apostar sua mão ou passar. Quando você deve decidir por uma coisa ou outra? Um jogo de cartas é um ambiente probabilístico assim como o mercado de ações. Em um ambiente probabilístico, não há certezas, mas probabilidades. Você toma decisões sob incerteza (como quase tudo na vida, não é mesmo?) mas existe método e lógica nas tomadas de decisão sob incerteza. Dessa forma, suas decisões poderão se provar acertadas ou equivocadas, porque não há certezas. Então, para maximizar suas chances de acertos, você precisa ponderar as probabilidades. Na mesa de jogo, quais suas chances de arriscar a mão? Se o risco não for favorável a pagar para ver, não arrisque: passe a rodada. No mercado de ações, é a mesma lógica: se o risco subiu a ponto de não valer a pena pagar para ver, saia da bolsa. E só volte quando o risco normalizar outra vez para níveis saudáveis e aceitáveis.

Se você entendeu essa lógica, já é meio caminho para entender o Método SMIGRM. O indicador de risco RISP 500 irá te dar essa informação – todos os dias e em tempo real.

Quase todos os métodos que existem ajudam investidores a determinar o que comprar – ação X ou Y, etc. mas param ali mesmo, sem ensinar como fazer o *timing*, ou ensinam de maneira muito *porca*. Geralmente dizem que é impossível fazer *timing* de mercado, então você está livre para *chutar* o timing que quiser. A verdade é que nenhum dos experts de mercado e nem a indústria financeira e de fundos em geral tem a menor idéia de como fazer um *timing* bem feito, então dá esse tipo de recomendação que não ajuda ninguém. SMIGRM provou que eles estão todos errados, lamento informar, sem nenhuma prepotência de minha parte. Basta ver as provas que iremos apresentar. Então ao ler esse livro, você está no lugar certo. É por isso que afirmo sem ser pretencioso e arrogante que com o Método SMIGRM, você terá a chance única de bater 90% da indústria de fundos hedge (multimercados) por aí.

Como Usar Este Livro: Sequências de Estudo Diferenciadas

Sabemos que muitos investidores preferem ser ativos e outros passivos. Não há certo ou errado, só preferências pessoais. Investidores ativos tem chances de dar tacadas de grande impacto ganhando muito dinheiro se acertarem na escolha das ações certas. Isso geralmente requer que ações extremamente promissoras sejam identificadas antes que a maioria dos investidores sequer pensem nelas, ou seja, que possam ser adquiridas muito baratas. Isso é muito difícil de fazer e principalmente com consistência. Mesmo Warren Buffett, considerado o maior mestre de todos os tempos na arte de escolher ações vencedoras concorda que é extremamente difícil de acertar consistentemente. Por isso, muitos investidores escolhem ser passivos e compram ETFs de índice em vez de tentarem a sorte escolhendo ações. Mas não há absolutamente nada de errado em ser ativo ou passivo. Ambos serão ótimas escolhas, desde que se saiba como executá-las com maestria. E há aqueles que são investidores híbridos, ou seja, fazem investimentos ativos e passivos. Aliás, esse é um grupo importante, principalmente entre os investidores mais ricos, que investem tanto em ações individuais escolhidas a dedo quanto em ETFs que rastreiam índices do mercado de ações.

Por isso, nesse livro damos aos leitores duas diferentes sequências de estudo. A maioria dos assuntos todos precisam estar proficientes. Mas investidores tem algumas lições a mais para estudar. Marcamos entre colchetes [Ativo] e [Passivo] nos títulos de capítulos para facilitar a identificação.

Sequência de Estudo Diferenciada p/ Investidores Ativos e Passivos

Sequência Investimento Ativo	Sequência Investimento Passivo
Capítulos 1 a 11	Capítulos 1 a 11
Capítulo 12: Análise Fundamentalista, *Valuation*, e Técnica Capítulo 13: Alocação Ativa e Construção de Carteira de Ações Capítulo 14: Teoria Moderna de Portfólio	Capítulo 15: Investimento Passivo com Index ETFs
Capítulos 16 a 24	Capítulos 16 a 24

Você notará lendo esse livro que cobrimos uma grande amplitude de temas e conhecimentos importantes porém não aprofundamos demais em cada tema, ou seja podem ser expandidos. A razão é que a intenção em escrever o livro é de dar ao leitor a possibilidade de dar os primeiros passos em direção a Wall Street para começar a acelerar sua formação de patrimônio de forma fácil, rápida, e segura. Se fosse aprofundar cada tema, o livro teria que virar uma enciclopédia com um total de 10.000 páginas! Você também notará que os temas abordados no livro tem uma meta ou caráter mais prático que teórico. Isso é proposital pois queremos que você seja capaz de executar as técnicas aprendidas e atinja suas metas financeiras. Queremos ajudar você a implementar rapidamente e de forma fácil sua idéia de acelerar seu patrimônio com todo o poder de Wall Street.

[CHECKLIST] GPS DE IMPLEMENTAÇÃO PASSO A PASSO

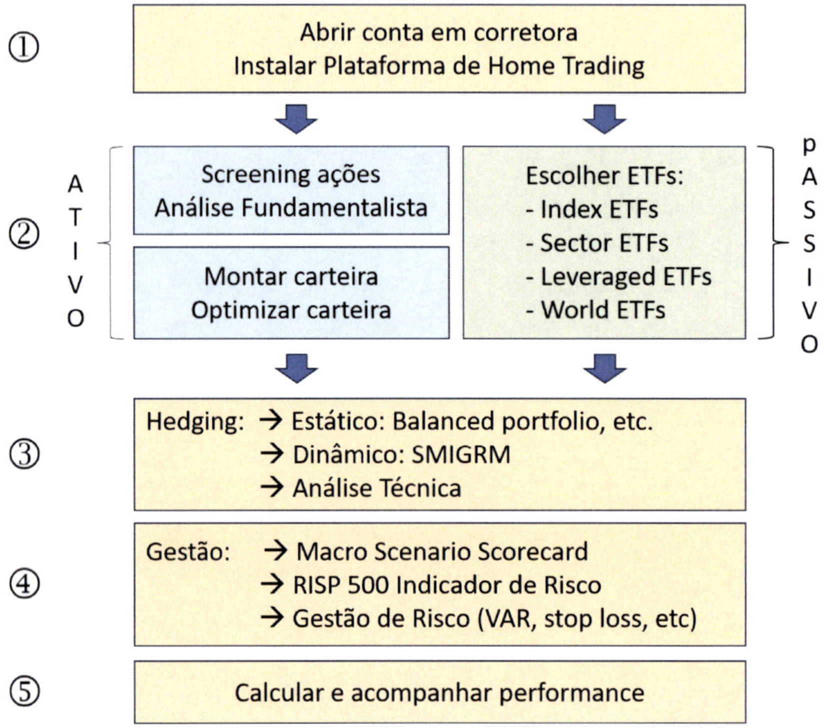

Capítulo 1. O Sucesso em Wall Street Começa na Preparação

A Super-Promessa

Investir em Wall Street é o sonho de muitos brasileiros que buscam diversificar seus investimentos e acelerar o crescimento de seu patrimônio em uma moeda forte, o dólar americano. No entanto, encontram muitos obstáculos como a falta de conhecimento, o medo do desconhecido, e inclusive a barreira da língua inglesa, entre outros. Mas, vamos pausar um momento... E se eu te dissesse que é possível fazer isso de **forma fácil e segura, superando o índice S&P 500 e 90% dos gestores de fundos profissionais?** Parece bom demais para ser verdade, não é?

Mesmo sem uma bola de cristal — que, convenhamos, ninguém tem —, desenvolvemos um sistema de medição de risco tão calibrado ao mercado americano que nos permite ter algo extraordinário: um verdadeiro "Early Crash Detector". Esse sistema, desenvolvido na forma de um algoritmo de computador, nos oferece a agilidade de detectar e evitar quedas bruscas na bolsa antes que elas se tornem sérias e de difícil recuperação. Como bônus, ele ainda turbina os resultados, **entregando <u>mais</u> retorno com <u>menos</u> risco**. Isso significa que **é possível não apenas evitar perdas devastadoras, mas também superar consistentemente o índice S&P 500** — uma tarefa considerada muito difícil de fazer com consistência — e ainda se destacar em relação a 90% dos gestores profissionais.

Mas aqui a gente não vive só de papo não. Se matamos a cobra, mostramos o pau. Veja no quadro abaixo as tabelas de performance de 8 estratégias operacionalizadas (e atualizadas) ao vivo todo santo dia desde 1/1/2022. A tabela à esquerda se refere ao desempenho em 2024 e a tabela à direita mostra o desempenho desde o início em 1/1/2022 até 31/12/2024

(3 anos de resultados contínuos). Note que no longo prazo, todas as 8 estratégias bateram o índice S&P 500, e de lavada!

2024 Return Ranking

Asset/Strategy	YTD Return
ST4-2L-Nasdaqx2	54.46%
ST3-2L-SP500x2	47.87%
ST7-3L-Nasdaq	35.77%
ST6-3L-SP500	32.71%
ST2-2L-Nasdaq	28.21%
ST1-2L-SP500	23.51%
SPY (S&P 500)	23.30%
ST5-2L-Volatility	10.51%
ST8-3L-Volatility	8.45%

Published every day after the close
Since 01 Jan 2024

2022 - 2024 Performance Ranking 31-Dec-2024

Asset/Strategy	Cum. Return	CAGR	Max DD	RoMaD
ST7-3L-Nasdaq	221.47%	46.75%	-22.78%	9.7x
ST4-2L-Nasdaqx2	206.30%	44.44%	-37.18%	5.5x
ST6-3L-SP500	192.15%	42.21%	-15.75%	12.2x
ST5-2L-Volatility	192.04%	42.19%	-36.40%	5.3x
ST8-3L-Volatility	184.14%	40.92%	-14.88%	12.4x
ST3-2L-SP500x2	148.43%	34.84%	-18.86%	7.9x
ST2-2L-Nasdaq	87.24%	22.88%	-14.52%	6.0x
ST1-2L-SP500	65.30%	17.95%	-8.72%	7.5x
SPY (S&P 500)	23.40%	7.15%	-25.51%	0.9x

Max DD: Maximum Drawdowns, RoMaD: Return over Maximum Drawdowns
Since 01 Jan 2022. Cumulative return is compounded daily.

Essas tabelas são atualizadas todo santo dia após o fechamento do mercado no Facebook https://www.facebook.com/risp500 e X https://x.com/Risp500 para dar **total transparência e que o público possa acompanhar ao vivo nossa performance**. Note que as rentabilidades da tabela são expressas **em dólar**. Se quiser converter o resultado em reais, haveria que incluir a variação cambial nesse período de 3 anos por volta de 11%, então **o resultado em reais seria maior ainda!**

2024 Return Ranking

Asset/Strategy	YTD Return	EM REAIS
ST4-2L-Nasdaqx2	54.46%	71.52%
ST3-2L-SP500x2	47.87%	64.20%
ST7-3L-Nasdaq	35.77%	50.76%
ST6-3L-SP500	32.71%	47.36%
ST2-2L-Nasdaq	28.21%	42.36%
ST1-2L-SP500	23.51%	37.15%
SPY (S&P 500)	23.30%	36.92%
ST5-2L-Volatility	10.51%	22.71%
ST8-3L-Volatility	8.45%	20.43%

Published every day after the close
Since 01 Jan 2024

2022 - 2024 Performance Ranking 31-Dec-2024

Asset/Strategy	Cum. Return	CAGR	Max DD	RoMaD	EM REAIS
ST7-3L-Nasdaq	221.47%	46.75%	-22.78%	9.7x	256.96%
ST4-2L-Nasdaqx2	206.30%	44.44%	-37.18%	5.5x	240.12%
ST6-3L-SP500	192.15%	42.21%	-15.75%	12.2x	224.40%
ST5-2L-Volatility	192.04%	42.19%	-36.40%	5.3x	224.29%
ST8-3L-Volatility	184.14%	40.92%	-14.88%	12.4x	215.52%
ST3-2L-SP500x2	148.43%	34.84%	-18.86%	7.9x	175.86%
ST2-2L-Nasdaq	87.24%	22.88%	-14.52%	6.0x	107.91%
ST1-2L-SP500	65.30%	17.95%	-8.72%	7.5x	83.55%
SPY (S&P 500)	23.40%	7.15%	-25.51%	0.9x	37.02%

Max DD: Maximum Drawdowns, RoMaD: Return over Maximum Drawdowns
Since 01 Jan 2022. Cumulative return is compounded daily.

Você também pode ter esses resultados!

Minha Motivação Para Compartilhar SMIGRM e Publicar Este Livro

Minha carreira em Wall Street foi um sonho realizado. Mais de 30 anos de experiência me proporcionaram um nível de realização profissional e pessoal que poucos têm a oportunidade de atingir. Trabalhei em grandes instituições, bancos internacionais em São Paulo, Hong Kong, e Nova York, onde fiz trades de milhões a centenas de milhões de dólares por clientes ou pelas carteiras dos próprios bancos. Tive a oportunidade de vivenciar o mercado financeiro global em sua intensidade máxima, inclusive durante inúmeras crises financeiras e crashes de mercado. Agora, na minha idade, é inevitável refletir sobre o que realmente importa na vida. A partir de certa idade, começamos a perceber que não estaremos aqui eternamente. Para mim pessoalmente, o que dá significado à vida é o legado que deixamos para os demais, a forma como seremos lembrados.

O conhecimento que adquiri durante minha jornada de pouco me servirá quando meu tempo aqui passar. E nem o dinheiro. No entanto, se eu puder compartilhar esse conhecimento e beneficiar outras pessoas, minha experiência terá tido um valor inestimável. Por isso, decidi compartilhar o método, escrever este livro, e mentorar alunos.

Investir no exterior, especialmente em Wall Street, nunca foi tão fácil quanto é hoje. A tecnologia e a globalização abriram portas para que qualquer pessoa com acesso à internet possa explorar o maior mercado financeiro do mundo. Mas existe uma grande diferença entre acessar o mercado e realmente ganhar dinheiro nele. E é justamente aqui que mora o perigo. Um perigo real que muita gente ignora e acaba se dando muito mal, transformando sonhos em pesadelos.

Um Campo Minado para Iniciantes

Wall Street é um campo minado para os despreparados, lamento ter que dizer, mas é a pura verdade. Sonhos podem facilmente se transformar em pesadelos quando não se tem o conhecimento adequado. Investir sem preparo pode resultar em prejuízos catastróficos devido a fatores como:

Leituras erradas do mercado: Entender as nuances de um mercado estrangeiro é mais muito complexo do que parece.

Prejuízos no câmbio de moeda: Oscilações cambiais desfavoráveis podem ocorrer a qualquer momento e corroer seus lucros.

Crashes de mercado: Sem uma estratégia robusta, é fácil ser pego de surpresa por uma queda repentina, principalmente se você não acompanha seus investimentos com a frequência mínima necessária.

Métodos inadequados de investimento: Estratégias, atalhos e "tretas" que funcionaram no mercado brasileiro não necessariamente funcionam no americano.

Esses fatores não apenas colocam em risco o capital investido, mas também podem destruir riquezas e sonhos construídos ao longo de uma vida. **O mercado é implacável com quem comete erros.**

O Propósito Maior

Mas isso não tem que ser assim. Acredito profundamente que **com o conhecimento certo, as ferramentas certas, e a preparação adequada, é possível evitar os erros** que tantos cometem. E mais do que isso: é **possível prosperar, mesmo em períodos de turbulência**. Meu objetivo com este livro é compartilhar o que aprendi em mais de três décadas de experiência — erros e acertos — e oferecer a você um caminho claro, ou pelo menos mais tranquilo e menos espinhoso, para o sucesso em Wall Street.

Se eu puder ajudar você a evitar as armadilhas que eu mesmo enfrentei, e colocá-lo na rota para construir um futuro financeiro mais seguro e próspero, sentirei que minha jornada de vida teve um significado ainda maior. Afinal, o verdadeiro sucesso está em capacitar as pessoas a alcançar seus objetivos e superar suas expectativas.

Pronto para dar os primeiros passos na jornada? Este livro será o seu guia para transformar uma grande oportunidade em uma realidade ainda maior que você havia imaginado.

Minha Própria Jornada – E Quem é o Autor

Você pode estar se perguntando quem eu sou, como adquiri tanto conhecimento em minha carreira e como desenvolvemos o algoritmo RISP 500™, o coração-motor do Método SMIGRM que deu a tantos de nós como o Marcelo, resultados tão sólidos e surpreendentes. Recentemente, ao falar para uma audiência de investidores profissionais em Nova York, recebi elogios por minha habilidade de navegar por mercados turbulentos, mas posso garantir que nem sempre foi assim. Minha jornada foi bem difícil, duríssima, e com muitos altos e baixos, para dizer o mínimo.

Origens Modestas

Nasci em Taiwan, e minha família emigrou para o Brasil quando eu tinha apenas 5 anos, na década de 1970. Como muitas outras famílias imigrantes de classe média, enfrentamos dificuldades, especialmente durante as décadas de hiperinflação. Leitores mais jovens nunca experimentaram, mas para dar uma ideia de como era, em março de 1990, a inflação chegou a 3% ao dia. Isso mesmo: por dia! Nos anos 1990, a taxa anualizada de inflação chegou a inacreditáveis 150.496%!

Você pode estar se perguntando como as pessoas sobreviviam em uma situação tão extrema. A resposta é que as pessoas se adaptam e encontram soluções. Lembro-me de que meu pai me mandava ao banco todos os dias com uma sacolinha de dinheiro das suas vendas do dia para aplicar no "overnight" (basicamente, um depósito de 1 dia lastreado em títulos públicos que retornava com juros no dia seguinte – liquidez diária

– que cobria as perdas pela inflação). Meu pai tinha um pequeno negócio (difícil de administrar em um ambiente assim!), e todos os dias precisávamos correr para investir o dinheiro recebido dos clientes imediatamente no depósito overnight, ou ele perderia 3% de seu valor no dia seguinte.

Essa foi uma das minhas primeiras lições sobre dinheiro na vida. Mais tarde, quando comecei minha carreira em *trading rooms* de bancos internacionais, aprendi muito mais, especialmente com as inúmeras crises financeiras que experimentei em primeira mão, gerenciando riscos bastante altos em um mercado emergente (Brasil) durante tempos de altíssima volatilidade.

Forjado a Ferro e Fogo pelas Crises Financeiras de 1990 a 2020

Em cerca de 30 anos, enfrentando os desafios de tantas crises financeiras pelo mundo, é impossível não aprender alguma coisa realmente relevante. Para mim, tudo começou com a crise cambial mexicana de 1994, apenas 3 anos após minha formatura pela Escola Politécnica da USP. Apesar de ter se originado no México, sentimos os efeitos de contágio diretamente nos mercados brasileiros. Havia sido contratado logo como *trainee* pelo Lloyds Bank no Brasil para começar como analista de sistemas júnior (TI) para dar suporte de informática aos *traders*. Foi meu primeiro contato com um pregão de trading. Encantado com o que vi, soube imediatamente que era onde queria estar. Queria ser um *trader* de derivativos, porque sabia que era muito *nerd* e adorava números e fórmulas complicadas. Quanto mais complexo, melhor porque seria onde a minha concorrência seria menor - pensei.

Para melhorar minhas chances, comecei a frequentar o mesmo programa de pós-graduação (IBMEC) onde os *traders* recebiam treinamento, para provar que eu poderia ser tão bom quanto eles. Acabei com notas mais altas que os *traders* seniores do Lloyds! Mas, sem conexões adequadas (que, infelizmente, contavam mais do que habilidades), o tesoureiro do Lloyds se recusou a me dar uma oportunidade como *trader* na mesa de operações, nem mesmo como assistente júnior. Ouvi o tesoureiro, chefe do departamento, dizer "não tem perfil". Em outras palavras, ele quis dizer que não tinha "costas quentes". Mas tudo bem; o meu destino cuido eu mesmo. Por exemplo, mesmo minhas origens humildes não me impediram de chegar onde cheguei. Persistente, procurei oportunidades fora desse banco e fui contratado pelo ABN Amro Bank como *trader* para sua mesa de operações. Comecei *tradando* swaps, contratos a termo e opções sobre taxas de juros e câmbio (negociação de BRL/USD). Com o tempo, percebi a demanda dos clientes por proteção contra taxas de juros e câmbio simultaneamente, então desenvolvi um novo produto para o banco, chamando-o de "Bi-indexado". Foi minha primeira criação, pois sempre acreditei que se algo é necessário e não existe, crie-o. Com o tempo, outros produtos também foram desenvolvidos e lançados no mercado.

Então veio 1997, e fomos atingidos pelo contágio da crise asiática. Em 1998, enfrentamos as consequências da crise da dívida e da moeda russa. Em 1999, o próprio Brasil estava no centro do turbilhão. Nesses anos de seguidas crises nos mercados emergentes, eu já gerenciava bilhões de dólares para meu novo empregador, o Citibank Brasil, como gestor de risco.

Salvando Meus Sonhos em Meio ao Caos

No lado pessoal, eu estava planejando fazer um MBA nos Estados Unidos em escola de ponta, poupando e comprando dólares para pagar dois anos de anualidades e despesas. Uma maxidesvalorização do real não poderia ter vindo em pior hora para mim! Poderia ter destruído completamente meus esforços de poupança e cancelado meus planos educacionais. Agi rapidamente e decididamente. Comprei o máximo de dólares que pude no primeiro dia da desvalorização. O caixa disse que não tinha mais dólares em espécie, mas poderia me vender *Travellers Checks*. Comprei tudo que ele tinha e o restante no dia seguinte. Não apenas salvei meus planos do MBA, mas também consegui gerenciar com sucesso os portfólios de risco do banco. As lições aqui foram: esteja super-atento e consciente dos riscos, especialmente quando você tem muito a perder; mantenha o foco mental para pensar com clareza e agir com rapidez e determinação, sem pestanejar. Decisões críticas não podem esperar e são tomadas sob incerteza mesmo.

No ano seguinte, em 2000, embarquei em uma jornada educacional de dois anos no programa de MBA da Wharton School, na Universidade da Pensilvânia, na época considerada a escola número 1 do mundo em finanças (ainda hoje ela é). O curso era caríssimo, mas pude pagar graças à minha agilidade e cabeça fria quando necessário no olho do furacão de uma crise financeira centrada justamente no Brasil.

Lições de Crashes e Crises Globais

Mais tarde, como *trader* e gestor de risco também nos EUA, continuei sendo testado por sucessivas crises financeiras globais, além dos mercados emergentes. As mais notáveis incluem o estouro da bolha da internet em 2000-2001, a Grande Crise Financeira de 2008-2010, o *Volmageddon* de 2018, o Crash do Coronavírus em 2020, e a Bolha de Tudo (*Everything Bubble*) de 2022. Em cada crise, aprendia mais e mais porque nenhuma delas era exatamente idêntica, embora compartilhassem muitas similaridades. Novas perguntas surgiam também. Acho que isso é um sinal de progresso.

Por que estou destacando minha experiência com crises financeiras? Porque é nos momentos difíceis que construímos mais sabedoria e caráter. Pessoas que nunca viveram uma hiperinflação terão dificuldade em imaginar como é, porque certas coisas que acontecem nesse período nunca ocorreriam em tempos normais. O mesmo vale para cada crise financeira e crash de bolsa. Com as redes sociais, vemos novos "especialistas" no mercado surgindo todos os dias no YouTube, afirmando ser especialistas de investimento em ações. Mas será que algum deles foi realmente testado o suficiente em tempos difíceis? Eles têm as credenciais educacionais adequadas? Qual foi o histórico deles durante momentos de dificuldade? Alguns nem idade tem para ter tido vivência no campo de batalha. Pense nisso antes de sair seguindo dicas de qualquer um que aparece.

Todo mundo é gênio em mercados em alta e todo mundo tem boas histórias para contar. Mas são os tempos desafiadores e incomuns que revelam a verdadeira natureza de como as coisas funcionam. Por exemplo, pesquisadores em neurociência aprendem mais sobre o cérebro estudando doenças mentais. Na aviação, a engenharia e o design de segurança das aeronaves melhoram a cada vez que ocorre um acidente ou desastre aéreo após o NTSB investigar suas causas. Da mesma forma, aprendemos como as coisas funcionam em nossa vida cotidiana quando elas quebram, forçando-nos a descobrir como consertá-las para que voltem a funcionar. Os picos de aprendizado tendem a ocorrer em tempos desafiadores. Quem nunca viveu e sobreviveu crashes da bolsa não deve se colocar como especialista de ações porque não é. É incrível mas aprendemos mais sobre a natureza interna das coisas não em tempos normais, mas quando elas param de funcionar.

Uma Visão Nascida de Sucessivas Crises

Você deve estar se perguntando como chegamos a desenvolver essa nova solução do Método SMIGRM e o algoritmo RISP 500 que resultaram na performance apresentada anteriormente. Na verdade, tudo começou há cerca de 15 anos atrás! Até a Grande Crise Financeira de 2008, poucos profissionais do mercado financeiro puderam afirmar que previram o que estava por vir. O crash dizimou os mercados, destruiu inúmeras carteiras de investimentos, arrasou vidas, e então surgiu uma pergunta inquietante: como um risco tão grande passou despercebido por tantos experientes especialistas?

Afinal, olhando para trás, é evidente que a crise de 2008 não aconteceu da noite para o dia. A descida desde o topo do mercado levou vários meses para chegar no fundo do poço. Então, por que tantas pessoas ainda assim perderam tanto dinheiro na crise?

Para aqueles que trabalham com gestão de patrimônio, responsáveis pelas carteiras de seus clientes, as consequências foram particularmente desastrosas. O principal objetivo de qualquer gestor era proteger e fazer crescer o patrimônio dos clientes. Mas 2008 provou o quão vulneráveis essas carteiras eram, mesmo as mais diversificadas e bem planejadas, diante do risco sistêmico.

Para mim, essa crise marcou um ponto de virada. Minha missão ficou clara: desenvolver um sistema confiável e proativo capaz de antecipar quedas de mercado fortes como essa antes que o pior aconteça, mesmo que fosse um dia antes, ou mesmo horas antes. Mas isso era mais fácil falar do que fazer. As primeiras tentativas de desenvolver um algoritmo fracassaram; as técnicas e dados disponíveis na época simplesmente não eram suficientes para fornecer o poder preditivo necessário. Contudo, a semente havia sido plantada. Foi somente depois de quase 10 anos de testes feitos obcessivamente, estudos e refinamento de modelos que um framework que acreditávamos poder transformar a gestão de patrimônio ao redefinir como entendemos e gerenciamos riscos começou a emergir.

Minha Jornada Até o SMIGRM: Decisões Táticas de Investimento Guiado por Risco

Após a crise de 2008, um pequeno grupo de *traders* e especialistas quantitativos, incluindo eu mesmo, começou a pensar e debater maneiras de prevenir outro desastre financeiro. Na época, eu estava *tradando* derivativos de taxa de juros para um banco internacional em Nova York enquanto cursava o mestrado em Matemática em Finanças no Instituto Courant da New York University (NYU) à noite. Com 15 anos de experiência em *trading* e gestão de risco na época, comecei a desenvolver modelos para detectar pequenas mudanças nos dados que pudessem fornecer alertas antecipados de quedas de mercado. Apesar de inúmeras tentativas e colaborações com vários colegas, nenhum dos modelos atendia aos padrões minimamente aceitáveis de um sistema de alerta precoce eficaz, e nosso pequeno laboratório informal de testes acabou sendo fechado e a turma se debandou.

No entanto, eu nunca desisti. Ferramentas tradicionais que usava, como análises técnica, fundamentalista e macroeconômica, que podem funcionar até bem em situações de normalidade, frequentemente falhavam em fornecer respostas úteis durante momentos de turbulência no mercado - os momentos em que ferramentas confiáveis eram mais necessárias. Essa lacuna gritante alimentou minha determinação em encontrar uma solução.

De fato, eu não sou nenhum estranho a crises financeiras. Cresci no Brasil durante um período em que a hiperinflação chegou a 3% ao dia, juros astronômicos, e uma moeda que sempre se desvalorizava frente ao dólar. Tendo vivenciado diversas crises em primeira mão enquanto gerenciava carteiras bilionárias para meus empregadores, aprendi inúmeras lições (da maneira mais dura e na pele) e sabia que ferramentas de *timing* e gestão de risco muito mais sólidas eram desesperadamente necessárias.

Após anos de testes e fracassos, o avanço veio com novos insights sobre produtos do VIX, novas idéias e melhores dados. Também aprendi com o trabalho de pessoas extremamente inteligentes na área. Aproveitando esse conhecimento, construí e refinei novos modelos que incorporavam dados de múltiplos mercados e variáveis macroeconômicas. Ainda assim, foram necessários mais de 10 anos de tentativas e erros para aperfeiçoar vários algoritmos capazes de entregar resultados consistentes e robustos em trading ao vivo.

Nossos esforços levaram à elaboração do SMIGRM, uma solução personalizável desenhada para ajudar investidores a otimizar o equilíbrio entre retorno e risco. Em outras palavras, queremos maximizar retorno minimizando risco simultaneamente. **Em finanças, ativos de maior retorno sempre equivalem a maiores riscos. Então, simplesmente trocando um ativo por outro ou juntando diferentes ativos numa carteira - como se faz na indústria de aconselhamento financeiro e de gestão de fundos - não têm como mudar essa realidade.** Por mais inventivos que sejam, o retorno da carteira resultante é sempre a média ponderada dos retornos dos ativos componentes e o risco da carteira é também uma "média", porém calculada de forma a considerar a correlação entre os ativos. Então, você pode dizer, "Aha! Correlação". Sim, correlação (quero dizer, baixa correlação e principalmente correlação inversa com ações) sempre foi o grande coringa da Teoria Moderna de Portfólios.

Teoricamente perfeito, na prática, existe um grandíssimo problema. Você nunca ouvirá isso dos profissionais financeiros, mas a realidade é que **quase todos os ativos na economia possuem correlação que não é muito baixa com ações e correlação inversa às ações simplesmente não existem**. E o pior, **correlação não é constante**. Papéis de renda fixa como bonds, que tradicionalmente são emparelhados com ações, tem correlações que que variam com o tempo. Discutiremos isso mais adiante, mas a solução não está em rearranjar ativos numa carteira como todos fazem. O custo de proteger a carteira ("hedging") de crashes inesperados baseados na hipótese falha da correlação é muito elevado, resultando em performances pífias. Percebi esse problema muito cedo na minha carreira. Sabia que tinha que mudar a forma como entendíamos e fazíamos investimentos. Ou seja, **a solução não estava nas peças do quebra-cabeça em si, mas na forma como manejamos as peças**. Essa percepção foi o início do Método SMIGRM, com uma idéia que batizei de "Context-Dependent Dynamic Asset Allocation" (**Alocação Dinâmica Contextual de Ativos**).

Em 3 de janeiro de 2022, lançamos o trading ao vivo de 8 estratégias usando nosso melhor protótipo de algoritmo do SMIGRM, que produz o RISP 500 - um indicador de risco para o S&P 500 – para provar sua eficácia ao público com máxima transparência. Mais do que um detector de crashes, nosso objetivo evoluiu para criar uma solução de gestão de risco e ferramenta de *timing* que os investidores pudessem facilmente personalizar para atingir suas metas de acordo com sua tolerância ao risco. Essa inovação hoje serve como uma poderosa ferramenta para preservação de patrimônio e obtenção de retornos superiores ao próprio índice S&P 500 com menos risco.

Seu Sucesso Dependerá das Decisões que Tomar Agora

Você agora já conhece meu passado e como trilhei a minha jornada. Na hora de planejar a sua, você terá que tomar algumas decisões importantes que serão determinantes para os resultados que irá obter. Espero oferecer a você algumas idéias baseadas no aprendizado que tive ao longo dos anos. Tantos erros e acertos faz a gente crescer e o melhor que podemos fazer é compartilhar as lições com outras pessoas para que o caminho delas possa ser menos traumático e mais suave de forma que possam alcançar o sucesso mais rápido.

Nesse livro, vou te ensinar o básico das finanças nos Estados Unidos e os principais mercados e instrumentos financeiros (Renda Fixa e Renda Variável) para que possa ter uma introdução ampla e decente do maior mercado financeiro do planeta e centro do capitalismo mundial. Vou também comentar logo a seguir métodos e formas de investir em ações que são os mais populares e difundidos, adotados tanto por investidores profissionais como amadores. No entanto, vou também introduzir o método SMIGRM, que pessoalmente acredito ser muito superior, para que você tenha a oportunidade de conhecer e poder comparar com outros métodos. SMIGRM é baseado em gestão de riscos tratando decisões de investimento com uma perspectiva única, diferente, e inovadora. Certamente não sou o único a investir com essa filosofia, há outros que desenvolveram ou seguem métodos parecidos com SMIGRM, baseados nos mesmos princípios. Mas acredito ser o único a organizar os conceitos numa formulação teórica.

Em sua opinião, o que você considera de características mais importantes para um método de investimento ideal? Se pudesse escolher, você escolheria um método que fosse baseado em quais características:

1. (A) Dados objetivos ou (B) Opiniões subjetivas?

2. (A) Informações de dados medidos no presente ou (B) Projeções futuras?

3. (A) Ajustar-se entre ativos de risco e de segurança quando o mercado muda (alocação dinâmica) ou (B) Manter ativos de risco e de segurança numa proporção fixa independente do mercado em alta ou baixa (alocação fixa)?

Se você respondeu (A) para todas as opções acima, SMIGRM é provavelmente a melhor escolha para você. Mas quem decide que método adotar é você mesmo. Mas tome sua decisão com bastante serenidade e sabedoria, pois irá determinar seus resultados, do fracasso ao sucesso. Cabe lembrar que não existe método perfeito. Todos tem prós e contras. Todos funcionam bem em muitas situações mas não em todas. Bola de cristal ninguém tem. Porém, você pode usar mais de um método ao mesmo tempo! Assim você constrói sua própria experiência comparativa.

SMIGRM, por exemplo, funciona muito bem em conjunto com a maioria dos outros métodos.

As Limitações dos Métodos Tradicionais de Investimento

Como *traders* profissionais com décadas de experiência nos maiores bancos do mundo, muitos de nós perceberam como os métodos existentes amplamente utilizados, baseados em variações da análise fundamentalista e técnica, embora tenham evoluído ao longo dos anos, não mudaram fundamentalmente a forma como os investidores tomam decisões. Ambos os métodos analisam o passado e tentam fazer inferências sobre o futuro.

A **análise fundamentalista**, amplamente utilizada para seleção de ações ("stock picking"), examina os dados financeiros das empresas e avalia sua força competitiva em seus respectivos mercados e setores. Com essas informações, os analistas fundamentalistas geralmente realizam uma avaliação da empresa e de seu preço de ação ("*valuation*"). Baseando-se em diversas premissas ("*assumptions*"), projetam metas de preço para as ações em diferentes horizontes de tempo e emitem uma recomendação (compra, venda, ou manutenção na carteira).

Já a **análise técnica**, ou grafista, usada principalmente para fins de **timing de mercado** (buscando os melhores pontos de entrada e saída), é baseada no histórico de comportamento do preço das ações e em indicadores derivados desse comportamento para prever seu próximo grande movimento.

Essas ferramentas orientam investidores há gerações, desde o século XVIII, com resultados mistos. Algumas pessoas construíram fortunas, outras perderam tudo e a maioria restante tiveram resultados mistos. Assim como qualquer ferramenta, esses métodos têm seus prós e contras. Como envolvem previsões futuras, como projeções de preços de ações, análise fundamentalista exige muitas suposições ("*assumptions*") sobre o futuro, como projeções de vendas, despesas, competitividade, tendências de mercado, entre outros fatores dentro e fora das empresas, inclusive fatores macroeconômicos como inflação, taxas de juros, demanda agregada, etc. Já análise técnica é baseada mais em observações, suposições e tem pouca base científica comprovada que a sustente. Além disso, as conclusões dessas análises são altamente dependentes do analista. Duas pessoas diferentes analisando o mesmo conjunto de dados e gráficos podem facilmente interpretar de formas distintas e chegar a conclusões completamente diferentes.

Questionando a Eficácia das Ferramentas Tradicionais

Começamos a nos perguntar se realmente estávamos usando as MELHORES ferramentas disponíveis para navegar os mercados. Se não estávamos, então era necessário desenvolver novas ferramentas. Vimos colegas da indústria e investidores enfrentando esses problemas muito comuns (e você provavelmente se identificará com alguns se já passou por algo parecido):

O mercado de ações está mais volátil e menos previsível. Está cada vez mais difícil navegar mercados ou interpretar os sinais dos métodos utilizados. Há mudanças estruturais de longo prazo acontecendo de forma gradual e alterando o paradigma da ordem mundial pós-guerra. Desde 2018, a volatilidade do mercado dos EUA aumentou consideravelmente. Correções e crashes estão se tornando mais frequentes, e, para muitos de nós, as ferramentas tradicionais estão ficando cada vez mais inadequadas para lidar com os desafios dessa nova realidade.

Excesso de informações desencontradas, opiniões conflitantes e análises sem fundamento. Vivemos na era das redes sociais e dos "gurus" que surgem da noite para o dia. Isso gerou uma sobrecarga de notícias e informações, causando mais confusão na cabeça do público do que nunca. Tem ainda a máquina de governos fabricando narrativas e muitas vezes "cozinhando" dados econômicos. Às vezes é muito difícil saber distinguir fatos de mitos e inverdades. E é justamente em períodos de incerteza que mais opiniões divergentes e conflitantes (inclusive de experts consagrados) aparecem criando enorme confusão nos investidores induzindo-os a tomar decisões equivocadas.

Momentos de decisão difícil são mais frequentes. Com o aumento da volatilidade, tornou-se ainda mais complicado identificar o momento certo para entrar ou sair do mercado. Muitos investidores acabam ficando perdidos nessas situações, mas, outra vez, isso não é culpa deles. A verdadeira questão é a ausência de ferramentas adequadas para lidar com esses desafios.

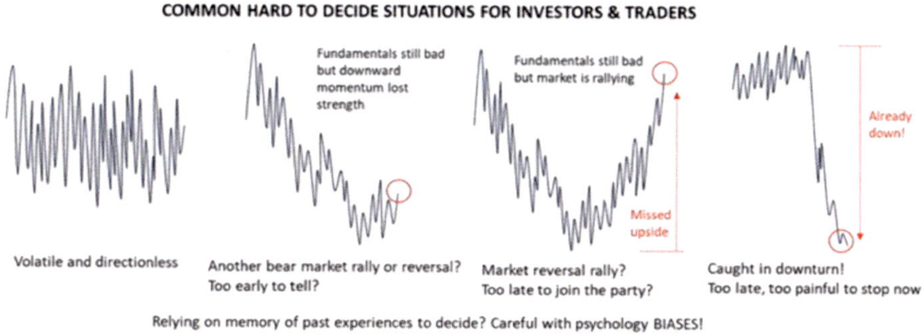

E Se Você For Pego de Surpresa por Uma Queda Repentina Como o Crash do Coronavírus em 2020?

Imagine ser pego de surpresa por uma queda brusca e inesperada do mercado, como o crash causado pelo Coronavírus em 2020. Inicialmente, o surto estava relativamente contido no epicentro, mas muito rapidamente se transformou em uma pandemia global. Quando você finalmente percebeu a gravidade da situação, já acumulou perdas significativas no mercado de ações. O que você faria nesse momento? O preço já despencou e você já está no prejuízo. Compraria mais aproveitando o momento porque "agora ficou barato"? Ou venderia imediatamente acionando stop-loss cortando o risco e buscando refúgio na segurança?

Todas essas situações geram confusão na cabeça dos investidores sobre como reagir. Não é de se admirar que muitos investidores e até mesmo gestores de portfólios profissionais não gostem de fazer *trading*!

Tomar decisões sob tanta incerteza e pressão, exigindo respostas rápidas em situações difíceis de mercado, não é para qualquer um. Acreditamos que ninguém deveria tomar decisões apressadas sob pressão, pois é assim que acontecem erros e julgamentos equivocados. O que as pessoas realmente precisam é de uma ferramenta objetiva e mais adequada, principalmente em situações ambíguas.

As Limitações das Ferramentas Tradicionais de Gestão de Risco

As ferramentas tradicionais de gestão de risco são limitadas a controle e redução de riscos, que são acionadas geralmente quando riscos já se elevaram e perdas significativas já ocorreram. Elas não foram projetadas para se antecipar e orientar decisões importantes e nem para tomarem a iniciativa de produzirem alguma vantagem que melhorem os retornos obtidos. Essas ferramentas existem para garantir que você não perca demais (além dos limites que você pré-definiu), mas não para ajudá-lo a lucrar assumindo riscos calculados. Não é à toa que gestores de risco geralmente ocupam funções de suporte dentro de bancos e fundos de investimento (nos setores de *middle* e até *back-office*), raramente assumindo posições de comando e de definição de estratégia nessas instituições.

O Senso Comum e Atalhos Podem Ser Perigosos

O senso comum, crenças populares, regrinhas genéricas, ou atalhos podem facilmente levar a uma performance abaixo do potencial ou, no pior cenário, a desastres financeiros. Veja alguns exemplos:

"Compre nas quedas, venda nas altas" ("Buy the Dips, Sell the Rips" em inglês**)**: é o impulso imediato de comprar sempre que uma ação cai ou vender quando ela sobe, como se os preços das ações sempre precisassem se autocorrigir para uma suposta "média" à qual estariam destinados a retornar. Contrariando essa crença popular, os preços das ações não possuem a característica natural de "reversão à média". Simplesmente não existe uma média para se reverter. Para comprovar isso, basta observar o gráfico do S&P 500® ao longo de um período prolongado. Consegue identificar alguma média à qual ele se reverte? Em mercados com tendência definida (alta ou baixa consistente), essa prática pode gerar algum lucro, mas assim que o regime de mercado muda e você é pego de surpresa, essa estratégia pode se voltar contra você de forma desastrosa. A prática de sair comprando toda vez que o preço cai geralmente corresponde a "pegar a faca caindo" pois você não sabe se ela já atingiu o fundo do poço. Do inglês vem essa expressão "*buy the dip or catch a falling knife*". É uma prática extremamente arriscada que já presenciei colegas *traders* profissionais fazerem nos bancos onde trabalhei e percebi que perdiam na grande maioria das vezes e os prejuízos geralmente eram muito grandes.

"Compre ações baratas (subvalorizadas), venda ações caras (supervalorizadas)": essa ideia parece óbvia, mas é muito mais fácil falar do que fazer. Isso porque a avaliação de valor é altamente subjetiva. O que é subvalorizado para alguns pode ser supervalorizado para outros — e é exatamente por isso que um mercado existe! Por si só, esse princípio é inútil do ponto de vista prático, mas muitas pessoas o utilizam para tomar (ou justificar) decisões de investimento. Geralmente, existe um motivo porque preços de ativos caem, ou seja, não significa que o ativo ficou mais barato. Além disso, barato e caro são conceitos relativos. Em vez de comparar com o preço "justo", geralmente, as pessoas comparam com o preço anterior. Em vez de olharem para o futuro, fazendo isso é equivalente a focar no passado, e pode levar a conclusões equivocadas. Além disso, o que é preço "justo" também é altamente debatível. Assim, no fundo, a idéia toda realmente não ajuda o investidor.

"As ações sempre sobem no longo prazo": esse é um mito muito comum. Não há nenhuma evidência concreta que sustente essa afirmação, mas muitas pessoas ainda acreditam nela. O mesmo mito é frequentemente aplicado ao preço dos imóveis, também sem provas sólidas e irrefutáveis. Observe o gráfico com 150 anos de histórico do índice S&P 500®, que representa o mercado de ações dos EUA. Como é possível notar, o mercado americano de ações realmente decolou após a Segunda Guerra Mundial. Vale ressaltar que esse crescimento é ainda mais impressionante do que o gráfico sugere, pois está em escala logarítmica. O que explica esse crescimento impressionante e explosivo?

Após a Segunda Guerra Mundial, os EUA se tornaram a maior potência econômica hegemônica do planeta. Os EUA criaram os principais órgãos econômicos mundiais, como o Banco Mundial, o FMI, etc. para servir seus próprios interesses. O dólar foi instituído como a moeda hegemônica, o qual todos os países utilizam para trocas comerciais e reserva de valor. Inicialmente os EUA convenceram o mundo a adotar sua moeda pois era lastreada em ouro e eles tinham as maiores reservas mundiais. Depois, o presidente Nixon abandonou o lastro de ouro. A moeda a partir de então pôde ser impressa sem restrição, dando aos EUA um poder único no planeta. Imagina poder pagar por compras de produtos ou serviços sem precisar dar nada em troca (como ouro) simplesmente rodando a maquininha de imprimir dólares. Dessa forma, os EUA sempre exportaram sua inflação e suas crises para o resto do mundo pagar a conta. Quando precisam de dinheiro, sobem os juros e suga os dólares dos países em desenvolvimento gerando uma cascata de crises financeiras nesses países (sim, as crises que vivi desde os anos 90). Esse é o poder do dólar. Mais tarde, os EUA fortaleceram ainda mais o poder do dólar com o famoso "petro-dolar" que nada mais foi que uma negociata com a Arábia Saudita para que esta só aceitasse o dólar em vendas de petróleo que todos os países do planeta precisam. Mas o que tudo isso tem a ver com as ações americanas? Tudo! Veja o gráfico do S&P 500 nos últimos 80 anos foi de um crescimento impressionante. Apesar de crashes frequentes, no geral foi um longo *bull market* de múltiplas décadas.

Por causa desse crescimento prolongado, a maioria das pessoas vivas hoje não sabem como foi o mercado antes da Segunda Guerra Mundial, quando a potência hegemônica do planeta não eram os EUA, mas o Reino Unido e a moeda mais poderosa era a libra esterlina. Então as pessoas hoje têm a impressão de que no geral a bolsa sempre sobe. Isso é uma impressão equivocada pois não existe nenhuma razão para a palavra "sempre". Vejamos o caso do Japão, que apesar de ser uma potência econômica, não possui nem de longe a posição hegemônica dos EUA. Veja no gráfico como a bolsa japonesa perdeu seu pico no fim dos anos 80 com o fim do "Milagre Japonês" e como levou 40 anos para recuperar o mesmo nível de antes. Imagina alguém que estava comprado na bolsa japonesa naquela época. Se ela também acreditasse nesse mito e resolvesse esperar a bolsa retornar? Então, é perigoso acreditar nesse mito.

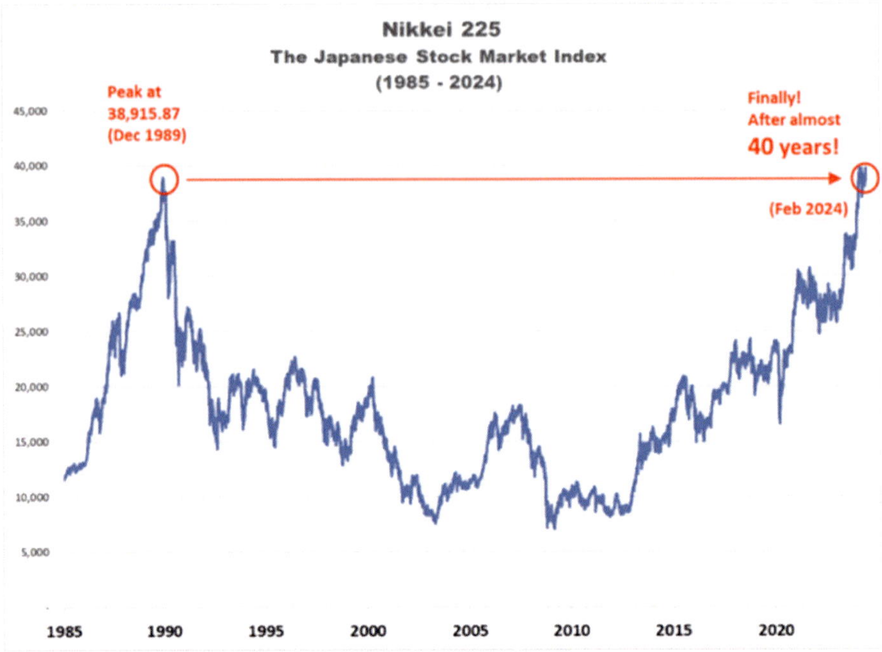

Perigos do Senso Comum e a Mentalidade do Investidor

"Dobre sua aposta se estiver perdendo": Alguns investidores tomam atitudes agressivas e irresponsáveis dobrando uma posição perdedora simplesmente porque não conseguem tolerar perdas (o que é irônico e contraditório que chega a ser bizarro de tão absurdo). É irracional tentar resgatar uma derrota em meio a tanta incerteza. Com base em qual evidência e por que o mercado iria se recuperar exatamente no momento de sua escolha? É a mesma analogia de tentar segurar a faca caindo! Em psicologia, esse comportamento é conhecido como **viés de aversão ao arrependimento**. Colocar mais dinheiro em um investimento que já está no prejuízo, na tentativa de reverter a situação, pode inevitavelmente levar à ruína financeira mais rápido com o dobro do tamanho do prejuízo.

"Adivinhar, torcer e rezar": Esse comportamento é mais comum entre investidores de varejo, mas afeta todos nós porque somos humanos. Existe um alto grau de subjetividade ao investir em ações, o que abre espaço para vieses comportamentais que facilmente resultam em maus resultados. A neurociência já descobriu como os seres humanos tomam decisões de compra. De acordo com pesquisas conduzidas pelo professor emérito da Harvard Business School, **Gerald Zaltman**, 95% de nossas decisões são guiadas por processos mentais subconscientes. Gostamos de acreditar que tomamos decisões baseadas em razão e lógica, mas, na realidade, segundo os neurocientistas, nossas decisões são baseadas em emoções subconscientes e só depois justificadas racionalmente. Em outras palavras, encontramos justificativas para decisões que já tomamos emocionalmente, muitas vezes sem perceber.

E é aí que mora o perigo. Muitos investidores ficam tão apaixonados por uma ideia ou pelo nome de uma ação (ou uma marca famosa) que fazem de tudo para justificar mantê-la, mesmo quando ela já está gerando prejuízo. Esse é um problema comum a todos nós como seres humanos.

Por isso, precisamos de ferramentas objetivas para nos proteger de nós mesmos! Precisamos de uma ferramenta baseada em dados concretos, livre de vieses ou pensamentos ilusórios. O RISP 500™ do Método SMIGRM foi criado com essa finalidade. Ele é totalmente baseado em dados sólidos, que são coletados, filtrados, processados e interpretados de forma totalmente fria e objetiva. As ações resultantes podem ser tomadas rapidamente, até mesmo de forma automatizada, com base em dados, não opiniões sujeitas a vieses, preconceitos e fatores psicológicos.

Capítulo 2. Mentalidade e Psicologia do Investidor

Decisões Guiadas por Dados vs. Perigos da Psicologia do Investidor

Como já discutimos, a psicologia humana pode causar sérios problemas aos investidores, resultando em performance abaixo do potencial no longo prazo. A mente humana, por mais poderosa que seja, possui limitações na hora de tomar decisões, sendo facilmente influenciada por diversos vieses comportamentais. Já falamos sobre alguns deles, mas um dos mais comuns no mercado financeiro é o **viés da auto-atribuição**.

O **viés da auto-atribuição** nos faz atribuir os méritos de um investimento bem-sucedido a nós mesmos, enquanto culpamos fatores externos ou outras pessoas quando um investimento dá errado. Esse comportamento facilmente leva à **excesso de confiança** (sem respaldo em evidências reais) e a corrermos **riscos excessivos**. Quem nunca ouviu alguém se gabando por ter feito uma pequena fortuna investindo em determinada ação, atribuindo implicitamente ou explicitamente esse sucesso às suas próprias habilidades? Todo mundo parece ser um gênio durante mercados em alta. Mas espere até o mercado virar para uma tendência de baixa ou se tornar volátil e confuso para ver se ditos gênios continuam performando da mesma maneira.

Outro viés muito comum é o **viés da negatividade**. Esse comportamento provavelmente surgiu durante a evolução humana como um mecanismo de sobrevivência, para nos proteger de perigos iminentes. Esse viés faz com que frequentemente atribuímos mais peso às experiências negativas do que às positivas ou neutras, afetando nosso julgamento e comportamento como tomadas de risco, por exemplo.

Pense em como você reagiu durante o **Crash do Coronavírus em 2020**, que apareceu quase que do nada de repente, pegando todo mundo de "calças curtas" e durou pouco mais de um mês, de 20 de fevereiro a 7 de abril de 2020. O que veio depois foi uma recuperação impressionante que continuou pelo restante de 2020 e durante todo o ano de 2021. Se você vendeu suas ações durante o crash, quanto tempo demorou para voltar ao mercado? Incrivelmente, uma grande quantidade de investidores, inclusive profissionais experientes, ficaram tão assustados com o que aconteceu que não retornaram ao mercado nem meses após o fim do crash. Esse episódio fez com que muitos perdessem uma grande oportunidade de ganhos. A mente deu tanto peso ao lado negativo do crash que os investidores perderam o lado positivo da recuperação.

Vieses psicológicos que afetam o desempenho de longo-prazo de investidores são muitos. Veja uma lista dos 10 vieses psicológicos mais comuns que afetam o julgamento racional e a tomada de decisões importantes por investidores:

Viés de Excesso de Confiança

Descrição: Superestimar o próprio conhecimento ou a capacidade de prever os movimentos do mercado.

Exemplo: Um investidor acredita que pode consistentemente superar o mercado com base em suas análises pessoais, o que o leva a operar excessivamente e potencialmente acumular prejuízos.

Viés de Confirmação

Descrição: Buscar informações que confirmem crenças pré-existentes e ignorar dados que as contradizem.

Exemplo: Focar apenas em notícias positivas sobre uma ação favorita e desconsiderar relatórios negativos, resultando em uma visão distorcida do investimento.

Viés de Aversão à Perda

Descrição: Sentir o impacto das perdas de forma mais intensa do que a satisfação com ganhos equivalentes.

Exemplo: Manter uma ação em queda para evitar realizar um prejuízo, mesmo quando vender seria a decisão mais racional.

Viés de Mentalidade de Manada

Descrição: Seguir as decisões da maioria ou de outras pessoas, ou gurus de internet, sem análise própria, o que pode levar a decisões irracionais.

Exemplo: Investir em uma ação que está em alta apenas porque muitas pessoas estão comprando, sem realizar uma análise detalhada para entender o porquê daquele movimento. Um exemplo foi a alta e crash da ação da defunta Gamestop liderada por posts de um fórum ou mídia social.

Viés de Ancoragem

Descrição: Dar peso excessivo à primeira informação recebida (a "âncora") ao tomar decisões.

Exemplo: Basear o valor de uma ação no preço de compra inicial, influenciando decisões de compra ou venda, mesmo que as condições de mercado tenham mudado. Em vez de olhar para o futuro, a pessoa fica ancorada no preço de compra porque não aceita assumir que errou na escolha da ação ou no momento de compra.

Viés de Recência

Descrição: Dar mais importância a eventos recentes e ignorar dados históricos.

Exemplo: Presumir que uma ação continuará subindo porque teve bom desempenho nos últimos meses, ignorando indicadores de longo prazo.

Viés de Familiaridade

Descrição: Preferir investimentos em ativos familiares ou conhecidos, o que pode resultar em pouca diversificação.

Exemplo: Investir principalmente em empresas brasileiras ou ações da própria empresa onde trabalha, negligenciando oportunidades internacionais.

Viés do Status Quo

Descrição: Preferir manter tudo como está e resistir a mudanças.

Exemplo: Manter uma alocação de portfólio desatualizada, mesmo após mudanças nos objetivos financeiros ou nas condições de mercado.

Viés de Aversão ao Arrependimento

Descrição: Evitar decisões que possam causar arrependimento, levando muitas vezes à inação.

Exemplo: Não investir em ativos de maior risco por medo de possíveis perdas, mesmo quando esses investimentos são compatíveis com objetivos de longo prazo.

Efeito Disposição

Descrição: Tendência de vender ativos que valorizaram e manter aqueles que desvalorizaram.

Exemplo: Vender uma ação logo após uma pequena alta para "garantir o lucro", mas manter uma ação em queda esperando uma recuperação. Em outras palavras, se livrar de seus "winners" e manter seus "losers". Pense bem: é racional isso?

Boas Práticas para Manter uma Mentalidade Vencedora

Para anular ou atenuar os efeitos nocivos dos vieses psicológicos, há algumas dicas de boas práticas que você pode adotar. Veja lista abaixo. Atente-se principalmente na última, pois poderá anular os vieses por completo.

- **Defina Metas Financeiras Claras**

Estabeleça objetivos específicos para orientar suas decisões de investimento, como aposentadoria, compra de imóvel ou educação dos filhos. Refrescando sempre sua memória das metas de longo-prazo ajuda a focar no que é mais importante em vez de se distrair com detalhes cujos efeitos se diluirão no longo-prazo, como pequenos prejuízos de curto-prazo.

- **Na Dúvida, Diversifique Seu Portfólio**

Sempre que não estiver totalmente confiante quanto à decisão de investimento em um ativo, não ponha todos os ovos na mesma cesta. Distribua investimento entre diferentes classes de ativos e setores para minimizar riscos.

- **Mantenha a Paciência e a Disciplina**

Evite reações impulsivas focando nos objetivos de longo prazo. Lembre-se que você não precisa ganhar em cada movimento do mercado. Se perdeu uma alta, não se preocupe, pois sempre haverá novas oportunidades para lucrar. Muitas vezes você verá que o mercado não está fazendo o que você achou que faria e está te dando prejuízo. Não há nenhum problema em assumir o erro e cortar o prejuízo. Lembre-se: um grande guerreiro sempre pode se retirar de batalhas erradas e se preservar para lutar de novo no dia seguinte.

- **Eduque-se Continuamente**

Busque conhecimento sobre finanças e investimentos para tomar decisões informadas e adaptar-se às mudanças do mercado. Investimento é uma atividade que exige muito do seu cérebro. Quanto mais ele tiver preparado com as informações certas e as experiências para enfrentar tanto altos como baixos, e se manter mentalmente forte, maiores serão suas chances de sucesso. Leia livros de autores que realmente tiveram experiências práticas de campo de batalha para compartilhar a sabedoria adquirida. Faça cursos de pessoas qualificadas que passaram por essas experiências. Nada contra instrutores jovens, mas se eles nunca vivenciaram uma crise de verdade em seu tempo de experiência no mercado, como poderão estar passando essa expertise para você? Tem gente que adora jogar tênis com quem joga menos pois ganha todas as partidas. Mas isso não as faz evoluir ou melhorar seu próprio jogo. Se vai fazer um curso ou uma mentoria, que seja com quem realmente passou pelo teste de ferro e fogo!

- **Reavalie Periodicamente Seu Portfólio**

Analise regularmente seus investimentos para garantir que estejam alinhados com suas metas e faça ajustes conforme necessário. Incrivelmente, tem muito expert recomendando investidores a não olhar o estado de seus investimentos ou o mercado com muita frequência. A razão, segundo eles, é evitar que as emoções do investidor ao ficar checando o mercado e seus resultados façam-o tomar decisões imprudentes na hora errada. Na minha opinião, essa recomendação é um grave erro. Primeiro, porque desconsidera a inteligência do investidor. Segundo, porque pretende manter o investidor na ignorância de forma que nunca aprenderá a tomar decisões. E terceiro, porque é a síndrome do avestruz: não é só porque você não está olhando que os problemas, perigos, riscos, e prejuízos acumulados deixarão de existir.

- **Controle as Emoções**

Reconheça e gerencie vieses emocionais que possam influenciar negativamente suas decisões de investimento. Essa recomendação é mais fácil dita que feita. É extremamente difícil separar as emoções e vieses que todos carregamos conosco. É o que nos faz humanos. A melhor forma de evitar que emoções e vieses psicológicos afetem nossas decisões de investimentos é a próxima recomendação abaixo.

- **Use uma Ferramenta Objetiva Baseada em Dados**

Uma ferramenta que é 100% baseada em dados orientaria o investidor de forma objetiva, eliminando espaço para subjetividade, opiniões, e vieses psicológicos. Imagine você pilotando um avião. Os instrumentos te darão clareza e informações como velocidade, altitude, pressão, temperatura do ar, distâncias, condições climáticas, etc. para que você possa controlar a aeronave tomando boas decisões baseado nesses dados. Imagine que você perca um desses instrumentos, como velocidade, por exemplo. Você teria então que adivinhar a velocidade visualmente, o que é altamente impreciso e perigoso. Seu co-piloto poderá facilmente discordar de você pois ambos estariam dando suas opiniões sobre a velocidade da aeronave. dificultando sua tomada de decisões. Em investimentos, é a mesma coisa. A melhor forma de evitar subjetividade e opiniões, que podem estar enviesadas e erradas, é usando ferramentas objetivas como SMIGRM, baseadas em dados.

Personalidade de Investidor e Impactos em Resultados

Outro fator importante que tem sido estudado quanto à psicologia de investidores é a personalidade resultante de seu perfil psicológico como investidor. Sam Phoem, autor do livro *"Personality Driven Portfolio"*, identificou quatro grandes grupos e atribuiu um animal a cada tipo de personalidade. Todos nós nos encaixamos em um desses grupos. Para descobrir a qual grupo você pertence, basta responder a duas perguntas bastante simples:

1. Imagine que você tem uma ação que está gerando um bom lucro, o que você provavelmente faria?
(A) Continuaria mantendo a ação e deixaria os lucros se acumularem pelo maior tempo possível.
(B) Venderia a ação, meteria o lucro no bolso, e depois avaliaria o próximo passo.

2. Imagine que seu investimento está gerando prejuízo, o que você provavelmente faria?
(A) Continuaria mantendo a ação até o preço voltar ao valor original de compra ou aguardaria pelo menos gerar um lucro antes de vender.
(B) Venderia a ação, assumindo o prejuízo, e depois avaliaria o próximo passo.

Se você respondeu:

1A e 2A → Elefante Confiante
1A e 2B → Touro Diligente
1B e 2A → Caranguejo Desconfiado
1B e 2B → Abelha Ocupada

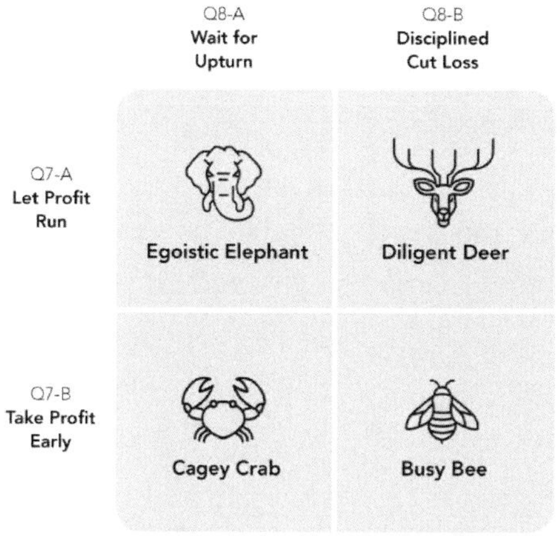

Agora vamos conhecer as principais características de cada perfil de investidor. Mudei o nome de um animal da tradução do inglês original para evitar conotações de cunho pejorativo.

O Elefante Confiante (1A e 2A)

Você provavelmente é um investidor de fortes convicções e está disposto a enfrentar grandes oscilações no mercado aguardando que suas expectativas se concretizem. Alternativamente, você também pode ser um investidor de longo prazo que não acompanha seus investimentos de perto e tende a investir com uma perspectiva de muito longo prazo. De qualquer forma, você acredita que suas opiniões e projeções prevalecerão e dificilmente aceitaria cortar prejuízos se o mercado se mover em direção contrária, a menos que seja obrigado a fazê-lo. Sua confiança e ego inabaláveis vêm de sucessos passados em que obteve grandes lucros. No entanto, você precisa entender que ninguém acerta 100% das vezes, e seus eventuais erros poderão resultar em prejuízos tão grandes quanto, ou até maiores que seus acertos. Dessa forma, você provavelmente estará sujeito a grandes oscilações nos resultados, com grandes ganhos e grandes perdas ao longo do tempo, uma vez que você não costuma limitar nem perdas e nem ganhos, firmemente focado no cenário que você visiona e firmemente acredita que irá ocorrer.

Investimentos mais adequados para esse perfil de personalidade: Ações que pagam dividendos ou que tenham mais foco em renda.

O Touro Diligente (1A e 2B)

Você é um investidor disciplinado com foco em gestão de riscos e acompanha de perto seus investimentos para garantir que eles não tragam grandes problemas. Qualquer investimento que ultrapasse um nível de perda pré-definido (*stop loss*) será imediatamente vendido sem dó nem piedade. Por outro lado, quando seus investimentos estão indo bem, você deixa o lucro se acumular, a menos que haja alguma mudança importante nas razões para manter o ativo. Sua natureza diligente garante que nenhuma decisão errada comprometa seu portfólio, enquanto sua paciência com bons investimentos permite ganhos expressivos de tempos em tempos. Esse é um estilo altamente desejável, pois tende a gerar pequenas perdas (limitadas de propósito) e grandes ganhos (ilimitados de propósito) ao longo do tempo.

Investimentos mais adequados: Ações com grande potencial de valorização no longo prazo.

O Caranguejo Desconfiado (1B e 2A)

Você se assemelha a muitos investidores não-profissionais: não gosta de aceitar perdas quando um investimento dá errado, preferindo esperar que o preço se recupere até, pelo menos, o valor de compra. Ao mesmo tempo, quando um investimento começa a dar lucro, você tende a realizar o lucro rapidamente. Esse comportamento geralmente resulta em pequenos ganhos (quando acerta), mas grandes perdas (quando erra) — e você reluta em reconhecer isso, mantendo ações em queda até não ter outra escolha a não ser vender. Essa estratégia não é sustentável a longo prazo, pois perdas em apenas alguns poucos investimentos ruins poderão facilmente anular ganhos obtidos nos bons investimentos. Contrário ao Touro Diligente, que limita perdas e não limita ganhos, o Caranguejo Desconfiado limita ganhos e não limita perdas. No longo prazo, esse comportamento não é sustentável.

Se você tem essa personalidade, essa é provavelmente a razão de estar sentindo-se frustrado com seus investimentos com frequência. Mas, não se preocupe. Não é razão para se desesperar porque é possível mudar. Adotando uma ferramenta objetiva baseada em dados é uma das melhores soluções. Reconhecer problemas é o primeiro passo para sua resolução.

Investimentos mais adequados: Renda fixa, evitar investir em ações. (Veja nossos comentários finais abaixo.)

A Abelha Ocupada (1B e 2B)

Você tende a realizar lucros quando os investimentos estão indo bem e também corta suas perdas quando algo dá errado. É um investidor ativo que acompanha o mercado de perto, gerenciando e tradando suas posições ou girando sua carteira constantemente, quase como um *day trader*. Por estar sempre atento ao mercado, você provavelmente realizará muitas operações e com grande frequência, acumulando pequenos ganhos e pequenas perdas pois limita ambos os lados, não deixando crescer com o tempo.

Investimentos mais adequados: Ações com boas perspectivas para ganhos de curto prazo.

Conhecendo a Sua Personalidade de Investidor é o Primeiro Passo para o Sucesso de Longo Prazo

Cada pessoa nasce com uma personalidade diferente, e isso deve ser respeitado. Não há nada de errado nisso. No entanto, alguns perfis são mais adequados para o sucesso no investimento de longo prazo do que outros, e é importante ter consciência disso. O **Touro Diligente** é o perfil mais recomendado para obter sucesso no mercado de ações no longo prazo. O próprio autor concorda com essa conclusão e até sugere, em seu livro, formas para que outros perfis possam desenvolver uma mentalidade mais disciplinada, agindo de maneira semelhante ao Touro Diligente.

Por outro lado, o **Caranguejo Desconfiado** é o perfil com menos chances de ter sucesso sustentável em investimentos de risco, como o mercado de ações.

O Método SMIGRM, por ser baseado em gestão de risco, por meio do indicador de risco RISP 500, sinaliza ao investidor o momento de limitar perdas quando o risco sobe acima de um patamar aceitável definido pelo próprio investidor. **Ao usar o Método SMIGRM, o investidor naturalmente se insere na personalidade do Touro Diligente, pois com ele, o investidor estará sempre disciplinadamente cortando prejuízos, não deixando-os crescer e acumular de maneira alguma. Por outro lado, SMIGRM jamais limita o investidor quando o mercado está movendo-se a seu favor, deixando que lucros se acumulem ao longo do tempo.** Afinal, não é isso que todos queremos?

Por Que Decisões Baseadas em Dados É Tão Imperativo

O ponto que quero destacar é que, se dependermos apenas de nosso próprio julgamento como investidores, podemos facilmente nos tornar **excessivamente confiantes** ou **excessivamente desconfiados**, e justamente nos momentos errados. Já dados concretos, frios e objetivos, extraídos do próprio mercado mostram a verdade sobre os riscos reais do mercado, guiando-nos para tomar decisões racionais e fundamentadas.

Esses e outros problemas de vieses psicológicos prejudicaram investidores e a indústria financeira por anos. O resultado disso é um desempenho consistentemente abaixo do potencial de investidores e gestores de investimentos, que poderiam outrora estar potencialmente obtendo retornos muito melhores se tivessem ferramentas mais apropriadas para tomar decisões importantes.

Como vê, isso realmente não deveria ser assim. Algo claramente está errado. Eu e muitos outros *traders* também nunca estivemos satisfeitos com as ferramentas e métodos tradicionais, então decidimos buscar soluções. Testamos muitos modelos com grande dedicação, mas não conseguimos avanços significativos nessa busca por anos... até que a **Grande Crise Financeira de 2008** nos abriu a "caixa de pandora"! A semente inicial que ao longo de 10 anos iria resultar na filosofia SMIGRM (*Stock Market Investing Guided by Risk Management*) foi lançada devida a essa crise, quando finalmente demos o basta.

Capítulo 3. Bancos e Finanças Básicas nos EUA

Como os Bancos Funcionam nos Estados Unidos

Nos Estados Unidos, assim como no Brasil, os bancos atuam como intermediários entre depositantes e tomadores de empréstimos, facilitando o fluxo de dinheiro na economia. Eles aceitam depósitos de pessoas e empresas, oferecendo um lugar seguro para guardar fundos e, em troca, fornecem juros em certos tipos de contas. Esses depósitos são então agrupados e emprestados a consumidores e empresas, gerando renda de juros para o banco. Esse processo apoia atividades econômicas como a compra de imóveis, abertura de negócios e financiamento educacionais. Os bancos também oferecem vários serviços financeiros, incluindo processamento de pagamentos, gestão de patrimônio e câmbio de moedas.

Assim como no Brasil, houve uma proliferação de fintechs que oferecem serviços bancários on-line, geralmente a menor custo que bancos com agências de tijolos e concreto, principalmente as grandes redes. Muitos destes bancos on-line, geralmente com alguma instituição financeira por trás, costumam não cobrar tarifas de manutenção de contas e menores tarifas de serviços. Bancos menores e regionais, cujos nomes os estrangeiros no país nunca ouviram falar costumam oferecer também custos menores que bancos de rede como Bank of America, Citibank, Chase, e Wells Fargo.

Nos EUA, os bancos são regulamentados por agências federais e estaduais para garantir a estabilidade financeira e a proteção ao consumidor. A Federal Deposit Insurance Corporation (FDIC) garante depósitos de até US$ 250.000 por depositante, proporcionando confiança aos consumidores quanto à segurança de seus depósitos nos bancos, semelhante ao Fundo Garantidor de Creditos (FGC) no Brasil. Dessa forma, os correntistas não precisam temer depositar em bancos menores e online até o valor garantido pelo FDIC, pois estariam cobertos caso o banco quebre.

Nos EUA, não existe PIX, porém tem um mecanismo semelhante para transferências entre contas muito fácil de usar através do Zelle, que é um mecanismo compartilhado entre os bancos americanos de varejo. Os aplicativos dos próprios bancos já vem com o Zelle embutido. Cada conta é identificada pelo email e/ou número do celular do correntista e é assim que se manda dinheiro para o destinatário através do aplicativo.

Diferentemente do Brasil, cada agência bancária nos EUA, mesmo pertencentes ao mesmo banco, estabelece seus próprios horários de abertura e fechamento. Muitos abrem inclusive aos sábados.

Geralmente, apenas agências especializadas em grandes centros urbanos tem a capacidade de fazer câmbio de moedas, então não assuma que qualquer agência bancária nos EUA poderá trocar seus reais por dólares. Convém perguntar antes. Às vezes, sabendo de antemão que um cliente queira fazer câmbio de alguma moeda, a agência poderá se preparar para ter a moeda desejada antes de fazer a operação com o cliente.

Em suma, os bancos desempenham um papel crucial na manutenção da liquidez e estabilidade do sistema financeiro dos EUA.

Contas Correntes (*Checking Account*)

Uma conta corrente é uma conta de depósito com intuito de manter efetivo (cash) para transações frequentes, permitindo que as pessoas gerenciem despesas corriqueiras de forma eficiente. Os titulares de contas podem depositar fundos, emitir cheques e usar cartões de débito vinculados à conta para compras ou saques em caixas eletrônicos. Muitos bancos oferecem serviços de internet banking e mobile banking, permitindo pagamentos eletrônicos de contas e transferências de fundos. Embora algumas contas correntes paguem juros mínimos a seus correntistas, sua principal vantagem é a liquidez e o fácil acesso ao dinheiro. Os bancos podem cobrar taxas mensais de manutenção; no entanto, essas taxas muitas vezes podem ser dispensadas ao atender a critérios específicos, como manter um saldo mínimo. É essencial estar ciente das possíveis tarifas punitivas quando a conta fica negativada, que ocorrem quando os saques excedem o saldo disponível. Selecionar uma conta corrente que se alinhe aos hábitos e necessidades financeiras é vital para uma gestão eficaz do dinheiro.

Para a abertura de contas de pessoa-física, é muito simples, inclusive para estrangeiros e não residentes. Basta levar uma ou duas formas de identificação (por exemplo, o passaporte, em caso de estrangeiros) e um comprovante de endereço nos EUA. Em bancos de agência física, se exige a presença do proposto correntista na agência para abertura de contas. Para americanos residentes, alguns bancos online e fintechs aceitam abertura de contas sem a presença do correntista sob algumas condições.

Após a abertura da conta, o banco geralmente manda o cartão de débito (*debit card*) direto para o correntista no seu endereço americano após 7 a 14 dias pelo correio. Nesse meio tempo, o correntista poderá usar o cartão virtual dentro do aplicativo do banco.

Contas Poupança (*Savings Account*)

As contas poupança são projetadas para ajudar as pessoas a guardar dinheiro enquanto rendem juros ao longo do tempo. Geralmente os juros pagos são tão minúsculos, que muita gente nem se importa de abrir contas poupança nos EUA. Essa é uma das maiores diferenças com a poupança brasileira que pode pagar ótimas taxas em certos momentos. Alguns bancos online ou fintechs podem pagar taxas mais atrativas. No entanto, elas oferecem um lugar seguro para armazenar fundos que não são necessários para despesas imediatas, promovendo a disciplina financeira e o estabelecimento de metas. Outra razão de ter *savings account* nos

EUA é a maior segurança online se o correntista usa seu cartão de débito (*debit card*) para fazer compras online. Isso acontece porque o cartão de débito está conectado diretamente à conta corrente e não à conta poupança. Para quem faz isso, é aconselhável deixar só o mínimo necessário na conta corrente e mover a maior parte do dinheiro que não seria necessário no curto prazo para a conta poupança.

Embora as contas poupança ofereçam acesso mais fácil ao *cash* em comparação com investimentos de longo prazo, elas podem ter limitações quanto ao número de retiradas permitidas por mês. As contas poupança também são normalmente asseguradas pelo FDIC até US$ 250.000, garantindo a segurança dos depósitos.

Certificados de Depósito (*CDs*)

Semelhante aos CDBs no Brasil, os Certificados de Depósito (CDs) são contas de depósito com prazo determinado que oferecem uma taxa de juros fixa durante um período especificado, que pode variar de alguns meses a vários anos. Em troca do compromisso de manter os fundos pelo período determinado, os bancos geralmente oferecem taxas de juros mais altas em comparação com contas poupança regulares. A retirada de fundos antes da data de vencimento geralmente acarreta penalidades, tornando os CDs menos interessantes pois o depositante perde os juros. Eles são ideais para pessoas que buscam um investimento de baixo risco com retornos previsíveis, que não precisam do dinheiro dentro do prazo do CD, e querem a proteção do FDIC pois são assegurados até US$ 250.000 por depositante. Ao selecionar um CD, considere a duração do prazo e as taxas de juros, pois prazos mais longos geralmente oferecem taxas mais atrativas. Também é importante avaliar se você pode se comprometer a manter seus fundos inacessíveis durante o período escolhido para evitar penalidades por retirada antecipada.

Contas do Mercado Monetário (*Money Market Account*)

As Contas do Mercado Monetário (MMAs) são contas de depósito que combinam características de contas poupança e contas correntes. Elas geralmente oferecem taxas de juros mais altas do que contas poupança regulares e fornecem privilégios limitados de emissão de cheques e cartões de débito. No entanto, as MMAs podem exigir saldos mínimos mais elevados e podem ter taxas de juros escalonadas, recompensando depósitos maiores com retornos mais altos. Elas são asseguradas pelo FDIC até US$ 250.000, garantindo a segurança dos depósitos. Embora ofereçam flexibilidade e taxas de juros competitivas, as MMAs frequentemente limitam o número de transações por mês. Elas são adequadas para pessoas que buscam ganhar juros mais altos em suas economias enquanto mantêm algum acesso aos seus fundos. É importante comparar os termos, taxas de juros e taxas de diferentes MMAs para encontrar uma que se alinhe aos seus objetivos financeiros.

Fundos Mútuos (*Mutual Funds*)

Os fundos mútuos são veículos de investimento que reúnem dinheiro de vários investidores para comprar uma carteira diversificada de ativos, como ações, títulos de renda fixa ou outros ativos. Geridos por gestores profissionais de fundos, eles oferecem aos investidores acesso a participações diversificadas sem a necessidade de selecionar investimentos individuais. Os fundos mútuos são categorizados com base em seus objetivos de investimento, como fundos de crescimento, renda ou balanceados. Os investidores compram cotas no fundo mútuo, e o valor dessas cotas flutua com base no desempenho dos ativos do fundo. Embora ofereçam diversificação e gestão profissional, os fundos mútuos cobram taxas e despesas que podem impactar os retornos líquidos. Eles são adequados para pessoas que buscam uma abordagem prática para investir com exposição diversificada ao mercado e que não dê trabalho algum. É importante revisar o prospecto de um fundo mútuo para entender sua estratégia de investimento, riscos, taxas e desempenho passado antes de investir.

Existe uma variedade grande de fundos mútuos nos EUA, uma indústria gigantesca de mais de US$ 20 trilhões. Existem fundos abertos, que funcionam continuamente aberto a aplicações e resgates, parecido com os fundos mútuos no Brasil. E há também os fundos fechados, que uma vez capitalizados, são fechados a novas aplicações e resgates, geralmente seguem um cronograma para reabrir após período longo como muitos anos. Aplicações e resgates nos *Mutual Funds* não funcionam exatamente como no Brasil. Muitas vezes há comissões e taxas envolvidas que afetam a quantidade de cotas adquiridas. Os fundos também cobram taxas de administração, taxas de performance, e outras taxas que convém se inteirar bem antes de investir, como taxas cobradas inclusive no resgate.

Fundos Multimercados (*Hedge Funds*)

Você já deve ter ouvido falar também dos famosos ***Hedge Funds***. Estes são equivalentes aos Fundos Multi-Mercados no Brasil. Nos EUA, *hedge funds* administram mais de US$ 100 bilhões. Geralmente, a meta deles é de obter o máximo possível de retornos absolutos. Gerido profissionalmente, geralmente cobram 2% aa de taxa de administração mais 20% de taxa de performance (calculada sobre o lucro obtido acima de um índice pré-estabelecido, conhecido como um *benchmark*). Os investidores são geralmente investidores mais abastados e sofisticados. Podem ser compostos de ações, como também renda fixa, commodities e derivativos. *Hedge Funds* tendem a ter retornos mais altos que *mutual funds* mas também correm riscos maiores.

Fundos Imobiliários (*REITs*)

Investir no gigante mercado imobiliário dos Estados Unidos não exige necessariamente compra de casas em Orlando, como muitos brasileiros estão acostumados. Você pode acessar esse mercado na forma de investimento em grupo (**Real Estate Syndication**), e pode também ser realizado de forma indireta por meio de **Crowdfunding** e **Real Estate Investment Trusts (REITs)**.

Se você tiver interesse nesse tema, escreverei outros livros para focar principalmente em **Real Estate Syndication**, pois tenho anos de experiência direta operando investimento direto em complexos de apartamentos residenciais nos EUA chamados de **Multi-Family**. Nesses livros discutirei estratégias incríveis para multiplicação de patrimônio e alavancagem de renda com vantagens tributárias. Investimento Imobiliário como classe de ativos é um dos melhores nos EUA, e é a que mais faz milionários e multi-milionários entre gente comum, e pode ser combinado junto com investimento em ações para criar um ciclo virtuoso muito poderoso. E se você acrescentar um terceiro instrumento que é o ***Whole Life Insurance***, um tipo de seguro de vida, é possível acelerar a jornada para **Independência Financeira**, ou substituição completa da renda de trabalho permitindo aposentar-se muito mais cedo. Se quiser saber mais, leia meu livro **FINANCIAL FREEDOM ACCELERATED 2X-10X FASTER** (em inglês, por enquanto, mas será traduzido).

Nesse livro vamos falar apenas de REITs pois eles podem ser acessados de forma mais fácil e existem muitos ETFs de REITs. Esses instrumentos financeiros permitem que investidores participem do mercado imobiliário sem a necessidade de adquirir propriedades físicas. Há 3 tipos de REITs: ***Equity REITs*** que auferem renda de aluguel diretamente de propriedades imobiliárias, como shopping centers, edifícios de escritórios e apartamentos; ***Mortgage REITs (mREITs)*** que auferem renda pelos juros de financiamento de imóveis, adquirindo ou originando hipotecas e títulos lastreados em hipotecas; e ***Hybrid REITs*** que combinam as duas estratégias anteriores, investindo tanto em propriedades físicas quanto em hipotecas.

Entre as vantagens dos REITs está a diversificação pois permitem que investidores diversifiquem seus portfólios com exposição ao mercado imobiliário sem a necessidade de possuir imóveis diretamente. Como muitos REITs são negociados em bolsas de valores, oferece maior liquidez em comparação com a compra e venda de propriedades físicas. E por fim, REITs são obrigados por lei a distribuir pelo menos 90% de sua renda tributável aos acionistas na forma de dividendos, proporcionando uma fonte de renda consistente. Entre as desvantagens dos REITs, tem a sensibilidade às taxas de juros: as variações nas taxas de juros podem afetar o desempenho dos REITs, já que taxas mais altas podem aumentar os custos de financiamento e tornar outros investimentos de renda fixa mais atrativas. Como qualquer investimento em ações, os preços dos REITs podem ser voláteis e influenciados por condições econômicas gerais, podendo gerar prejuízos.

É muito conveniente investir em REITs, mas conveniência tem custo. Além de taxas, investir em um REIT (assim como em Mutual Funds, Hedge Funds, etc. qualquer tipo de fundo, **exceto** ETFs passivos de índice), você perde o controle sobre o que ultimamente seu dinheiro está comprando. Isso acontece porque seu dinheiro entra num grande *pool* com o dinheiro de um grande número de outros cotistas e quem toma as decisões de investimento são os gestores dos fundos. Investindo num fundo, você terceiriza suas decisões e fica à mercê do gestor, acreditando que este fará o melhor por você.

Fundos de Índice (*Index ETFs*)

Os Fundos de Índice (Index ETFs) são fundos de investimento cujas cotas são negociadas em bolsas de valores, semelhantes a ações individuais. Os fundos são geralmente compostos por uma coleção de ativos, como ações, títulos ou commodities, e visam replicar o desempenho de um índice ou setor específico. Os ETFs oferecem diversificação, liquidez e custos de despesas geralmente mais baixas em comparação com fundos mútuos. Os investidores podem comprar e vender cotas de ETFs durante o dia de pregão a preços de mercado, proporcionando flexibilidade na gestão de investimentos. Embora os ETFs ofereçam vantagens como diversificação e custo-benefício, eles estão sujeitos a riscos de mercado, e seu valor pode flutuar com base no desempenho dos ativos subjacentes, assim como qualquer outro tipo de fundo (*mutual funds, hedge funds*, etc.) ou carteira de ações. Eles são adequados para investidores que desejam construir uma carteira diversificada com a capacidade de comprar e vender cotas como ações. É importante pesquisar as participações de um ETF, a taxa de despesas e quão bem ele acompanha seu índice pretendido antes de investir.

Em minha opinião, o ETF foi uma grande invenção do mercado americano. É mais fácil de investir neles, bastando comprar suas cotas diretamente na bolsa e vende-las da mesma forma depois. É tudo extremamente líquido. Não há comissões e o custo de ETFs passivos que replicam algum índice como o S&P 500 em termos de taxas de administração, etc. costuma ser muito baixo.

Aqui cabe fazer referência ao Capítulo 11, quando discutiremos Investimento Ativo vs. Passivo, assim como os prós e contras de ambos tipos. ETFs são os perfeitos veículos para fazer investimento passivo. Hoje em dia, mesmo investidores multi-milionários americanos que pagam gestores profissionais para tentar conseguir retornos melhores com gestão ativa, reservam pelo menos uma parte da carteira deles em ETFs de índice como investimento passivo.

Capítulo 4. Mercado de Renda Fixa

Introdução ao Mercado de Renda Fixa nos Estados Unidos

O mercado de renda fixa é um pilar do sistema financeiro dos Estados Unidos, oferecendo uma ampla gama de títulos de dívida que proporcionam aos investidores fluxos de renda previsíveis e preservação de capital. É um dos maiores e mais líquidos mercados do mundo, atendendo a diversos participantes, incluindo investidores individuais, corporações, governos e entidades institucionais, como fundos de pensão e companhias de seguro.

Importante entender que renda fixa não significa que não tem risco. Renda fixa tem risco em qualquer lugar do mundo, assim como no Brasil e nos EUA. Apesar da Renda Fixa pagar uma "renda fixa" como um fluxo de caixa de valor fixo, determinado e conhecido, o papel em si pode subir ou baixar de preço.

Características Principais - Os títulos de renda fixa, também conhecidos como títulos ou instrumentos de dívida, representam empréstimos feitos por investidores a tomadores em troca de pagamentos periódicos de juros (cupons) e do retorno do principal no vencimento.

No Brasil, títulos de renda fixa tendem a ter prazos relativamente mais curtos comparados aos americanos. Isso tem razões históricas por conta de juros altos (comparado ao padrão mundial de países desenvolvidos) e inflação. Papéis de prazo mais longo tendem a pagar cupons (semestrais, anuais, etc.). Papéis de prazo curto costumam não pagar cupons (*zero coupon bonds*).

Esses instrumentos são emitidos por várias entidades (emissores de dívida), incluindo:

Tesouro dos EUA: Títulos do Tesouro, notas e letras são garantidos pelo governo federal e considerados os investimentos mais seguros devido ao risco mínimo de inadimplência (lembre-se que o governo federal é a única entidade legal que tem a "maquininha de fazer dinheiro": basta imprimir os dólares e salda-se a dívida! Pode causar inflação, claro, mas paga-se a dívida).

Corporações: Os títulos corporativos do setor privado oferecem rendimentos mais altos do que os do Tesouro, compensando o aumento do risco de crédito.

Municípios: Os títulos municipais são emitidos por estados e governos locais, muitas vezes proporcionando renda isenta de impostos.

Agências: Títulos emitidos por empresas patrocinadas pelo governo (por exemplo, Fannie Mae, Freddie Mac) apoiam setores como habitação e agricultura. As agências mencionadas em si são entidades de capital privado e suas dívidas emitidas para apoiar setores nem sempre são garantidas pelo governo federal: depende do emissor. Por exemplo, Fannie Mae e Freddie Mac não são garantidos pelo governo federal, mas a Ginnie Mae é. Então bastante cuidado com generalizações.

Dinâmica de Mercado: O mercado de renda fixa dos EUA é influenciado por vários fatores, incluindo taxas de juros, inflação, crescimento econômico e condições de crédito. O Federal Reserve (o famoso Fed, Banco Central dos EUA) desempenha um papel crítico na modelagem do mercado ao definir a política monetária, que impacta diretamente os rendimentos e preços dos títulos. Por exemplo:

Aumentos nas taxas de juros de referência pelo Fed (tipo uma "Selic" americana) geralmente reduzem os preços dos títulos, já que novos títulos oferecerão rendimentos mais altos.

Por outro lado, quedas nas taxas aumentam os preços dos títulos, beneficiando os detentores de títulos existentes.

Spread de Crédito – Assim como na renda fixa brasileira, o spread de risco (ou o prêmio para compensar o investidor pelo risco do emissor do papel de dar um calote) é embutido na taxa de juros final do papel. Quanto mais arriscado for o emissor, maior o spread embutido e por isso papéis mais arriscados pagam juros mais altos que os mais seguros, como as Treasuries (títulos do governo federal), por exemplo.

Papel nas Carteiras de Investimento - Os títulos de renda fixa são parte integrante das carteiras diversificadas devido à sua estabilidade e geração de renda. Eles são frequentemente usados para proteger contra a volatilidade do mercado de ações, preservar capital e proporcionar retornos estáveis. Os títulos do Tesouro são preferidos por sua segurança, enquanto os títulos corporativos e municipais atraem aqueles que buscam rendimentos mais altos ou vantagens fiscais. Papéis de dívida corporativos, principalmente daqueles de melhor rating como AAA e AA (a qualidade da nota de crédito é indicativo de baixo risco de crédito ou calote na dívida pelo emissor) são altamente desejáveis.

Significado na Economia - O mercado de renda fixa é essencial para o financiamento de projetos públicos, expansão corporativa e crescimento econômico. Ele serve como um barômetro confiável da saúde econômica, com os rendimentos dos títulos refletindo as expectativas dos investidores para inflação, taxas de juros e condições econômicas gerais.

Em resumo, o mercado de renda fixa dos EUA é um componente dinâmico e vital do ecossistema financeiro global, oferecendo diversas oportunidades para investidores e facilitando a estabilidade e o crescimento econômico.

Preço e Taxa se Movem em Direções Opostas

No universo da renda fixa, preço e taxa são inversamente proporcionais, ou sempre movem-se em direções contrárias. Se o preço sobe, a taxa (ou o rendimento ao investidor) baixa, e vice-versa. Se o Fed subir juros, ou por qualquer outro motivo os juros da economia subirem, os preços de todos os papéis de taxa fixa perderão valor. E vice-versa.

Relação entre Preço e Rendimento dos Títulos - Os títulos geralmente são cotados como uma porcentagem de seu valor nominal (par). Por exemplo, um título negociado a 98 é cotado a 98% de seu valor nominal, ou $980 para um título de $1.000. Inversamente, um título negociado a 105 é cotado a $1.050. Os preços cotados refletem o valor de mercado do título, que flutua com base nas taxas de juros, risco de crédito e condições de mercado. A relação matemática entre preços e rendimentos dos títulos é inversa:

Quando os rendimentos sobem, os preços dos títulos caem, pois novos títulos oferecem taxas de juros mais altas, tornando os títulos existentes menos atraentes.

Quando os rendimentos caem, os preços dos títulos sobem, pois os títulos existentes com cupons mais altos se tornam mais desejáveis. O rendimento até o vencimento (YTM) é a medida mais abrangente do retorno de um título, considerando todos os pagamentos futuros de cupons, o preço de compra e o reembolso do principal no vencimento. O YTM ajusta-se conforme os preços dos títulos mudam, garantindo que o rendimento reflita o valor de mercado atual do título.

Racionalidade na Escolha dos Prazos dos Títulos

Duração dos Títulos e Escolha dos Prazos dos Títulos Duração - A duração (*duration*) mede a sensibilidade de um título às mudanças nas taxas de juros. Expressa em anos, representa o tempo médio ponderado para receber todos os fluxos de caixa (cupons e principal). Isso acontece porque preços de papéis mais longos tem sensibilidade maior à variação de juros que os de curto prazo. Um título com uma duração de 5 anos significa que seu preço mudará aproximadamente 5% para uma mudança de 1% nas taxas de juros. Já um título de 10 anos terá uma resposta mais acentuada no preço para a mesma variação da taxa de juros da economia.

Duração Curta: Menor sensibilidade às mudanças nas taxas, oferecendo estabilidade. Menor risco de mercado (de variação de juros).

Duração Longa: Maior sensibilidade, resultando em maior volatilidade de preços. Maior risco de mercado (de variação de juros).

Títulos de Curto Prazo: Os investidores preferem papéis de curto prazo durante períodos de subida das taxas de juros ou condições econômicas incertas. Eles vencem rapidamente, permitindo reinvestimento a rendimentos mais altos à medida que juros sobem e reduzindo a volatilidade dos preços (por conta de menor *duration*).

Títulos de Longo Prazo: Adequados quando as taxas de juros são estáveis ou com expectativa de quedas. Eles permitem que se fixe os rendimentos em patamares mais altos e proporcionam uma renda previsível por um período prolongado, mesmo quando os juros no mercado estiverem baixando.

Em resumo, entender a precificação, os rendimentos e a duração dos títulos ajuda os investidores a gerenciar riscos e alinhar suas carteiras às condições de mercado e objetivos financeiros.

Classificações de Crédito e Risco de Crédito

Importância para os Investidores em Títulos Classificações de Crédito e Agências de Classificação - As classificações de crédito avaliam a capacidade de crédito de um emissor de títulos, refletindo sua capacidade de cumprir obrigações de dívida. Essas classificações, atribuídas por agências como Moody's, S&P Global Ratings e Fitch Ratings, variam de graus de investimento de alta qualidade (por exemplo, AAA, AA) a graus especulativos (títulos de alto risco, por exemplo, BB, B). As classificações são baseadas em fatores como a saúde financeira do emissor, níveis de dívida, perspectivas econômicas e histórico de pagamento.

Categorias de Classificação:

Grau de Investimento: AAA a BBB (S&P/Fitch) ou Aaa a Baa3 (Moody's). Esses títulos são considerados de baixo risco, atraindo investidores conservadores.

Especulativos (Junk): BB+ e abaixo (S&P/Fitch) ou Ba1 e abaixo (Moody's). Esses títulos carregam maior risco de inadimplência, mas oferecem rendimentos mais altos como compensação.

Risco de Crédito e Sua Importância - O risco de crédito representa a probabilidade de um emissor de títulos inadimplir nos pagamentos (juros ou principal). Para os investidores em títulos, o risco de crédito é crítico porque:

- **Potenciais Perdas**: A inadimplência resulta na perda parcial ou total do investimento.
- **Estabilidade de Renda**: Maior risco de crédito implica maior incerteza em receber pagamentos pontuais.

Os investidores devem avaliar o risco de crédito para equilibrar suas carteiras entre oportunidades de alto risco e alto retorno e investimentos estáveis e de menor risco.

Impacto nos Preços e Retornos dos Títulos - A classificação de crédito de um emissor influencia significativamente os preços e rendimentos dos títulos:

Classificações Mais Altas (Menor Risco): Títulos de emissores com classificações altas (por exemplo, AAA) são percebidos como mais seguros, levando a rendimentos mais baixos e preços mais altos. Esses títulos atraem investidores avessos ao risco que buscam estabilidade.

Classificações Mais Baixas (Maior Risco): Títulos de emissores com classificações mais baixas oferecem rendimentos mais altos para compensar o aumento do risco de inadimplência. Embora possam proporcionar retornos mais altos, seus preços são mais voláteis e sensíveis às mudanças econômicas.

Exemplo: Se um emissor de títulos for rebaixado de grau de investimento para status de junk, o preço do título geralmente cai à medida que os investidores exigem rendimentos mais altos para compensar o aumento do risco. Por outro lado, uma atualização pode aumentar os preços, tornando o título mais atraente para uma gama mais ampla de investidores.

Relevância para os Investidores - As classificações de crédito orientam os investidores na avaliação da relação entre risco e recompensa. Enquanto os títulos com classificações mais altas oferecem retornos mais baixos, mas maior segurança, os títulos com classificações mais baixas podem aumentar os rendimentos da carteira, mas vêm com maior volatilidade e risco de inadimplência. Uma abordagem diversificada que considere a tolerância ao risco do investidor, metas e condições de mercado é essencial ao incorporar o risco de crédito nos investimentos em títulos.

Títulos Públicos (Títulos do Tesouro) vs. Títulos Privados (Títulos Corporativos)

Títulos Públicos (Títulos do Tesouro) - Os títulos do Tesouro são emitidos pelo governo dos EUA para financiar suas operações e obrigações. Apoiado pela "fé e crédito" do governo federal, são considerados um dos investimentos mais seguros globalmente.

Risco:

- Risco de crédito extremamente baixo, uma vez que o governo dos EUA nunca precisou dar o calote apesar da enorme dívida (lembre-se que é o único que tem a "maquininha de imprimir dólares").

- Risco de mercado mínimo se mantido até o vencimento, embora os preços possam flutuar com as taxas de juros no mercado secundário.

Taxas de Retorno:

- Os títulos do Tesouro geralmente oferecem rendimentos mais baixos em comparação com os títulos corporativos devido à sua alta segurança.
- Os retornos são influenciados pelo período de vencimento, com títulos de longo prazo rendendo um pouco mais do que os de curto prazo.

Prós:

- Investimento confiável e seguro.
- Liquidez: Mercados secundários altamente ativos.
- Vantagens fiscais: Isentos de impostos estaduais e locais.

Contras:

- Retornos mais baixos em comparação com outros investimentos.
- Vulnerável à inflação, corroendo os retornos reais ao longo do tempo.

Títulos Privados (Títulos Corporativos) - Os títulos corporativos são emitidos por empresas para financiar operações, expansão ou aquisições. Eles vêm em várias classificações com base na capacidade de crédito da empresa emissora.

Risco:

- Maior risco de crédito em comparação com os títulos do Tesouro, pois as empresas podem inadimplir. O risco varia por emissor, com títulos de grau de investimento apresentando menor risco do que títulos de alto rendimento (junk).

- Risco de mercado: Sensível às taxas de juros e condições de crédito.

Taxas de Retorno:

- Geralmente oferecem rendimentos mais altos do que os títulos do Tesouro para compensar o aumento do risco.
- Os títulos de alto rendimento proporcionam retornos substanciais, mas vêm com risco significativo de crédito.

Prós:

- Maior potencial de renda.
- Diversos emissores e maturidades permitem personalização da carteira.
- Oportunidades de obter melhores rendimentos em comparação com os títulos governamentais.

Contras:

- Risco de crédito: A possibilidade de inadimplência depende da saúde financeira do emissor.
- Menos líquido do que os títulos do Tesouro, particularmente para títulos de classificação mais baixa.
- Tributável em níveis federal, estadual e local.

Principais Contrastes:

- **Risco**: Os títulos do Tesouro são mais seguros; os títulos corporativos carregam maior risco de inadimplência.
- **Retorno**: Os títulos corporativos geralmente proporcionam rendimentos mais altos.
- **Propósito**: Os títulos do Tesouro financiam operações governamentais; os títulos corporativos financiam atividades empresariais.

- **Tratamento Fiscal**: Os títulos do Tesouro são isentos de impostos estaduais/locais, enquanto os títulos corporativos são totalmente tributáveis.

Os investidores frequentemente equilibram ambos os tipos para alcançar estabilidade com títulos do Tesouro e maior potencial de renda com títulos corporativos, alinhando-se com sua tolerância ao risco e objetivos financeiros.

Títulos (Bonds) vs. Fundos de Renda Fixa vs. ETFs de Renda Fixa

Há várias maneiras de investir em renda fixa nos EUA. Vamos contrastá-las para uma fácil visualização e entendimento.

1. Prós e Contras

Aspecto	Títulos (Bonds)	Fundos Mútuos de Títulos (Bond Mutual Funds)	ETFs de Títulos (Bond ETFs)
Prós	- Renda fixa com retornos previsíveis se mantidos até o vencimento. - Investimentos personalizados (escolha do emissor, vencimento). - Sem taxas de gestão contínua.	- Diversificação em um único investimento. - Gestão ativa para estratégia e equilíbrio de risco. - Reinvestimento automático de renda.	- Negociados como ações com liquidez intradiária. - Taxas mais baixas do que fundos mútuos. - Diversificação em uma única transação.
Contras	- Pouca liquidez nos mercados secundários. - Diversificação limitada para pequenos investidores. - Requer gestão ativa.	- Taxas mais altas do que ETFs. - Podem ser negociados apenas no final do dia. - Potencial para impostos sobre ganhos de capital das distribuições do fundo.	- Flutuações de preço baseadas no mercado. - Taxas de corretagem para negociação. - Menos personalização em comparação com a posse direta de títulos.

2. Potencial de Retorno e Risco

Aspecto	Títulos (Bonds)	Fundos Mútuos de Títulos (Bond Mutual Funds)	ETFs de Títulos (Bond ETFs)
Risco	- O risco de inadimplência depende do emissor.- Risco de taxa de juros se vendidos antes do vencimento. - Risco de liquidez nos mercados secundários.	- Risco espalhado por vários títulos.- Sujeito à estratégia do gestor do fundo e condições de mercado. - Riscos de taxa de juros e crédito.	- Expostos aos riscos de taxa de juros e mercado. - Preços determinados pela demanda do mercado, levando à volatilidade de preços.
Potencial de Retorno	- Renda previsível se mantidos até o vencimento. - Retornos dependem da qualidade de crédito do emissor e do rendimento do título.	- Retornos moderados devido à diversificação. - Potencial para retornos mais altos com gestão ativa.	- Similar aos fundos mútuos de títulos. - Possibilidade de retornos ligeiramente mais altos com taxas mais baixas.

3. Conveniência ou Facilidade de Investimento

Aspecto	Títulos (Bonds)	Fundos Mútuos de Títulos (Bond Mutual Funds)	ETFs de Títulos (Bond ETFs)
Facilidade de Investimento	- Requer capital maior para construir uma carteira diversificada. - Intensivo em pesquisa para análise do emissor e qualidade de crédito.	- Baixo investimento mínimo para diversificação. - Fácil de comprar através de instituições financeiras.	- Negociados como ações por meio de contas de corretagem. - Acessíveis com investimentos menores. - Diversificação instantânea.

4. Tributação

Aspecto	Títulos (Bonds)	Fundos Mútuos de Títulos (Bond Mutual Funds)	ETFs de Títulos (Bond ETFs)
Tratamento Fiscal	- Renda de juros é tributável (exceto títulos municipais, que podem ser isentos). - Ganhos de capital tributados se vendidos antes do vencimento.	- Distribuições de juros e ganhos de capital tributáveis anualmente. - Fundos de títulos municipais podem oferecer renda isenta de impostos.	- Eficiente em termos fiscais devido ao processo de criação/redemption in-kind. - Ganhos de capital tributados apenas quando as ações são vendidas.

Resumo

Títulos (Bonds): Melhores para investidores que buscam renda fixa e personalização, dispostos a gerenciar seus investimentos.

Fundos Mútuos de Títulos (Bond Mutual Funds): Adequados para diversificação e gestão profissional, mas com taxas mais altas e menor eficiência fiscal.

ETFs de Títulos (Bond ETFs): Ideais para liquidez, menores taxas e diversificação, mas sujeitos a flutuações de preço no mercado.

Cada opção atende a diferentes objetivos, tolerâncias ao risco e preferências por estratégias de investimento ativas ou passivas.

Anuidades

Incluimos Anuidades (*Annuities*) nesse capítulo porque podem ser uma alternativa à renda fixa tradicional. As anuidades são contratos financeiros com companhias de seguros, projetados para fornecer uma renda constante, geralmente para a aposentadoria. Os investidores fazem um pagamento único ou uma série de pagamentos e, em troca, a seguradora promete pagamentos periódicos, seja por um período específico ou pela vida do contratante (*annuitant)*. Existem vários tipos de anuidades:

Anuidades Fixas: Oferecem retornos garantidos e pagamentos periódicos fixos, semelhantes a títulos de renda fixa. São adequadas para investidores avessos ao risco que buscam estabilidade.

Anuidades Variáveis: Os retornos estão ligados ao desempenho de opções de investimento selecionadas, como fundos mútuos, introduzindo risco de mercado.

Anuidades Indexadas: Os retornos são vinculados ao desempenho de um índice de mercado (por exemplo, S&P 500) com ganhos limitados e garantias mínimas.

Imediatas vs. Diferidas: As anuidades imediatas começam a pagar logo após a compra, enquanto as anuidades diferidas crescem ao longo do tempo antes de começarem os pagamentos.

Comparando Anuidades vs. Títulos de Renda Fixa (Bonds)

Aspecto	Anuidades	Títulos (Bonds)
Prós	- Opção de renda vitalícia com pagamentos fixos. - Crescimento com diferimento de impostos nas anuidades diferidas. - Proteção contra viver mais do que as economias (risco de longevidade).	- Renda previsível se mantidos até o vencimento. - Preços transparentes e ampla variedade de emissores/vencimentos. - Mais líquidos nos mercados secundários.
Contras	- Altas taxas para anuidades variáveis ou indexadas. - Taxas de resgate para retiradas antecipadas. - Contratos complexos que exigem diligência.	- Sujeitos ao risco de taxa de juros se vendidos antes do vencimento. - Requer capital significativo para diversificação. - Sem proteção de longevidade.

Potencial de Risco e Retorno

Aspecto	Anuidades	Títulos (Bonds)
Risco	- Baixo risco para anuidades fixas; anuidades indexadas e variáveis possuem riscos de mercado e limite. - A solvência da seguradora é crucial para a segurança dos pagamentos.	- O risco de inadimplência depende da qualidade do emissor. - O risco de taxa de juros afeta o valor de mercado antes do vencimento.
Potencial de Retorno	- Anuidades fixas oferecem retornos modestos e garantidos. - Anuidades variáveis têm maior potencial de retorno, mas com maior volatilidade.	- Os rendimentos dependem da classificação de crédito do emissor e do vencimento. - Tipicamente, retornos mais baixos do que anuidades variáveis.

Conveniência ou Facilidade de Investimento

Aspecto	Anuidades	Títulos (Bonds)
Facilidade de Investimento	- Contratos complexos podem exigir aconselhamento profissional. - Geralmente comprados através de agentes de seguros.	- Facilmente acessíveis através de corretores ou consultores financeiros. - Requer diligência para diversificação.

Tributação

Aspecto	Anuidades	Títulos (Bonds)
Tratamento Fiscal	- Anuidades diferidas crescem com diferimento de impostos; a renda é tributada como renda comum. - Retiradas antes dos 59½ anos incorrem em uma penalidade de 10% do IRS.	- Renda de juros é tributável (federal e possivelmente estadual/local). - Títulos municipais podem oferecer renda isenta de impostos.

Comparando Anuidades MYGA vs. CDs e Fundos do Mercado Monetário

Anuidades Garantidas de Vários Anos (MYGAs) - As MYGAs são anuidades fixas que oferecem taxas de juros garantidas por um prazo definido (por exemplo, 3 a 10 anos). Elas se assemelham aos Certificados de Depósito (CDs), mas diferem no tratamento fiscal e flexibilidade.

MYGA Comparado aos CDs:

As MYGAs crescem com diferimento de impostos, enquanto os juros dos CDs são tributados anualmente.

Os CDs são segurados pelo FDIC, enquanto as MYGAs dependem da solvência da seguradora.

MYGA Comparado aos Fundos do Mercado Monetário (*Money Market Accounts*):

As MYGAs proporcionam retornos fixos, enquanto os fundos do mercado monetário oferecem rendimentos variáveis com base nas taxas de juros de curto prazo.

Os fundos do mercado monetário são mais líquidos, sem taxas de resgate, tornando-os melhores para necessidades de curto prazo.

Em Resumo:

As anuidades proporcionam estabilidade e proteção de longevidade, mas vêm com complexidades e taxas.

Os títulos são diretos com opções diversificadas, mas não oferecem garantias de renda vitalícia.

As MYGAs são um meio-termo para investidores avessos ao risco que buscam vantagens fiscais e retornos fixos.

Cada produto atende a objetivos financeiros específicos, exigindo consideração cuidadosa das necessidades individuais e tolerância ao risco.

Bonds Corporativos Brasileiros Emitidos no Exterior

Bonds corporativos brasileiros são títulos de dívida emitidos por empresas brasileiras para captar recursos no mercado internacional. Investidores brasileiros geralmente gostam desses bonds porque estão mais familiarizados com as empresas brasileiras emissoras e esses papéis pagam juros em dólar.

Existem duas principais formas de investir nesses títulos:

a) Investimento Direto: Pode ser feito por meio de corretoras estrangeiras ou brasileiras com operações no exterior. É necessário abrir uma conta em uma dessas instituições para adquirir os bonds desejados.

b) Fundos de Investimento: Alguns fundos brasileiros investem em bonds de empresas nacionais emitidos no exterior, permitindo que investidores tenham exposição a esses ativos sem a necessidade de operar diretamente no mercado internacional.

Critérios para Seleção de Bonds

Ao avaliar quais bonds adquirir, é fundamental considerar as seguintes características:

a) Cupom (Taxa de Juros): É o rendimento periódico pago ao investidor, geralmente expresso como uma porcentagem do valor nominal do título. Pode ser fixo ou variável.

b) Taxa de Juros: Refere-se ao retorno que o investidor receberá, considerando o preço de compra do título e os pagamentos de cupom. É influenciada pelo risco de crédito e pelas condições de mercado.

c) Cláusulas de Call: Alguns bonds possuem a opção de serem resgatados antecipadamente pelo emissor antes do vencimento. Isso pode impactar o retorno do investidor, especialmente se o título for chamado quando as taxas de mercado caem. Isso beneficia o emissor, que poderá se financiar a taxas mais baratas, mas é ruim para o investidor pois perderá a oportunidade justamente quando o papel se torna mais interessante.

d) Risco de Crédito: Avalia a capacidade da empresa emissora de honrar seus compromissos financeiros. Ratings de agências classificadoras, como Moody's e S&P, fornecem uma classificação desse risco.

e) Duration: Mede a sensibilidade do preço do título às variações nas taxas de juros. Títulos com maior duration são mais sensíveis a mudanças nas taxas de juros. Títulos de para longo tem maior duration que títulos de prazo curto.

Exemplos de Bonds de Empresas Brasileiras no Exterior

A seguir, alguns exemplos ilustrativos de bonds emitidos por empresas brasileiras no mercado internacional:

Empresa	Cupom	Vencimento	Rating	Cláusula de Call	Duration
Petrobras	5,75%	2029	Ba1/BB+	Sim (a partir de 2024)	7 anos
Vale	6,25%	2034	Baa3/BBB-	Não	8,5 anos
Braskem	4,50%	2030	Ba2/BB	Sim (a partir de 2025)	6,8 anos

Observação: Os dados acima são fictícios e servem apenas para fins ilustrativos.

Observação: Os dados acima são fictícios e servem apenas para fins ilustrativos.

Exemplo: Como Escolher o Melhor Bond Entre Petrobras, Vale e Braskem?

A escolha do melhor bond entre os três exemplos (Petrobras, Vale e Braskem) **depende do perfil do investidor, do apetite ao risco e das condições de mercado no momento da decisão**. Abaixo, analisamos os principais fatores que devem ser considerados para tomar uma decisão informada.

1. Avaliação dos Critérios de Investimento

Para escolher o melhor título, o investidor deve considerar **seu objetivo financeiro e tolerância ao risco**. Os principais fatores a analisar são:

Critério	Petrobras (2029, 5,75%)	Vale (2034, 6,25%)	Braskem (2030, 4,50%)
Cupom (Yield)	5,75%	6,25%	4,50%
Vencimento	2029 (6 anos)	2034 (11 anos)	2030 (7 anos)
Rating (Risco de Crédito)	Ba1/BB+	Baa3/BBB- (grau de investimento)	Ba2/BB
Cláusula de Call	Sim (2024)	Não	Sim (2025)
Duration (Sensibilidade a Juros)	7 anos	8,5 anos	6,8 anos

2. Comparação de Risco e Retorno

a) Qual Bond Tem o Maior Rendimento?

- O título da **Vale** oferece o **maior cupom (6,25%)**, o que pode indicar um retorno mais atrativo para o investidor de longo prazo.
- O título da **Braskem** paga o menor cupom (4,50%), o que pode ser menos atrativo em relação aos outros.

Se o objetivo do investidor for maximizar rendimento, o bond da Vale pode ser mais interessante.

b) Qual Bond Tem Menor Risco de Crédito?

- O bond da **Vale (Baa3/BBB-)** é o único com **grau de investimento**, o que significa menor risco de inadimplência.
- Petrobras e Braskem possuem **ratings abaixo do grau de investimento (Ba1 e Ba2, respectivamente)**, indicando um **risco de crédito maior**.

Se o investidor busca menor risco de crédito, Vale é a melhor opção.

Como as Cláusulas de Call Podem Impactar o Investimento?

- **Petrobras e Braskem possuem cláusula de Call**, o que significa que **o emissor pode resgatar o bond antecipadamente** antes do vencimento. Isso pode limitar os ganhos do investidor caso as taxas de juros do mercado caiam.
- O título da **Vale não possui cláusula de Call**, garantindo que o investidor receba os pagamentos até 2034, a menos que decida vender no mercado secundário.

Se o investidor quer evitar risco de resgate antecipado, o bond da Vale é a melhor escolha.

d) Sensibilidade às Taxas de Juros (Duration)

- O bond da **Vale tem a maior duration (8,5 anos)**, o que significa que **se as taxas de juros subirem, seu preço cairá mais que os outros dois.**
- O bond da **Braskem tem a menor duration (6,8 anos)**, sendo **menos sensível a mudanças nos juros**.

Se o investidor acredita que as taxas de juros subirão, o bond da Braskem pode ser menos volátil.

3. Estratégia para Diferentes Perfis de Investidores

Perfil Conservador (Menor Risco) → Vale (6,25%)

- Maior qualidade de crédito (BBB-).
- Sem cláusula de Call, garantindo fluxo de renda até 2034.
- Maior yield entre os três bonds.
- **Desvantagem:** Duration mais alta, mais sensível a mudanças nas taxas de juros.

Perfil Moderado (Equilíbrio entre Risco e Retorno) → Petrobras (5,75%)

- Duration menor que a da Vale (menos sensível a taxas de juros).
- Empresa grande e estatal, o que pode mitigar parte do risco de crédito.
- **Desvantagem:** Risco de Call em 2024 pode interromper a rentabilidade esperada.

Perfil Agressivo (Maior Retorno e Tolerância ao Risco) → Braskem (4,50%)

- Duration mais curta (6,8 anos), menos afetado por juros.
- Potencial de alta no mercado secundário se a empresa melhorar sua classificação de crédito.
- **Desvantagem:** Rating mais baixo (BB), risco de crédito mais elevado.

4. Conclusão: Como Escolher o Melhor Bond?

Escolha com Base no Objetivo de Investimento

- **Se o foco for segurança e qualidade de crédito → VALE (BBB-)** é a melhor opção.
- **Se o objetivo for equilíbrio entre risco e retorno → PETROBRAS (BB+)** pode ser interessante.
- **Se o investidor aceitar maior risco para menor duration → BRASKEM (BB)** pode ser considerada.

Outros Fatores a Considerar

- O investidor deve analisar **o cenário macroeconômico, a política de juros dos EUA e a situação financeira das empresas emissoras**.
- Avaliar se deseja **reter o bond até o vencimento ou vender no mercado secundário**.
- **Se as taxas de juros subirem, bonds com durations altas (Vale) podem perder valor de mercado.**

Melhor prática: Sempre comparar o **spread de crédito** (diferença entre a taxa do bond e a de um título de risco zero, como o Treasury de mesmo prazo) para ver se o prêmio de risco compensa.

Com essa análise, o investidor poderá tomar uma decisão mais informada sobre qual bond escolher!

5. Dicas e Melhores Práticas

- **Diversificação:** Não concentre seus investimentos em um único emissor ou setor. Diversifique para mitigar riscos específicos.
- **Análise de Risco:** Considere o risco de crédito e o rating do emissor. Títulos com ratings mais baixos oferecem maiores retornos, mas também apresentam maior risco.
- **Atenção às Cláusulas:** Verifique se o bond possui cláusulas de call que permitam o resgate antecipado pelo emissor, o que pode afetar seu retorno esperado.
- **Monitoramento de Mercado:** Acompanhe as condições econômicas e as taxas de juros globais, pois influenciam diretamente o valor dos bonds e seus rendimentos.

Investir em bonds de empresas brasileiras no exterior pode ser uma estratégia eficaz para diversificar sua carteira e potencializar retornos. No entanto, é crucial realizar uma análise detalhada de cada título, considerando suas características específicas e alinhando-as ao seu perfil de risco e objetivos financeiros.

Opinião do Autor: Mercado de Bonds nos EUA

Muita gente investe ou considera investir em renda fixa nos EUA. Profissionais da indústria financeira como advisors e gestores de fundos usam e recomendam adicionar bonds nas carteiras para efeitos de diversificação. Por exemplo, as famosas carteiras 60/40 (60% ações e 40% bonds) tão popularizadas pela mídia e gurus financeiros encontraram muita demanda por parte de investidores nos Estados Unidos, principalmente em contas de aposentadoria. Criaram inclusive fundos com data-meta para investidores de todas as idades. Por exemplo, para alguém com 30 anos hoje, tem fundos de meta 2060 para investir hoje e se aposentar em 2060 com 65 anos. Esse fundo irá começar com uma alocação maior em ações e menor em bonds, como 90/10 por exemplo. Com o passar dos anos, irão reduzir a alocação em ações e aumentando a alocação em bonds. Em 35 anos, a alocação passará de 90/10 para 10/90 e inclusive 0/100 no ano 2060. A lógica é a seguinte:

- Ações rendem mais e tem mais risco. Bonds rendem menos e tem menos risco.
- Jovens tem um horizonte mais longo para recuperar de um crash nas ações e idosos não tem.
- A correlação entre ações e bonds é negativa ou "muito pequena".

Pessoalmente não gosto dessa idéia. A razão é o último ponto que não é verdade. A correlação entre ações e bonds não é um número fixo e imutável. Correlação varia. E como! No passado, houveram períodos em que bonds serviram como *hedge* de ações, mas não mais. Em 2022, temos um grande exemplo recente, na qual ações e bonds performaram mal ao mesmo tempo. Se a assunção da correlação de ser negativa ou pelo menos "muito pequena" (perto de zero) é falsa, todo o esquema irá falhar. O problema é que o cliente só perceberá isso após passados muitos anos do investimento já ter sido feito e a instituição já ter embolsado as comissões e taxas.

Porque Acho que Renda Fixa Não é um Bom Investimento Nesse Momento

Falo de forma genérica pois há casos em que renda fixa faz muito sentido como papéis a taxas flutuantes, indexadas à inflação, Treasury bills de curtíssimo prazo, etc. Veja o gráfico abaixo e algumas razões porque não tenho muito entusiasmo por bonds hoje (2025):

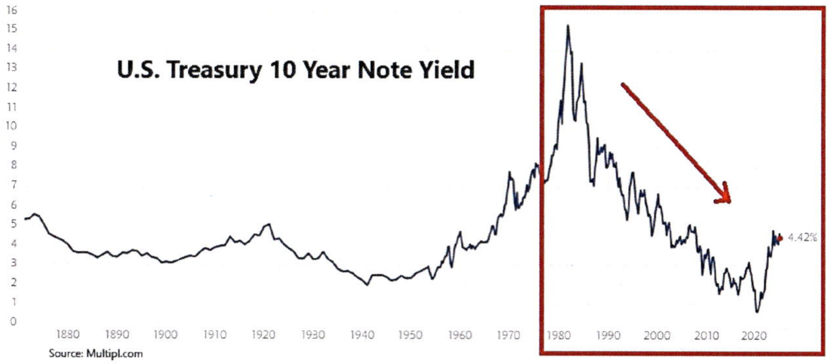

- No últimos 40 anos, os juros caíram de forma espetacular (veja gráfico). Isso significa que os preços chegaram às alturas e por isso, há muito mais espaço para eles caírem que subirem. Com as subidas de juros do Fed nos anos mais recentes, os preços de bonds amenizaram um pouco.
- A inflação voltou aos EUA após duas décadas de inflação muito baixa. Mesmo com a subida de juros pelo Fed em velocidade recorde, não foi possível reduzi-la para abaixo da meta de 2% ao ano.
- A guerra de tarifas idealizada por Donald Trump traz inúmeros riscos para inflação e juros nos EUA.
- A correlação de bonds com ações não está negativa e já faz tempo que não é mais um bom hedge, apesar da indústria continuar insistindo nesse método (porque tampouco tem outras alternativas melhores).

O Que Considero a Melhor Alternativa para Quem Quer Renda

Muita gente, inclusive profissionais financeiros, quando pensa em renda, pensa em títulos de renda fixa (bonds), anuidades, e ações que pagam altos dividendos. Acho que essa é uma forma muito estreita de se pensar porque não experimentaram nada além de instrumentos financeiros. Em minha experiência como investidor pessoal e profissional por quase 40 anos agora, não acho que bonds ou annuities e nem dividendos sejam as melhores alternativas para geração de renda. Essas são as razões:

- As taxas (*yields*) pagas por esses instrumentos são geralmente muito baixas, exigindo que o principal investido neles seja muito grande. Por exemplo, um *yield* de 3% aa para receber uma renda de apenas US$ 5.000 por mês (US$ 60.000 por ano) requer um montante de US$ 3.000.000 de investimento. Para calcular o montante requerido, basta dividir a renda anual pela taxa anual. Isso faz com que a eficiência dos bonds, anuidades e ações de dividendos seja bastante baixa. E para muitas pessoas, juntar um montante tão grande está fora de alcance.
- Ações e bonds estão sujeitos a flutuação de preços em seus respectivos mercados, podendo causar perdas de principal. Ambos também estão sujeitos à possível quebra de seus emissores.
- Bonds tem vencimentos e podem vencer em momentos desfavoráveis. Ações que pagam bons dividendos podem reduzir ou até parar de pagar dividendos. Não são obrigados a fazê-lo.
- Tributariamente, dividendos e juros recebidos são considerados renda e serão taxadas a alíquotas mais altas tanto no Brasil quanto nos EUA,

Na minha opinião, o melhor ativo de investimento para renda é o ativo imobiliário. Não é perfeito, claro, pois também tem seus defeitos, como baixa liquidez relativa, custos de manutenção, *default* de inquilinos, IPTU, seguros, etc. Porém as vantagens superam as desvantagens por larga margem:

- Rentabilidade de aluguéis nos EUA podem ser extremamente atrativas, principalmente se você souber como financiar a taxas baixas para uma alavancagem bastante positiva (não simplesmente fazer um financiamento bancário, existem outras estratégias).
- Por causa da rentabilidade alta proporcionada pela alavancagem, o investidor não precisará de tanto capital para conseguir receber a mesma renda que um investimento

financeiro puro. Ou com o mesmo capital receber uma renda mais alta.

- As desvantagens de relativa baixa liquidez, inquilinos problemáticos, etc. tem soluções. É possível minimizar esses problemas a começar por escolher melhores localizações, segmento de inquilinos, e tipos de imóvel. Em regiões populares, nos EUA, a liquidez pode ser de apenas poucos dias a poucas semanas para vender um imóvel, desde que bem precificados. O melhor tipo de imóvel nesse aspecto é o residencial, que tem melhor liquidez e demanda que o comercial. E falando de imóvel comercial, no momento atravessa uma fase ruim (2025), mas tem muitas vantagens também como contratos de aluguel de longo prazo, custos de manutenção por conta do inquilino, etc.
- Quero ressaltar que investimento imobiliário não é simplesmente sair comprando casas em Orlando e Miami, como fazem a maioria dos brasileiros. Isso também é ter uma mente estreita e visão míope como investidor. Uma coisa é ter casas de veraneio para a família desfrutar de vez em quando e alugar em outras épocas para cobrir despesas, e está tudo bem. Mas chamar isso de investimento é papo de corretor de imóveis. Investimento tem que ser feito de forma bem mais profissional com análise de mercado, e muita estratégia, para aumentar tremendamente as chances de sucesso do investimento.

Já organizei investimento imobiliário nos EUA em grupo (Real Estate Syndication). Já enfrentei problemas de todo tipo por mais de 10 anos que foram verdadeiras lições para me tornar um investidor muito mais completo. Confira o Capítulo 21 para maiores informações.

Se tiver interesse em aprender a investir em imóveis nos EUA de forma séria, com a performance de profissional, vamos ter cursos, workshops, e mentorias. Visite nosso site e registre-se para receber notificações: www.Engineering-Finance.com.

Capítulo 5. Mercado de Ações

O mercado de ações dos EUA é um pilar do sistema financeiro global, oferecendo uma plataforma para a formação de capital, oportunidades de investimento e crescimento econômico. Em 1º de julho de 2024, a capitalização total de mercado das empresas públicas dos EUA era de aproximadamente US$ 55,2 trilhões, representando uma parte significativa do mercado de ações global. É simplesmente o maior mercado acionário do planeta. Essa é a lista das top 10 maiores em termos de capitalização de mercado:

1. **New York Stock Exchange (NYSE)** - EUA, US$ 25,5 trilhões
2. **Nasdaq** - EUA, US$ 23,4 trilhões
3. Shanghai Stock Exchange (SSE) - China, US$ 7 trilhões
4. Euronext - Europa, US$ 6,9 trilhões
5. Japan Exchange Group (JPX) - Japão, US$ 6 trilhões
6. Shenzhen Stock Exchange (SZSE) - China, US$ 4,8 trilhões
7. Hong Kong Exchanges (HKEX) - China, US$ 4,6 trilhões
8. National Stock Exchange of India (NSE) - Índia, US$ 3,7 trilhões
9. London Stock Exchange (LSE) - Inglaterra, US$ 3,3 trilhões
10. Toronto Stock Exchange (TSX) - Canadá, US$ 3 trilhões

A bolsa de valores brasileira, B3 (Brasil Bolsa Balcão), ocupa a **20ª posição** no ranking mundial, com uma capitalização de mercado de aproximadamente **US$ 917 bilhões**.

Principais Bolsas de Valores nos EUA

Os EUA abrigam várias bolsas de valores proeminentes, sendo a Bolsa de Valores de Nova York (NYSE) e a Nasdaq as mais notáveis:

Bolsa de Valores de Nova York (NYSE): Estabelecida em 1792, a NYSE é a maior bolsa de valores do mundo em termos de capitalização de mercado, com mais de 2.400 empresas listadas e uma capitalização de mercado combinada superior a $25,5 trilhões.

Nasdaq: Conhecida por sua alta concentração de empresas de tecnologia, a Nasdaq possui uma capitalização de mercado de aproximadamente $23,4 trilhões.

Liquidez e Principais Participantes

O mercado de ações dos EUA é conhecido por sua grande **liquidez**, permitindo que investidores comprem e vendam títulos com facilidade. Essa liquidez é suportada por um grupo diversificado de participantes, incluindo investidores institucionais (como fundos mútuos, fundos de pensão e companhias de seguro), investidores individuais de varejo e investidores estrangeiros. A participação estrangeira é significativa, com investidores internacionais atraídos pela profundidade do mercado, transparência e pela robusta economia dos EUA.

Evolução dos Preços das Ações desde os Anos 1900

Desde o início do século 20, os preços das ações nos EUA experimentaram um crescimento substancial, pontuado por períodos de volatilidade. O Dow Jones Industrial Average (DJIA), um indicador chave do desempenho do mercado, subiu de aproximadamente 68 pontos em 1900 para mais de 42.000 pontos em dezembro de 2024, refletindo a trajetória ascendente de longo prazo do mercado.

O índice S&P 500 foi lançado em 1957, mas sua série histórica de dados começa em 1927. Em dezembro de 1927, o valor do índice S&P 500 era de aproximadamente 17,66 pontos. Em 22 de fevereiro de 2025, fechou a 6.013,13 pontos.

Esse crescimento foi impulsionado por fatores como industrialização, inovação tecnológica e expansão econômica. No entanto, o mercado também enfrentou desafios, incluindo a Grande Depressão, a bolha da internet do ano 2000 e a crise financeira de 2008, cada um contribuindo para períodos de declínio e recuperação.

Principais Índices de Mercado de Ações e ETFs Correspondentes

Índice S&P 500: Compreende 500 das maiores empresas dos EUA, representando aproximadamente 80% da capitalização de mercado das ações dos EUA.

- **ETF**: SPDR S&P 500 ETF Trust (Ticker: SPY)

Dow Jones Industrial Average (DJIA): Inclui 30 grandes empresas de capital aberto de vários setores.

- **ETF**: SPDR Dow Jones Industrial Average ETF (Ticker: DIA)

Nasdaq Composite Index: Abrange mais de 3.000 ações listadas na Nasdaq, com ênfase significativa em empresas de tecnologia.

- **ETF**: Invesco QQQ Trust (Ticker: QQQ)

Índice Russell 2000: Mede o desempenho de aproximadamente 2.000 empresas de pequena capitalização, fornecendo insights sobre o segmento de pequenas empresas do mercado.

- **ETF**: iShares Russell 2000 ETF (Ticker: IWM)

Índice MSCI EAFE: Acompanha o desempenho de ações de grande e média capitalização em mercados desenvolvidos fora dos EUA e Canadá.

- **ETF**: iShares MSCI EAFE ETF (Ticker: EFA)

A extensa história do mercado de ações dos EUA, sua substancial capitalização de mercado e base diversificada de participantes sublinham seu papel fundamental na economia global. Sua evolução ao longo do século passado reflete tendências econômicas mais amplas e avanços tecnológicos, oferecendo aos investidores um ambiente dinâmico para crescimento de capital e oportunidades de investimento.

Ações de Crescimento (*Growth*), Valor (*Value*), Blue Chips

Os investimentos em crescimento (*Growth Investing*) e em valor (*Value Investing*) são duas estratégias distintas de investimento em ações, cada uma atendendo a diferentes preferências de investidores e condições de mercado.

Investimento em Ações de Crescimento (Growth Investing)

O investimento em crescimento foca em empresas que se espera que aumentem suas receitas, lucros ou participação de mercado a taxas acima da média. Essas empresas geralmente reinvestem os lucros para impulsionar a expansão, em vez de pagar dividendos. As ações de crescimento, geralmente "jovens", são frequentemente encontradas em setores dinâmicos, como tecnologia ou biotecnologia.

Características das Ações de Crescimento

- Altas relações preço/lucro (P/E) e preço/valor contábil (P/V).
- Baixo ou nenhum pagamento de dividendos.
- Potencial para apreciação significativa de capital.

Exemplos:

- **Amazon.com (AMZN)**: Conhecida por seu rápido crescimento no comércio eletrônico e computação em nuvem.
- **Tesla (TSLA)**: Líder em veículos elétricos e inovação em energia limpa.

Desempenho:

As ações de crescimento tipicamente se beneficiam de períodos de expansão econômica e períodos de baixas taxas de juros. Por exemplo, durante a década de 2010, a Nasdaq, fortemente focada em tecnologia, superou significativamente outros índices, impulsionada por ações de crescimento.

Investimento em Ações de Valor (Value Investing)

O investimento em valor foca em empresas consideradas subvalorizadas em relação aos seus fundamentos, como lucros, dividendos ou valor contábil. As ações de valor frequentemente pertencem a indústrias tradicionais e maduras com fluxos de caixa estáveis e são atrativas durante quedas de mercado por sua segurança percebida.

Características das Ações de Valor:

- Baixas relações P/L e P/V.
- Frequentemente pagam dividendos.
- Negócios estáveis e maduros.

Exemplos:

- **Berkshire Hathaway (BRK.A)**: Focada na aquisição de empresas subvalorizadas.
- **Johnson & Johnson (JNJ)**: Líder em saúde e farmacêutica.

Desempenho:

As ações de valor tendem a se beneficiar de recuperações econômicas e períodos de altas taxas de juros. Por exemplo, no início dos anos 2000, as ações de valor lideraram a recuperação do mercado após o estouro da bolha da internet.

Investimento em Ações Blue-Chip

As ações blue-chip representam empresas grandes, bem estabelecidas e financeiramente estáveis, com um histórico de forte desempenho e confiabilidade. Essas empresas frequentemente dominam seus setores, proporcionando retornos consistentes e dividendos.

Exemplos:

- **Apple (AAPL)**: Líder global em eletrônicos de consumo.
- **Coca-Cola (KO)**: Dominante na indústria de bebidas.
- **Procter & Gamble (PG)**: Conhecida por sua ampla gama de bens de consumo.

Contribuição para o Mercado dos EUA

As ações blue-chip têm sido instrumentais no crescimento do mercado de ações e da economia dos EUA desde a década de 1930. Elas forneceram estabilidade durante tempos turbulentos, incluindo a Grande Depressão e várias recessões, enquanto impulsionavam a inovação e a expansão econômica. Seus dividendos consistentes e modelos de negócios robustos as tornam populares entre investidores conservadores.

Desempenho do Mercado dos EUA desde a Década de 1930

Desde a década de 1930, o mercado de ações dos EUA experimentou um crescimento notável, impulsionado pela industrialização, avanços tecnológicos e globalização. As empresas blue-chip desempenharam um papel fundamental nessa trajetória:

- **Recuperação Pós-Depressão**: Durante as décadas de 1930 e 1940, as empresas blue-chip ajudaram a restaurar a confiança dos investidores com retornos e dividendos constantes.
- **Boom Tecnológico**: Nas décadas de 1980 e 1990, empresas como IBM e Microsoft levaram o mercado dos EUA a uma nova era de inovação tecnológica.
- **Resiliência em Crises**: Durante a crise financeira de 2008 e a pandemia de COVID-19, ações blue-chip como Johnson & Johnson e Procter & Gamble ofereceram maior estabilidade relativa aos investidores.

Conclusão

Os investimentos em crescimento e valor atendem a diferentes objetivos: crescimento para apreciação de capital e valor para estabilidade e renda. As ações blue-chip exemplificam confiabilidade e inovação, contribuindo significativamente para a evolução do mercado de ações dos EUA. Juntas, essas estratégias de investimento e ativos destacam a diversidade e resiliência do sistema financeiro americano.

Ciclos Econômicos e seus Efeitos no Mercado de Ações dos EUA

Os ciclos econômicos, compreendendo períodos de expansão e contração, influenciam significativamente o mercado de ações dos EUA. Compreender esses ciclos é crucial para investidores que buscam navegar pela volatilidade do mercado e aproveitar oportunidades de investimento.

Fases dos Ciclos Econômicos

- **Expansão**: Caracterizada por aumento da atividade econômica, crescimento do PIB, aumento do emprego e confiança do consumidor. Durante esta fase, as empresas investem e o consumo acelera.
- **Pico**: O auge da atividade econômica onde as taxas de crescimento se estabilizam. Indicadores como inflação podem subir, sinalizando possível superaquecimento.
- **Contração (Recessão)**: Marcada por declínio da atividade econômica, redução do consumo, aumento do desemprego e diminuição da produção industrial.
- **Fundo**: O ponto mais baixo da atividade econômica, preparando o terreno para a recuperação e a próxima fase de expansão.

Impacto no Mercado de Ações dos EUA - O mercado de ações frequentemente reflete essas fases econômicas, com o sentimento dos investidores e os lucros corporativos impulsionando o desempenho do mercado.

Expansão: Durante booms econômicos, os lucros corporativos geralmente aumentam, levando a maiores dividendos e valorização das ações. O otimismo dos investidores prevalece, resultando frequentemente em mercados em alta. Por exemplo, a expansão dos anos 1990, impulsionada por avanços tecnológicos e uma economia robusta, levou a um mercado em alta prolongado, com o S&P 500 avançando 582,1% em aproximadamente 12 anos.

Contração: As recessões geralmente levam a uma queda nos lucros corporativos, redução do consumo e aumento da ansiedade dos investidores, culminando em mercados em baixa. A crise financeira global de 2008 exemplifica isso, onde o S&P 500 experimentou uma queda significativa, perdendo aproximadamente 57% de seu pico, refletindo a grave contração econômica.

Exemplos Históricos

- **Grande Depressão (1929-1939)**: O crash do mercado de ações em 1929 precedeu uma grave recessão econômica. O Dow Jones Industrial Average (DJIA) despencou quase 90% de seu pico, levando mais de duas décadas para se recuperar totalmente.
- **Bolha da Internet (Final dos anos 1990 - Início dos anos 2000)**: Uma era de especulação excessiva em empresas de internet levou a preços de ações inflacionados. A subsequente correção do mercado resultou em perdas significativas, com o Nasdaq Composite Index perdendo aproximadamente 78% de seu pico.
- **Pandemia de COVID-19 (2020)**: A rápida paralisação econômica causada pela pandemia levou a uma rápida queda do mercado. No entanto, intervenções fiscais e monetárias sem precedentes facilitaram uma rápida recuperação, com os principais índices atingindo novos máximos em poucos meses.

Desempenho dos Setores ao Longo dos Ciclos - Diferentes setores exibem desempenho variável ao longo dos ciclos econômicos:

- **Expansão Inicial**: Setores cíclicos como consumo discricionário e industriais frequentemente se destacam devido ao aumento do consumo e atividade industrial.
- **Expansão Tardia**: Setores de energia e materiais podem se beneficiar do aumento dos preços das commodities.
- **Recessão**: Setores defensivos, como utilidades (serviços de luz, água, gás, internet, etc.), saúde e bens de consumo essenciais

tendem a ser mais resilientes, pois a demanda por serviços essenciais permanece estável mesmo durante recessões.

Compreender esses padrões pode ajudar investidores em estratégias de rotação de setores, alinhando carteiras com as condições econômicas prevalecentes.

A **interação entre ciclos econômicos e o mercado de ações** destaca a importância da conscientização macroeconômica na tomada de decisões de investimento. Reconhecer as fases dos ciclos econômicos e seu impacto em vários setores do mercado permite que os investidores façam escolhas informadas, potencialmente aumentando os retornos e mitigando riscos.

Investimento de Longo Prazo vs. Investimento de Curto Prazo

1. Investimento de Longo Prazo O investimento de longo prazo envolve manter investimentos por anos ou até décadas, frequentemente focando na análise fundamental e no potencial de crescimento ao longo do tempo.

Métodos Comuns:

- **Buy & Hold (Comprar e Manter)**: Investidores compram ações ou ativos e os mantêm independentemente das flutuações do mercado.
- **Dollar-Cost Averaging (DCA)**: Investidores investem regularmente um valor fixo, comprando mais ações quando os preços estão baixos e menos quando os preços estão altos.

Prós:

- Menos intensivo em termos de tempo, mais adequado para investidores passivos.
- Tratamento fiscal benéfico devido às taxas de ganhos de capital de longo prazo.

- O crescimento composto ao longo do tempo reduz a necessidade de sincronizar o mercado.
- Fácil de executar.

Contras:

- Requer paciência e tolerância para a volatilidade de curto prazo.
- Pode perder oportunidades de capitalizar nas oscilações do mercado.
- Dificuldade psicológica em manter durante quedas.
- Quedas podem ser significativas (crashes estão ficando mais comuns e o mercado mais volátil desde 2018) o que implica em alongar ainda mais o prazo para se conseguir atingir os lucros desejados, que não é nada bom para quem deseja acelerar o crescimento de patrimônio.

2. Investimento de Curto Prazo - O investimento de curto prazo foca em capitalizar nas flutuações de preços ao longo de dias ou semanas.

Métodos Comuns:

- **Day Trading (Negociação Diária)**: Envolve comprar e vender títulos no mesmo dia para lucrar com os movimentos de preços intradiários.
- **Swing Trading**: Almeja movimentos de preços ao longo de vários dias ou semanas, tipicamente com base na análise técnica.

Prós:

- Potencial para lucros rápidos.
- Permite realocação frequente de capital.
- Lucros tanto em tendências de alta quanto de baixa do mercado.

Contras:

- Altos custos de transação devido à negociação frequente.
- Impostos sobre ganhos de capital de curto prazo são mais altos.

- Requer tempo significativo, habilidade e disciplina emocional.
- Mais difícil de executar.

Venda a Descoberto e Investimentos Alavancados no Mercado de Ações dos EUA

Venda a Descoberto

Conceito: A venda a descoberto envolve tomar emprestado ações de alguém e vendê-las no mercado com a expectativa de que seu preço cairá. O investidor visa recomprar as ações a um preço mais baixo, devolvê-las ao credor e embolsar a diferença como lucro.

Quando é Usada:

- **Condições de Mercado em Baixa**: A venda a descoberto é empregada quando os investidores antecipam uma queda nos preços das ações ou índices de mercado.
- **Hedge**: Também é usada para compensar possíveis perdas em outras posições longas durante quedas.
- **Especulação**: Traders com alta convicção sobre a supervalorização de uma empresa ou desenvolvimentos adversos podem vender suas ações a descoberto.

Riscos: A venda a descoberto é inerentemente mais arriscada do que a negociação normal de ações porque:

Potencial de Perda Ilimitada: A perda máxima é teoricamente infinita, já que os preços das ações podem subir indefinidamente.

Chamadas de Margem: A venda a descoberto requer uma conta de margem, e o aumento dos preços das ações pode levar a chamadas de margem, forçando os investidores a cobrir suas posições com prejuízo.

Short Squeezes: Um aumento rápido no preço de uma ação, frequentemente impulsionado por alta demanda, pode forçar os vendedores a descoberto a sair de suas posições, exacerbando as perdas.

Investimentos Alavancados

Conceito: Os investimentos alavancados envolvem o uso de capital emprestado ou derivativos financeiros para amplificar os retornos potenciais. Formas comuns incluem negociação de margem (empréstimo de dinheiro para comprar mais ações) e ETFs alavancados (fundos negociados em bolsa que usam derivativos para amplificar os movimentos diários do mercado, como 2x ou 3x os retornos de um índice).

Quando é Usada:

- **Condições de Mercado em Alta**: Os investimentos alavancados são tipicamente usados quando os investidores esperam um impulso significativo para cima e querem maximizar os retornos.
- **Especulação de Curto Prazo**: Traders usam alavancagem para oportunidades de curto prazo, já que a alavancagem compõe tanto os ganhos quanto as perdas.

Riscos: Os investimentos alavancados carregam riscos elevados devido à sua exposição amplificada:

Perdas Magnificadas: Enquanto a alavancagem aumenta os ganhos potenciais, ela também exacerba as perdas. Uma perda de 10% em uma posição alavancada em 2x equivale a uma perda real de 20%.

Risco de Margem: Usar fundos emprestados significa que os investidores podem enfrentar chamadas de margem se o valor do ativo cair, potencialmente levando à liquidação forçada de posições.

Por Que Essas Atividades São Mais Arriscadas do Que a Negociação Normal de Ações

- **Alta Sensibilidade à Volatilidade**: Tanto a venda a descoberto quanto a alavancagem aumentam a exposição às flutuações de preços, aumentando o risco.
- **Potencial para Perdas Rápidas**: Ao contrário dos investimentos tradicionais em ações, onde as perdas são limitadas ao valor investido, a venda a descoberto e a alavancagem podem resultar em perdas que excedem o investimento inicial.
- **Dependência do Timing do Mercado**: O sucesso na venda a descoberto e na alavancagem exige um *timing* preciso do mercado, o que é notoriamente difícil mesmo para traders experientes. Nosso indicador de risco RISP 500 baseado no Método SMIGRM cronometra o *timing* com maestria.
- **Pressão Psicológica**: O potencial para perdas rápidas e significativas cria um estresse imenso, frequentemente levando a decisões ruins sob pressão.

A venda a descoberto e os investimentos alavancados oferecem ferramentas para capitalizar em condições de mercado específicas ou expectativas, mas seus riscos elevados os tornam adequados apenas para investidores sofisticados. Uma gestão de risco adequada, um entendimento claro das estratégias e uma análise cuidadosa do mercado são essenciais para mitigar as desvantagens substanciais inerentes a essas abordagens. Nosso indicador de risco RISP 500 baseado no Método SMIGRM resolve esse problema.

Capítulo 6. Banco Central (Fed), Ciclos e Indicadores Econômicos

O governo federal dos Estados Unidos emprega uma combinação de políticas econômicas e fiscais para direcionar a economia da nação para que siga uma rota de crescimento sustentável, estabilidade de preços e pleno emprego. Essas políticas englobam estratégias de gastos governamentais, tributação e empréstimos projetadas para influenciar a atividade econômica.

Implementação da Política Fiscal

A política fiscal envolve ajustes nos gastos governamentais e na tributação para influenciar a economia. Durante recessões econômicas, o governo pode implementar políticas fiscais expansionistas, como aumentar os gastos públicos ou reduzir impostos, para estimular a demanda e a criação de empregos. Por outro lado, em períodos de rápido crescimento econômico, políticas contracionistas — reduzindo gastos ou aumentando impostos — e também elevação dos juros da economia podem ser empregadas para conter a inflação.

A implementação da política fiscal segue um processo estruturado:

- **Formulação de Políticas**: Assessores econômicos e formuladores de políticas avaliam as condições econômicas atuais para recomendar medidas fiscais apropriadas.
- **Processo Legislativo**: As medidas fiscais propostas são debatidas e devem ser aprovadas pelo Congresso, o que pode ser demorado e sujeito a negociações políticas.
- **Execução**: Uma vez promulgadas, agências governamentais executam as políticas, ajustando os gastos e a tributação conforme legislado.

A eficácia da política fiscal é influenciada pelo *timing*, magnitude e contexto econômico específico. Atrasos na aprovação legislativa e implementação podem reduzir o impacto da política, especialmente se as condições econômicas mudarem durante o processo. Além disso, a saúde fiscal do governo, incluindo níveis de dívida e déficits orçamentários, pode restringir as opções políticas.

Por exemplo, durante a pandemia de COVID-19, o governo federal promulgou pacotes substanciais de estímulo fiscal para mitigar a contração econômica. Essas medidas incluíram pagamentos diretos a indivíduos, benefícios de desemprego expandidos e apoio a empresas. Embora essas ações tenham proporcionado alívio econômico imediato, elas também aumentaram significativamente a dívida federal, levantando preocupações sobre a sustentabilidade fiscal de longo prazo dos EUA.

O Mandato Duplo do Federal Reserve

O Federal Reserve (o Fed), como o banco central dos Estados Unidos, tem um mandato duplo: promover o máximo emprego e garantir a estabilidade de preços. Para atingir esses objetivos, que geralmente são antagônicos, o Fed utiliza várias ferramentas de política monetária para influenciar as condições financeiras buscando achar um equilíbrio saudável entre os dois objetivos do mandato.

- **Estabilidade de Preços**: O Fed visa manter uma taxa de inflação baixa e estável, com uma meta de longo prazo de 2%. Preços estáveis facilitam o planejamento econômico e preservam o poder de compra do dinheiro.
- **Máximo Emprego**: O objetivo é alcançar o nível mais alto de emprego sem desencadear inflação. Embora o Fed não possa controlar diretamente os níveis de emprego, ele influencia as condições econômicas que afetam o crescimento do emprego.

Ferramentas e Implementação de Política Monetária

Para cumprir seu mandato duplo, o Fed emprega vários instrumentos:

- **Operações de Mercado Aberto (OMOs)**: Compra e venda de títulos do governo para regular a oferta de dinheiro e influenciar as taxas de juros de curto prazo.
- **Taxa dos Fundos Federais (Fed Funds)**: Definindo a meta para a taxa de juros à qual os bancos emprestam entre si no *overnight*, que serve como referência para outras taxas de juros na economia. Funciona como uma "Selic americana".
- **Requisitos de Reserva**: Determinando as reservas mínimas que cada banco deve manter, influenciando sua capacidade dos bancos de criar empréstimos.
- **Taxa de Desconto**: A taxa de juros cobrada aos bancos comerciais para empréstimos de curto prazo diretamente do Fed.

O Comitê Federal de Mercado Aberto (FOMC) se reúne regularmente para avaliar as condições econômicas e definir a política monetária. As decisões são baseadas em vários indicadores econômicos, incluindo crescimento do PIB, taxas de desemprego e métricas de inflação.

Por exemplo, se a inflação exceder a meta de 2%, o Fed pode implementar uma política monetária contracionista aumentando a taxa dos fundos federais, tornando o empréstimo mais caro, reduzindo gastos e investimentos e, assim, aliviando as pressões inflacionárias. Por outro lado, para combater o alto desemprego, o Fed pode baixar as taxas de juros através dos Fed Funds para estimular a atividade econômica.

As decisões de política monetária do Fed são comunicadas por meio de declarações e conferências de imprensa, proporcionando transparência e orientando as expectativas do mercado. No entanto, a eficácia da política monetária pode ser influenciada por fatores como condições econômicas globais, ações de política fiscal e respostas do mercado financeiro.

Em resumo, o governo federal e o Federal Reserve desempenham papéis fundamentais na gestão da economia dos EUA através de políticas fiscais e monetárias. Enquanto o governo ajusta os gastos e a tributação para influenciar a atividade econômica, o Fed utiliza ferramentas monetárias para promover a estabilidade de preços e o máximo emprego, esforçando-se para criar um ambiente econômico equilibrado e sustentável.

Reuniões do FOMC e Comunicação das Decisões do Fed

O Comitê Federal de Mercado Aberto (FOMC) é um órgão decisório chave dentro do Sistema de Reserva Federal, responsável por definir a política monetária. O comitê é composto por 12 membros: os sete membros do Conselho de Governadores do Federal Reserve e cinco presidentes regionais dos Bancos da Reserva Federal, com o presidente do Fed de Nova York servindo como membro votante permanente. As quatro posições de voto restantes rotacionam anualmente entre os outros presidentes dos bancos regionais.

As reuniões do FOMC são realizadas oito vezes por ano, aproximadamente a cada seis semanas. Reuniões especiais podem ser convocadas durante períodos de incerteza econômica ou crise. As reuniões geralmente duram dois dias e seguem um formato estruturado:

- **Avaliação Econômica**: Economistas do Federal Reserve apresentam relatórios detalhados sobre as condições econômicas domésticas e globais, incluindo dados sobre inflação, emprego, crescimento do PIB e mercados financeiros.

- **Discussão**: Os membros do comitê discutem previsões econômicas e avaliam potenciais riscos para atingir o mandato duplo do Fed de estabilidade de preços e máximo emprego.

- **Decisões de Política**: Os membros debatem e votam em ações de política monetária, como ajustes na taxa dos fundos federais, compras de ativos ou orientação futura.
- **Planejamento de Comunicações**: O comitê prepara declarações públicas para anunciar decisões e justificar a justificativa por trás delas.

Comunicação das Decisões do FOMC - Após cada reunião, o FOMC divulga uma declaração resumindo suas decisões, geralmente às 14:00 horas do último dia da reunião. Elementos-chave da declaração incluem:

- A faixa-alvo para a taxa dos fundos federais.
- A avaliação do comitê sobre as condições econômicas atuais.
- Orientação sobre a direção futura da política monetária.

Além da declaração, o presidente do Fed realiza uma conferência de imprensa para detalhar as decisões e responder perguntas da mídia. O FOMC também publica as atas das reuniões três semanas depois, fornecendo um relato detalhado das discussões e da gama de opiniões entre os membros.

Reação do Mercado às Decisões do FOMC

Os mercados financeiros monitoram de perto as reuniões e decisões do FOMC, pois elas influenciam diretamente os custos de empréstimo, as estratégias de investimento e a atividade econômica. As decisões do Fed sobre taxas de juros, flexibilização quantitativa, contração quantitativa, ou orientação futura podem desencadear reações imediatas e significativas no mercado:

- **Ajustes na Taxa de Juros**: Um aumento nas taxas geralmente leva a custos de empréstimo mais altos, fazendo com que os mercados de ações caiam e os rendimentos dos títulos subam.

Por outro lado, cortes nas taxas costumam impulsionar os mercados de ações e reduzir os rendimentos dos títulos.

- **Orientação Futura**: Os mercados também reagem a mudanças sutis na linguagem ou no tom, enquanto os investidores analisam a declaração e a conferência de imprensa em busca de pistas sobre a trajetória futura das taxas de juros. Frases como "aumentos moderados" ou "abordagem baseada em dados" podem alterar as expectativas.

- **Volatilidade**: Ações de política inesperadas ou declarações ambíguas podem aumentar a volatilidade do mercado, à medida que os investidores reavaliam suas perspectivas.

Por exemplo, uma declaração de aperto monetário (*hawkish*) indicando possíveis aumentos nas taxas de juros pode fazer com que as ações caiam e o dólar se fortaleça. Por outro lado, um tom de relaxamento monetário (*dovish*) sugerindo políticas acomodatícias pode impulsionar as ações e enfraquecer o dólar.

A Política do FOMC do Federal Reserve e Seu Impacto nos Preços das Ações

O Comitê Federal de Mercado Aberto (FOMC) do Federal Reserve desempenha um papel crucial na formulação da política monetária, que influencia diretamente as condições econômicas e os mercados financeiros, incluindo os preços das ações. As duas principais ferramentas do FOMC—definição de taxas de juros e gestão da oferta monetária (M1 e M2)—afetam o sentimento dos investidores, a lucratividade corporativa e as avaliações gerais do mercado.

1. Definição de Taxas de Juros - O FOMC define a faixa-alvo para a taxa dos fundos federais, que é a taxa de juros que os bancos cobram entre si para empréstimos *overnight*. Essa taxa (semelhante ao Selic no Brasil) serve como referência para outras taxas de juros, influenciando os custos de empréstimo em toda a economia.

Efeitos nos Preços das Ações:

- **Taxas de Juros Mais Altas**:
    - **Lucros Corporativos**: Custos de empréstimo aumentados reduzem as margens de lucro para empresas dependentes de financiamento por dívida.
    - **Impacto na Taxa de Desconto**: Taxas mais altas aumentam a taxa de desconto nos modelos de valoração (*valuation*), diminuindo o valor presente dos lucros futuros e, portanto, os preços das ações.
    - **Impacto Setorial**: Setores de crescimento como tecnologia, que dependem fortemente dos lucros futuros, e empresas jovens que geralmente dependem muito de financiamento, são particularmente sensíveis aos aumentos nas taxas de juros.
- **Taxas de Juros Mais Baixas**:
    - **Efeito de Estímulo**: Empréstimos mais baratos promovem investimentos corporativos e gastos dos consumidores, impulsionando a atividade econômica e os preços das ações.
    - **Liquidez de Mercado**: Taxas de juros mais baixas incentivam a assunção de riscos, direcionando fundos para ações.

2. Oferta Monetária (M1 e M2) - O FOMC influencia indiretamente a oferta monetária através de ferramentas como operações de mercado aberto, requisitos de reserva e juros sobre reservas excedentes. Às vezes, expansão da base monetária se chama informalmente de "rodar a maquininha de imprimir dólares".

- **M1**: Representa formas líquidas de dinheiro, incluindo dinheiro em espécie e depósitos à vista.

- **M2**: Inclui M1 mais ativos menos líquidos, como contas de poupança e fundos do mercado monetário.

Efeitos nos Preços das Ações:

- **Expansão da Oferta Monetária**:
  - Aumenta a liquidez no sistema financeiro, permitindo mais investimentos em ações.
  - Impulsiona os gastos dos consumidores, impulsionando o crescimento dos lucros corporativos.
- **Contração da Oferta Monetária**:
  - Reduz a liquidez disponível, potencialmente levando a condições financeiras mais apertadas e retornos mais baixos.

A expansão monetária agressiva do Fed durante a pandemia de COVID-19 (2020–2021) impulsionou uma alta nos preços das ações ao injetar liquidez na economia e manter as taxas de juros próximas de zero.

Ferramenta FedWatch e Insights para Investidores

Os investidores monitoram de perto a Ferramenta FedWatch da CME, que fornece probabilidades para futuras mudanças na taxa de fundos federais, conforme previsto pelos participantes do mercado de futuros de Fed Funds. Esta ferramenta oferece insights sobre as expectativas do mercado e ajuda os investidores a antecipar as ações do FOMC.

Como Funciona:

- Acompanha contratos futuros atrelados à taxa de fundos federais para calcular as probabilidades implícitas de mudanças nas taxas para as próximas reuniões do FOMC.

- Exibe essas probabilidades em gráficos e tabelas de fácil interpretação.

Por Que É Útil:

- Ajuda os investidores a avaliar o sentimento do mercado e ajustar suas carteiras antes dos anúncios do FOMC.
- Fornece uma visão consensual de como a política monetária pode evoluir, reduzindo a incerteza.
- Como se trata de um mercado onde os participantes apostam na direção futura das taxas do Fed Funds, é uma medida mais confiável, pois eles "põem dinheiro na reta" em vez de só dar opiniões de "achômetro".

Acesse a Ferramenta: Os investidores podem visitar a Ferramenta FedWatch da CME para explorar previsões em tempo real sobre a definição de taxas. Viste o site: https://www.cmegroup.com/markets/interest-rates/cme-fedwatch-tool.html.

As decisões de taxa de juros e política monetária do FOMC são fatores determinantes no desempenho do mercado de ações. Ao influenciar os custos de empréstimos, a lucratividade corporativa e a liquidez, essas políticas moldam o comportamento dos investidores e as avaliações de mercado. Ferramentas como a FedWatch capacitam os investidores a antecipar e se adaptar a essas mudanças políticas, aprimorando sua capacidade de navegar pelas flutuações do mercado e tomar decisões informadas.

Implicações para a Trajetória Futura

As decisões do FOMC e as indicações para a política futura fornecem orientações críticas para os participantes do mercado. Indicadores como o Resumo de Projeções Econômicas (SEP) do Fed, gráficos de pontos mostrando previsões de taxas e dados econômicos enfatizados nas discussões moldam as expectativas. Uma comunicação clara e consistente do Fed ajuda a reduzir a incerteza e permite que os mercados precifiquem efetivamente as mudanças políticas antecipadas. No entanto, mudanças nos dados econômicos ou eventos externos inesperados ainda podem levar a desvios da trajetória projetada pelo Fed.

História: Presidentes do Federal Reserve

O Federal Reserve (Fed) tem sido liderado por vários presidentes notáveis desde o final do século 20, cada um guiando a política monetária dos EUA através de diferentes cenários econômicos. Aqui está uma visão geral de seus mandatos, abordagens políticas e a implementação de medidas de Afrouxamento Quantitativo (QE) e Aperto Quantitativo (QT):

1. **Paul Volcker (1979–1987)**
   - **Abordagem de Política Monetária:**
     - **Medidas Anti-Inflação:** Volcker é conhecido por combater a alta inflação do final dos anos 1970 e início dos anos 1980, aumentando significativamente as taxas de juros, que atingiram mais de 20%. Essa política monetária restritiva reduziu com sucesso a inflação, mas levou a uma recessão no início dos anos 1980.
   - **Medidas Quantitativas:**
     - Durante o mandato de Volcker, o Fed não utilizou QE ou QT como ferramentas de política monetária.
2. **Alan Greenspan (1987–2006)**
   - **Abordagem de Política Monetária:**
     - **Estratégia Orientada ao Mercado:** O mandato de Greenspan foi marcado pelo foco em

controlar a inflação enquanto apoiava o crescimento econômico. Ele gerenciou habilmente a política monetária durante eventos como o crash do mercado de ações de 1987 e o estouro da Bolha da Internet em 2001.

- **Medidas Quantitativas:**
  - QE e QT não foram utilizados durante a liderança de Greenspan.

3. **Ben Bernanke (2006–2014)**
   - **Abordagem de Política Monetária:**
     - **Gestão de Crises:** Enfrentando a crise financeira de 2008, Bernanke implementou medidas sem precedentes para estabilizar a economia, incluindo a redução das taxas de juros para quase zero.
   - **Medidas Quantitativas:**
     - **Afrouxamento Quantitativo (QE):** Sob Bernanke, o Fed lançou vários programas de QE para injetar liquidez no sistema financeiro:
       - **QE1 (2008–2010):** O Fed comprou US$ 1,75 trilhão em títulos lastreados em hipotecas e títulos do Tesouro.
       - **QE2 (2010–2011):** Foram adquiridos US$ 600 bilhões adicionais em títulos do Tesouro.
       - **QE3 (2012–2014):** O Fed realizou compras de mercado aberto, adquirindo US$ 40 bilhões em títulos lastreados em hipotecas mensalmente, aumentando

posteriormente para US$ 85 bilhões, até que a redução começou em 2013.

4. **Janet Yellen (2014–2018)**

- **Abordagem de Política Monetária:**
  - **Normalização Gradual:** Yellen focou em subir gradualmente as taxas de juros e normalizar a política monetária após as extensas medidas de QE, enfatizando melhorias no mercado de trabalho e metas de inflação.
- **Medidas Quantitativas:**
  - **Aperto Quantitativo (QT):** Em 2017, o Fed começou a reduzir o balanço patrimonial do Fed ao não reinvestir todos os títulos vencidos, efetivamente iniciando o QT para desfazer as compras de ativos pós-crise.

5. **Jerome Powell (2018–Presente)**

- **Abordagem de Política Monetária:**
  - **Estratégia Adaptativa:** O mandato de Powell tem sido caracterizado pela flexibilidade em resposta às condições econômicas, incluindo a pandemia de COVID-19, onde ações rápidas foram tomadas para apoiar a economia.
- **Medidas Quantitativas:**
  - **Afrouxamento Quantitativo (QE):** Em resposta à pandemia, o Fed lançou um programa substancial de QE em 2020, comprando uma ampla gama de ativos para garantir a liquidez do mercado e apoiar a recuperação econômica.
  - **Aperto Quantitativo (QT):** Em junho de 2022, o Fed iniciou o QT ao reduzir seu balanço patrimonial para

enfrentar a inflação crescente, um processo que está em andamento.

Cada presidente do Fed navegou por desafios econômicos únicos, empregando uma variedade de ferramentas de política monetária para manter a estabilidade econômica. O uso de QE e QT tem sido particularmente proeminente nos últimos anos, refletindo as estratégias evolutivas do Fed em resposta a crises financeiras e flutuações econômicas.

Compreendendo os Ciclos Econômicos

Os ciclos econômicos, ou ciclos de negócios, representam as flutuações naturais na atividade econômica ao longo do tempo, caracterizadas por períodos de expansão (crescimento) e contração (recessão). Esses ciclos são influenciados por vários fatores, incluindo comportamento do consumidor, investimentos empresariais, políticas governamentais e choques externos. Um ciclo econômico típico compreende quatro fases:

- **Expansão:** Um período de aumento da atividade econômica, crescimento do PIB, aumento do emprego e maior consumo.
- **Pico:** O auge da atividade econômica, onde as taxas de crescimento estão no seu máximo antes de começar uma desaceleração.
- **Contração (Recessão):** Um declínio na atividade econômica, marcado pela diminuição do PIB, aumento do desemprego e redução do consumo.
- **Vale:** O ponto mais baixo do ciclo, onde a economia atinge o fundo antes de entrar em uma nova fase de expansão.

Compreender esses ciclos é crucial para formuladores de políticas, empresas e investidores tomarem decisões informadas e implementarem estratégias que mitiguem a volatilidade econômica.

A Economia dos EUA Pós-Pandemia de 2020

A pandemia de COVID-19 precipitou uma contração econômica acentuada em 2020, com o PIB despencando e as taxas de desemprego disparando devido aos *lockdowns* generalizados e interrupções na produção de bens e serviços em toda a economia americana. Em resposta, o governo dos EUA e o Federal Reserve implementaram medidas fiscais e monetárias sem precedentes para estabilizar a economia.

Em 2021, essas intervenções facilitaram uma recuperação robusta, com o crescimento do PIB se recuperando e as taxas de desemprego diminuindo. A economia dos EUA demonstrou uma resiliência notável, superando muitas outras economias avançadas em sua trajetória de recuperação. Essa rápida recuperação pode ser atribuída a um estímulo fiscal substancial, implantação rápida de vacinas e comportamentos adaptativos de consumidores e empresas.

No entanto, a rápida recuperação também levou a desafios, notadamente o aumento das taxas de inflação impulsionadas por interrupções nas cadeias de produção, aumento da demanda do consumidor e aperto das condições do mercado de trabalho. O Federal Reserve respondeu ajustando as políticas monetárias, incluindo o aumento das taxas de juros, para conter as pressões inflacionárias.

Conjuntura Atual: Forças e Desafios para a Próxima Década

Forças:

- **Inovação Tecnológica:** Avanços em tecnologia, particularmente em inteligência artificial e automação, estão sendo montados para aumentar a produtividade e impulsionar o crescimento econômico. Um boom de produtividade impulsionado pela IA pode levar a taxas de crescimento sem precedentes, alterando significativamente as projeções econômicas.

- **Mercado de Trabalho Resiliente:** O mercado de trabalho dos EUA mostrou resiliência, com as taxas de desemprego retornando aos níveis pré-pandemia. Essa força apoia o consumo e a estabilidade econômica geral.
- **Independência Energética:** Os EUA se tornaram um exportador líquido de produtos petrolíferos, aumentando a segurança energética e contribuindo positivamente para a balança comercial.

Desafios:

- **Pressões Inflacionárias:** Apesar das recentes quedas, a inflação continua sendo uma preocupação. A inflação persistente pode corroer o poder de compra e a poupança, representando desafios para consumidores e formuladores de políticas.
- **Sustentabilidade Fiscal:** As medidas substanciais de estímulo fiscal levaram ao aumento da dívida nacional. Garantir a sustentabilidade fiscal enquanto apoia o crescimento econômico será um ato de equilíbrio crítico para os formuladores de políticas.
- **Riscos Geopolíticos:** Tensões globais, incluindo disputas comerciais e conflitos geopolíticos, podem perturbar a estabilidade e o crescimento econômico. Por exemplo, tarifas propostas por Trump podem impactar a inflação e o desempenho econômico.
- **Mudanças Demográficas:** Uma população em processo de envelhecimento pode pressionar os recursos públicos e impactar a dinâmica do mercado de trabalho, necessitando de ajustes políticos para apoiar um cenário demográfico em evolução.

- **Mudanças Climáticas:** Desafios ambientais representam riscos para a infraestrutura econômica e necessitam de investimentos em práticas sustentáveis, que podem influenciar o planejamento econômico e a alocação de recursos.

Em conclusão, embora a economia dos EUA tenha demonstrado resiliência e adaptabilidade significativas após a pandemia de 2020, ela enfrenta um cenário complexo de oportunidades e desafios na próxima década. Decisões políticas estratégicas, avanços tecnológicos e gestão eficaz dos riscos emergentes serão fundamentais para moldar a trajetória econômica e garantir crescimento e estabilidade sustentados.

Indicadores Econômicos

Aqui está uma lista dos top 10 indicadores econômicos essenciais que todo investidor deve monitorar, juntamente com uma breve descrição de cada um:

1. Inflação (Índice de Preços ao Consumidor – CPI: *Consumer Price Index*) - O CPI mede a variação média nos preços pagos pelos consumidores por bens e serviços. Ele fornece insights sobre o poder de compra e as mudanças no custo de vida. A alta inflação geralmente leva os bancos centrais a aumentar as taxas de juros, impactando os mercados de ações e títulos.

2. Taxa de Fundos Federais (*Fed Funds Rate*) - A taxa de juros à qual os bancos emprestam entre si durante no *overnight*, definida pelo Federal Reserve. Ela influencia os custos de empréstimos, o consumo e os investimentos. Funciona como uma Selic americana. Mudanças nessa taxa frequentemente têm amplas implicações para os mercados financeiros.

3. Rendimento da Nota do Tesouro de 10 Anos (*10 Year Treasury Note*) - O rendimento da nota do Tesouro de 10 anos reflete o sentimento dos investidores sobre o crescimento econômico futuro e a inflação. Ele serve como referência para taxas de hipoteca e custos de empréstimos corporativos, afetando setores como imóveis e bancos. É a taxa de referência nos EUA.

4. Relatório de Emprego (***NFP – Non-Farm Payrolls***) - Um relatório mensal que mede a criação de empregos nos EUA, excluindo o setor agrícola. Números fortes de NFP sinalizam expansão econômica, enquanto números fracos podem indicar desaceleração do crescimento. Os mercados frequentemente reagem a este relatório devido às suas implicações para a política do Fed. É o indicador econômico mais monitorado do mercado financeiro americano disparado! Quando o NFP surpreende o mercado, todos mercados tendem a se movimentar violentamente – tanto para o bem como para o mal.

5. Índice do Dólar Americano (***DXY - Dollar Index***) - O DXY acompanha o valor do dólar americano em relação a uma cesta de moedas principais. Um dólar forte afeta o comércio internacional, os lucros corporativos dos exportadores e os preços de commodities como ouro e petróleo, que são denominados em dólares.

6. Taxa de Crescimento do Produto Interno Bruto (***GDP – Gross Domestic Product***) - A taxa de crescimento do PIB (*GDP*) mede a expansão ou contração da economia ao longo de um período. O crescimento positivo indica saúde econômica, enquanto o crescimento negativo pode sinalizar uma recessão. Os investidores usam os dados do PIB para avaliar o potencial de mercado e as perspectivas de lucros corporativos.

7. Taxa de Desemprego (***Unemployment Rate***) **-** A porcentagem da força de trabalho que está desempregada, mas ativamente procurando recolocação. Uma baixa taxa de desemprego sugere uma economia forte, enquanto uma alta taxa pode apontar desafios econômicos. Ela frequentemente complementa o relatório de NFP na avaliação da saúde do mercado de trabalho.

8. Pedidos Iniciais de Seguro-Desemprego (*Initial Jobless Claims*) - Este relatório semanal acompanha o número de indivíduos que solicitam benefícios de seguro-desemprego pela primeira vez. Ele fornece uma visão oportuna das tendências do mercado de trabalho e pode indicar sinais precoces de estresse ou recuperação econômica.

9. Vendas no Varejo (*Retail Sales*) - Este relatório mede o consumo de bens e serviços, representando uma parte significativa do PIB. Consumo nos EUA representa 2/3 do PIB do país; é um país consumista. Vendas no varejo fortes indicam demanda robusta do consumidor, enquanto números fracos podem sugerir desaceleração econômica ou redução da confiança do consumidor.

10. Índice de Gerentes de Compras da Indústria Manufatureira (*PMI – Purchase Managers Index*) - Uma pesquisa mensal da atividade do setor manufatureiro, incluindo produção, emprego e novos pedidos. Uma leitura acima de 50 sinaliza expansão, enquanto abaixo de 50 indica contração. Ele oferece insights sobre a saúde do setor industrial e o impulso econômico geral.

Vamos adicionar mais 5 indicadores importantes à lista. Esses indicadores adicionais fornecem insights mais profundos sobre a saúde estrutural da economia, tendências inflacionárias, comportamento do consumidor e dinâmicas do comércio global. Juntos, esses métricos complementam os indicadores principais e ajudam os investidores a refinar suas estratégias de mercado e avaliações de risco.

11. Índice de Preços ao Produtor (*PPI – Producer Price Index*) - O PPI mede as mudanças nos preços de venda recebidos pelos produtores de bens domésticos por sua produção. Ele reflete a inflação no nível atacadista e serve como um indicador antecipado para futuras mudanças nos preços ao consumidor. Um PPI crescente pode sinalizar custos mais altos de insumos para as empresas, potencialmente comprimindo as margens de lucro, e repassando o aumento para o CPI.

12. Inícios de Construção Residencial (*Housing Starts*) - Este indicador acompanha o número de novos projetos de construção residencial iniciados durante um período específico. É uma medida chave da saúde do mercado imobiliário e da atividade econômica mais ampla. Inícios de construção fortes indicam confiança do consumidor e crescimento econômico, enquanto declínios podem sinalizar demanda enfraquecida.

13. Índice de Confiança do Consumidor (*University of Michigan Consumer Sentiment*) - O indicador mede o otimismo dos consumidores sobre o estado da economia e suas situações financeiras. Um valor alto indica um potencial de consumo forte, enquanto um valor baixo pode sugerir redução nos gastos e pessimismo econômico, impactando os setores de varejo e consumo.

14. Balança Comercial: Déficit/Excedente Comercial (*Trade Balance*) - Este indicador mede a diferença entre as exportações e importações de um país. Um superávit comercial sinaliza forte demanda global por bens domésticos, enquanto um déficit indica maior dependência de bens estrangeiros. Ele afeta os valores das moedas, os lucros corporativos e as políticas comerciais.

15. Índice Nacional de Atividade do Fed de Chicago (*CFNAI-Chicago Fed National Activity Index*) - O CFNAI é um composto de 85 indicadores econômicos que fornecem uma medida ampla da atividade econômica nacional. Uma leitura próxima de zero indica que a economia está se expandindo em sua tendência histórica, enquanto valores positivos ou negativos sugerem crescimento acima ou abaixo da média, respectivamente. Ele oferece uma visão holística do impulso econômico.

Monitorar esses indicadores ajuda os investidores a antecipar movimentos do mercado, entender as condições econômicas e tomar decisões informadas em diferentes classes de ativos. Cada indicador fornece uma peça do quebra-cabeça econômico maior, ajudando os investidores a navegar por oportunidades e riscos.

Capítulo 7. Gestão de Riscos (Risk Management)

Introdução à Gestão de Riscos em Investimentos em Ações

Investir envolve riscos. Qualquer pessoa que compra ações, bonds, ETFs ou qualquer outro ativo financeiro está, de certa forma, assumindo incertezas. No entanto, a diferença entre um investidor bem-sucedido e um que sofre perdas severas não está apenas na escolha dos ativos, mas na forma como ele gerencia o risco.

A gestão de riscos (*risk management*) é o processo de identificar, medir e mitigar os riscos associados aos investimentos. O objetivo principal não é eliminar o risco, pois isso seria impossível, mas sim controlá-lo de forma inteligente para que os retornos sejam otimizados e o impacto de perdas seja minimizado.

Por Que a Gestão de Riscos é Essencial?

- Evitar perdas catastróficas: O maior erro de muitos investidores é assumir riscos sem planejamento. Grandes crises de mercado, como 2008 e 2020, mostraram que quem não protege seu capital pode sofrer perdas severas difíceis de se recuperar, podendo levar anos.
- Maximizar retorno ajustado ao risco: Um bom investidor não busca apenas altos retornos, mas sim bons retornos em relação ao risco tomado. Estratégias como alocação eficiente de ativos e diversificação ajudam a obter melhores resultados com menos volatilidade. SMIGRM consegue levar esse processo a um patamar mais elevado.
- Reduzir impactos emocionais nas decisões: O medo e a ganância fazem os investidores tomarem decisões ruins. Quando há uma estratégia clara de gestão de riscos, o investidor consegue agir de forma racional e disciplinada.

- Evitar quedas severas e acelerar a recuperação: Uma perda de 50% no patrimônio exige um ganho de 100% apenas para voltar ao ponto de equilíbrio. Uma boa gestão de riscos protege contra quedas muito grandes e acelera o tempo de recuperação.

Assimetria entre Ganhos e Perdas: A Razão Principal Porque Você Precisa Se Esquivar de Perdas

Quando tratamos de investimentos, usamos percentagens o tempo todo. Usamos percentagens para expressar tanto ganhos quanto perdas, porém muitas vezes nos confundimos com a assimetria de significado de ganhos e perdas em termos percentuais. Isso acontece porque naturalmente a base de cálculo numa situação de ganho (de baixo para cima) é menor que a base de cálculo numa situação de perda (de cima para baixo). Por isso, se o preço de uma ação cai 50% e em seguida sobe 50%, ele não volta no mesmo ponto de partida. Visualmente, imagina partir de $100 e perde 50%, o preço vira $50. Se em seguida sobe 50%, o preço chega a $75, e não em $100. Então em termos percentuais, existe essa **assimetria entre ganhos e perdas** que prejudica investidores. E ela é exacerbada à medida que valor percentual sobe. Veja tabela abaixo:

Loss Percentage (Drawdown)	Subsequent return required to break-even
-20%	+25%
-30%	+43%
-40%	+67%
-50%	+100%
-60%	+150%

Isso significa que pequenas perdas são aceitáveis porque é normal e faz parte do investimento. Uma perda de 10% requer retorno subsequente de apenas 10,1%. Mas uma perda de 20% já requer um retorno subsequente de 25%, o que já é mais difícil e pode demorar mais para conseguir. Uma queda de 40% irá requerer uma recuperação de 67%... e assim vai. Mas... ah, isso é raro, você pode argumentar. Certamente não acontece todo dia ou todo mês, mas pode acontecer a qualquer momento.

Históricamente, uma queda de 10% ou mais tende a acontecer a cada 30 meses. Uma queda de 20% ou mais tem corrido a cada 6 anos. O problema é que ninguém tem bola de cristal para saber quando vem o próximo. Então é inteligente ser vigilante e evitar que isso aconteça com você.

Vejamos dois exemplos reais:

No primeiro gráfico, temos o crash da bolsa do ano 2000, também conhecido como o estouro da Bolha da Internet de 2000. O S&P 500 caiu 48,9% e para reverter isso, ela precisou galgar 95,8% só para zerar a perda! Quanto tempo foi necessário para isso acontecer, só para recuperar o perdido? Quase 7 anos!

No segundo gráfico, temos o crash da crise do Subprime de 2008, cujo epicentro foi nos próprios EUA. O S&P 500 caiu 56,8% e para reverter isso, ela precisou galgar 131,3% só para zerar a perda! Quanto tempo foi necessário para isso acontecer, só para recuperar o perdido? Quase 6 anos!

Moral da estória: **Em vez de se deixar cair num buraco para tentar sair dele depois, o melhor é evitar de cair nele em primeiro lugar**. O grande custo não é nem o dinheiro, pois há sempre a possibilidade de ser recuperado. **Mas qual é o maior prejuízo que é irrecuperável?**

O **TEMPO**! Perder tempo tentando sair do buraco não é inteligente. Quem já passou por essas situações sabe bem o que estou falando. Quantas vezes você viu sua ação despencar antes de você ter a chance de se desfazer dele e depois ficou no dilema: devo vender no prejuízo ou aguardar que ele volte, pelo menos ao preço pelo qual paguei por ela? Agora imagina isso ter acontecido num crash como os ilustrados acima. Quando se há uma queda de mercado, você não sabe de antemão qual tipo se trata – há 3 tipos de queda:

- ***Pullbacks***: quedas de 5% a 10%
- ***Correction***: quedas de 10% a 20%
- ***Crashes***: quedas acima de 20%

Geralmente, sair de um *pullback* não costuma ser um grande problema. Uma queda relativamente pequena é normalmente recuperável em poucos dias ou semanas. Um *correction* ou correção pode levar bem mais tempo para reverter, podendo levar semanas ou até poucos meses.

Crashes já são quedas bem mais severas e podem levar anos para se recuperar. Dependendo da severidade ou magnitude do *crash*, pode levar até décadas.

Vejamos abaixo as principais ferramentas de gestão de risco de maneira geral se enquadram nas seguintes categorias:

- ***Risk Avoidance***: Evitar de correr o risco – Em finanças, evitando o risco por completo evitará perdas mas também bons retornos. Investimento sempre acarreta algum risco.

- ***Risk Reduction***: Minimizar os efeitos danosos do risco – Em finanças, riscos podem ser mitigados na alocação de ativos por escolha de ativos de menor risco ou por otimização de risco (leia mais no Capítulo 14 sobre Teoria Moderna de Carteiras e Capítulo 10 sobre o Método SMIGRM).

- ***Risk Transferring***: Transferir o risco a outros – Em finanças, é conhecido por *hedging*: risco pode ser transferido a outros por meio de operações de derivativos. Por exemplo, investidores de ações podem comprar Opções de Venda (Put) pela qual transferem o risco de queda de preço da sua ação para o parte vendedora das Opções.

- ***Risk Acceptance***: Correr riscos aceitáveis – Em finanças, entende-se por limitar riscos apenas a níveis abaixo de níveis considerados aceitáveis. Cada pessoa tem sua própria tolerância a risco.

Vamos agora examinar as principais ferramentas de gestão de risco usadas na indústria financeira:

Principais Ferramentas da Gestão de Riscos

Os profissionais do mercado financeiro utilizam diversas ferramentas quantitativas e qualitativas para gerenciar riscos. Abaixo estão algumas das mais importantes:

1. Diversificação

- O princípio mais básico da gestão de riscos.
- Não colocar todos os ovos na mesma cesta, alocando investimentos em diferentes setores, classes de ativos e geografias.
- Evita que um único evento negativo cause uma perda devastadora no portfólio.

2. Alocação de Ativos (*Asset Allocation*)

- Define quanto do portfólio será investido em diferentes classes de ativos, como ações, renda fixa, commodities, imóveis, etc.
- Ajusta-se de acordo com o perfil de risco do investidor.
- Exemplo: investidores mais conservadores podem ter 70% em renda fixa e 30% em ações, enquanto investidores agressivos podem ter 70% em ações e 30% em renda fixa.

3. Stop Loss e Take Profit

- Ordens automáticas que limitam as perdas ou realizam os lucros.
- **Stop Loss:** Vende automaticamente um ativo quando ele atinge um determinado preço de perda.
- **Take Profit:** Garante um lucro ao vender o ativo quando ele atinge um certo preço de valorização.
- **Trailing Stop:** Ajusta automaticamente o stop conforme o ativo sobe, bloqueando os ganhos já realizados.

4. Análise Estatística de Riscos

- **Desvio Padrão:** Mede a volatilidade de um ativo (quanto mais alto, mais instável é o investimento).
- **Beta:** Mede o risco de um ativo em relação ao mercado (Beta > 1 significa que o ativo é mais volátil que o índice de referência, como o S&P 500 por exemplo).
- **Coeficiente de Correlação:** Mede a relação entre dois ativos (se próxima de **1**, significa que os ativos se movem juntos).

5. Value at Risk (VaR)

- Mede a **perda potencial máxima** de um portfólio dentro de um determinado nível de confiança.
- Vamos detalhar esse tópico abaixo pois é um dos mais importantes e usados em ambientes profissionais por gestores de risco.

6. *Hedging* (Proteção de Carteira por Transferência de Risco)

- Técnicas para **reduzir riscos sem sair totalmente do mercado**.
- Uso de **derivativos** como **opções de venda (PUTs)** para proteger ações contra quedas.
- Uso de ativos de correlação negativa ou muito baixa, como **ouro ou títulos do governo**.

7. Risco de Liquidez

- Avaliação da facilidade de vender um ativo sem impactar o preço de mercado.
- Ações de **baixa liquidez** podem ser difíceis de vender rapidamente sem prejuízo.
- Importante garantir que o portfólio tenha **ativos de alta liquidez** para emergências.

8. Setores Defensivos

- Alguns setores da economia são menos susceptíveis a volatilidade que outros e podem ajudar a amenizar perdas durante períodos de elevada incerteza nos mercados e volatilidade.

9. Alocação Dinâmica Contextual (Método SMIGRM)

- Em vez de manter alocações de ativos diversificadas para enfrentar todo e qualquer tipo de contexto e mercados, uma saída brilhante é alocar taticamente ativos de acordo com o contexto.
- Implementar uma alocação ideal para cada contexto, explorando-o de forma a minimizar o risco.
- SMIGRM usa risco para definir contexto. Em situações de alto risco, a alocação é conservadora (defensiva) com ativos de baixo risco na carteira. Já em contexto de baixo risco, a alocação é agressiva com ativos de risco mais alto para obter o maior retorno possível.
- Alocação Dinâmica Contextual e SMIGRM serão discutidos em maiores detalhes nos Capítulos 9 e 10, respectivamente.

A gestão de riscos é crítica para proteger carteiras e alcançar retornos consistentes. Ferramentas como VaR, testes de estresse e diversificação oferecem insights sobre riscos potenciais, enquanto técnicas como hedge e dimensionamento de posições fornecem estratégias acionáveis para mitigá-los.

A seguir, vamos detalhar algumas das ferramentas de gestão de risco, começando por Value at Risk, Stop Loss, e Setores Defensivos.

Value at Risk (VaR)

O Value at Risk (VaR) é uma das métricas mais utilizadas para medir quanto um investidor pode perder em um determinado período, dentro de um nível de confiança estatístico. Ele responde à seguinte pergunta:

"Qual é a perda máxima esperada da minha carteira em um determinado horizonte de tempo, considerando um nível de confiança?"

Por exemplo, se um investidor calcula que seu portfólio tem um VaR de $10.000 a um nível de confiança de 95% em um dia, isso significa que há 95% de chance de a perda diária não ultrapassar $10.000, mas há 5% de chance de a perda ser maior.

O VaR é amplamente usado por gestores de portfólios, fundos de investimento e traders institucionais para monitorar riscos e tomar decisões sobre alocação de ativos.

Métodos Para Calcular o VaR

Existem três formas principais de calcular o Value at Risk:

- **Método Paramétrico (Delta-Normal)** – Assume que os retornos seguem uma distribuição normal e usa desvio padrão e média para calcular o risco.
- **Método de Simulação Histórica** – Usa dados reais do passado para estimar perdas futuras.
- **Método de Simulação de Monte Carlo** – Simula milhares de cenários aleatórios para prever possíveis perdas.

A seguir, vamos detalhar o cálculo pelo Método Paramétrico, que é o mais simples e frequentemente utilizado por investidores não-profissionais.

Como Calcular o VaR de uma Carteira de Ações (Método Paramétrico)

Passo 1: Definir o Horizonte de Tempo e o Nível de Confiança

Antes de calcular o VaR, o investidor precisa definir:

- Horizonte de tempo: Pode ser diário, semanal ou mensal.
- Nível de confiança: Os mais comuns são 95% ou 99%.
- Exemplo: Um investidor quer calcular o VaR diário de sua carteira com 95% de confiança.

Passo 2: Coletar os Dados de Retorno da Carteira

O retorno da carteira pode ser calculado como a média ponderada dos retornos das ações individuais:

$$R_C = w_1 R_1 + w_2 R_2 + ... + w_n R_n$$

Onde:

- R_C = Retorno da carteira
- w_i = Peso da ação i no portfólio
- R_i = Retorno da ação i

Exemplo: Suponha que a carteira tenha 50% investido em Ação A e 50% em Ação B, com retornos médios de 0,8% e 0,5%, respectivamente:

R_C = (0,5 x 0,008) + (0,5 x 0,005) = 0,0065 (ou seja, 0,65% de retorno médio diário)

Passo 3: Calcular a Volatilidade da Carteira (Desvio Padrão)

A volatilidade da carteira pode ser obtida por:

$$\sigma_C = \sqrt{w_1^2\sigma_1^2 + w_2^2\sigma_2^2 + 2w_1w_2\sigma_1\sigma_2\rho_{1,2}}$$

Onde:

- σ_C = Volatilidade da carteira
- σ_1, σ_2 = Volatilidade das ações
- $\rho_{1,2}$ = Correlação entre as ações

◆ **Exemplo:** Se a **Ação A** tem desvio padrão de **1,5%**, a **Ação B** tem desvio padrão de **2,0%**, e a correlação entre elas é **0,6**, então:

$$\sigma_C = \sqrt{(0,5^2 \times 0,015^2) + (0,5^2 \times 0,02^2) + (2 \times 0,5 \times 0,5 \times 0,015 \times 0,02 \times 0,6)}$$

$$\sigma_C = \sqrt{0,00005625 + 0,0001 + 0,00009} = \sqrt{0,00024625} = 1,57\% \text{ (volatilidade diária)}$$

Passo 4: Calcular o VaR

Agora aplicamos a fórmula do VaR para 95% de confiança, onde o Z-score (quantil da distribuição normal) é 1,65:

$$VaR = Z \times \sigma_C \times ValordoPortfólio$$

Se a carteira do investidor vale **$100.000**, então:

$$VaR = 1,65 \times 0,0157 \times 100.000$$

$$VaR = 2.590$$

✅ **Conclusão:** Há **95% de chance de que a perda máxima diária não ultrapasse $2.590.**

Se o investidor quiser calcular para **um mês (20 dias úteis)**, pode multiplicar por $\sqrt{20}$:

$$VaR_{Mensal} = 2.590 \times \sqrt{20} = 11.572$$

Ou seja, **há 95% de chance de que a perda mensal não ultrapasse $11.572.**

Conclusão: Como Usar o VaR na Prática?

- Definir limites de perda aceitáveis – Se um investidor não quer correr o risco de perder mais de 5% do seu patrimônio em um mês, o VaR pode ajudá-lo a ajustar a exposição.

- Comparar diferentes carteiras – Se uma carteira tem VaR diário de $2.000 e outra tem $5.000, a primeira pode ser menos arriscada.
- Ajustar alocações para reduzir o risco – Investidores podem diversificar melhor para diminuir a volatilidade da carteira e reduzir o VaR.

O VaR é uma ferramenta poderosa, mas tem limitações. Ele mede apenas o risco dentro de um intervalo de confiança e não prevê eventos extremos (crises de mercado). Por isso, é essencial combiná-lo com outras métricas de risco, como Drawdown Máximo, Ulcer Index e Sortino Ratio.

Drawdown Máximo (Maximum Drawdown - MDD)

O **Drawdown Máximo (MDD)** mede a **pior perda sofrida por um portfólio** a partir do seu pico até o seu fundo antes de uma recuperação. Ele é expresso como uma porcentagem da perda em relação ao pico anterior.

Por que é importante?

- Mostra o **pior cenário possível** de perda durante um período passado, mas ajuda a planejar o futuro pois cenários que já ocorreram no passado podem se repetir no futuro.
- Ajuda investidores a **definir limites de risco aceitáveis**.
- Útil para **comparar diferentes estratégias de investimento**.

Como Calcular o Drawdown Máximo

1. Identifique o **pico histórico** do portfólio durante o período analisado.
2. Encontre o **menor valor subsequente** antes de uma recuperação.
3. Calcule a perda percentual entre esses dois pontos.

$$\text{Drawdown} = \frac{\text{Pico} - \text{Fundo}}{\text{Pico}} \times 100$$

◆ **Exemplo:**

- O portfólio atingiu um **pico** de **$100.000**.
- Em seguida, caiu para **$70.000** antes de se recuperar.
- O Drawdown Máximo foi:

$$\frac{100.000 - 70.000}{100.000} \times 100 = 30\%$$

Isso significa que, no pior momento, o investidor enfrentou uma **perda de 30% do capital antes da recuperação**.

Ulcer Index (UI) – Medindo a Profundidade e Duração das Quedas

O **Ulcer Index** vai além do Drawdown Máximo, pois não apenas mede a **pior queda**, mas também **a duração e a frequência das perdas**. O Ulcer Index avalia todas as quedas do período.

Por que é importante?

- Se duas estratégias têm **o mesmo retorno**, mas uma apresenta quedas frequentes e longas, ela será mais arriscada.
- O **UI penaliza investimentos que ficam muito tempo abaixo do pico**, algo que o **Drawdown Máximo** não captura.

Como Calcular o Ulcer Index

1. Identifique os **preços diários** do portfólio.
2. Encontre o **máximo histórico acumulado** (pico anterior).
3. Calcule **o quanto o preço atual está abaixo desse pico** todos os dias.
4. Tire a **média quadrática desses valores**.

$$\mathrm{UI} = \sqrt{\frac{1}{N}\sum_{i=1}^{N} \mathrm{Drawdown}_i^2}$$

Exemplo:

Se um portfólio tem uma sequência de pequenas quedas recorrentes, mesmo que o Drawdown Máximo não seja grande, o Ulcer Index será alto, indicando um investimento mais "doloroso" de se manter.

Interpretação: Quanto maior o **Ulcer Index**, mais instável e arriscado é o portfólio.

Sortino Ratio – Avaliando Retorno Ajustado ao Risco

O **Sortino Ratio** é semelhante ao **Sharpe Ratio**, mas com uma diferença fundamental:

- O Sharpe Ratio penaliza qualquer tipo de volatilidade (alta e baixa).
- O Sortino Ratio penaliza apenas a volatilidade negativa (quedas).

Isso significa que ele **não prejudica investimentos com grande valorização**, mas **penaliza aqueles que apresentam quedas frequentes e severas**.

Por que é importante?

- Diferencia volatilidade "boa" (subidas) da "ruim" (quedas).
- É mais útil que o **Sharpe Ratio** para avaliar **estratégias focadas em preservar capital**.

Como Calcular o Sortino Ratio

$$\text{Sortino Ratio} = \frac{R_P - R_F}{\sigma_D}$$

Onde:

- R_P = Retorno médio do portfólio
- R_F = Retorno livre de risco (exemplo: títulos do Tesouro dos EUA)
- σ_D = Desvio padrão dos retornos **negativos**

Exemplo:

- O portfólio teve um **retorno médio de 12% ao ano**.
- O retorno livre de risco (T-Bills) é **2%**.
- O desvio padrão das **quedas** do portfólio foi **10%**.

$$\text{Sortino Ratio} = \frac{12 - 2}{10} = 1,0$$

Quanto **maior** o Sortino Ratio, **melhor** o retorno ajustado ao risco negativo.

Se o Sortino Ratio for menor que 1, significa que o risco negativo está muito alto em relação ao retorno.

Conclusão: Como Usar Essas Métricas na Prática?

Resumo Comparativo das Métricas

Métrica	Mede o quê?	Bom para?
Drawdown Máximo	Pior perda histórica antes da recuperação	Saber qual a maior perda possível
Ulcer Index	Profundidade e duração das quedas	Identificar investimentos "dolorosos" para o investidor
Sortino Ratio	Retorno ajustado ao risco negativo	Comparar investimentos que penalizam apenas quedas

---

- **Definir tolerância ao risco:** Se um investidor não aceita perder mais de **20% do seu patrimônio**, ele deve acompanhar o **Drawdown Máximo** de sua estratégia.
- **Escolher investimentos menos voláteis:** Se um ativo tem **Ulcer Index muito alto**, ele pode ser difícil de manter a longo prazo, mesmo se gerar bons retornos.
- **Comparar retornos ajustados ao risco negativo:** Um fundo pode ter um **Sharpe Ratio alto, mas um Sortino Ratio baixo**, o que significa que ele é **muito volátil para quedas**.

Stop Loss: A Importância de Limitação de Perdas

Operar no mercado de ações é inerentemente imprevisível. Mudanças repentinas no mercado, impulsionadas por dados econômicos, eventos geopolíticos ou notícias inesperadas de empresas, podem levar a perdas significativas se as posições não estiverem protegidas. Definir níveis de stop loss é uma disciplina crucial de gestão de riscos que ajuda os investidores a mitigar perdas potenciais e manter a tranquilidade.

Por Que Usar Níveis de Stop Loss?

- **Gestão de Riscos:** Um stop loss garante que as perdas sejam limitadas a um nível predeterminado, protegendo o capital contra riscos excessivos.
- **Disciplina Emocional:** Stops loss evitam decisões impulsivas ao automatizar a estratégia de saída, reduzindo a influência do medo ou da ganância.
- **Tranquilidade:** Saber que sua carteira tem salvaguardas permite "dormir melhor à noite", mesmo durante mercados voláteis.
- **Adaptável a Todos os Investidores:** Seja gerenciando uma pequena carteira ou um grande fundo, os stop loss são essenciais para manter o controle sobre os riscos potenciais.

Tipos de Ordens de Stop Loss

Ordem de Stop Loss Fixa:

- **Definição:** Um nível de preço estático definido abaixo do preço de entrada no qual a ação será vendida.
- **Caso de Uso:** Adequado para negociações onde uma tolerância de risco fixa é predefinida.
- **Exemplo:** Comprar uma ação a US$ 50 com um stop loss a US$ 45 limita a perda a US$ 5 por ação.

Stop Loss Percentual:

- **Definição:** Sai de uma negociação quando o preço da ação cai por uma porcentagem definida abaixo do preço de compra.
- **Caso de Uso:** Ideal para ações voláteis onde níveis fixos podem não considerar as flutuações diárias.

- **Exemplo:** Um stop loss de 10% em uma ação de US$ 100 seria acionado a US$ 90.

Stop Loss Baseado em Tempo:

- **Definição:** Fecha uma posição após um tempo especificado se a ação não se mover favoravelmente.
- **Caso de Uso:** Adequado para negociações de curto prazo, como day trading ou swing trading.

Trailing Stop Loss (Ajustado):

- **Definição:** Ajusta dinamicamente o nível de stop loss conforme o preço da ação se move a favor do investidor.
- **Caso de Uso:** Garante ganhos seguindo o movimento ascendente da ação enquanto limita perdas potenciais.
- **Exemplo:**
    - Definindo um trailing stop loss de US$ 5 em uma ação comprada a US$ 50:
    - Se o preço subir para US$ 60, o stop loss se move para US$ 55.
    - Se o preço então cair para US$ 55, a posição é vendida, garantindo um ganho de US$ 5.

Vantagens do Trailing Stop Loss

- **Garante Lucros:** Protege ganhos ajustando o stop loss para cima conforme o preço da ação aumenta.
- **Ajuste Automático:** Não há necessidade de monitorar a ação continuamente; o trailing stop se adapta automaticamente.

- **Limita Perdas:** Garante que as perdas sejam minimizadas, mesmo se a ação reverter repentinamente.
- **Incentiva a Disciplina:** Evita decisões emocionais ao seguir uma estratégia de saída sistemática.

Dicas Práticas para Usar Ordens de Stop Loss

- **Determine a Tolerância ao Risco:** Defina níveis de stop loss com base no risco aceitável por negociação, tipicamente 1-2% do total da carteira.
- **Use Análise Técnica:** Identifique níveis de suporte ou volatilidade média para definir níveis de stop loss apropriados.
- **Evite Stops Muito Apertados:** Stops definidos muito próximos ao preço de compra podem resultar em saídas prematuras durante flutuações normais do mercado.
- **Combine com Dimensionamento de Posições:** Use stop loss em conjunto com o tamanho da posição para gerenciar efetivamente o risco geral da carteira.

Em resumo:

Ordens de stop loss são ferramentas indispensáveis para todo investidor, grande ou pequeno. Elas fornecem uma rede de segurança contra mudanças repentinas no mercado, impõem disciplina e reduzem o estresse emocional de gerenciar negociações. Entre os vários tipos, o Trailing Stop Loss se destaca por seu duplo benefício de garantir ganhos enquanto limita perdas. Ao adotar estratégias de stop loss, os investidores podem operar com confiança, sabendo que seus riscos de queda estão sob controle, e focar na construção de riqueza a longo prazo.

Setores Defensivos: Proteções Contra Mercados de Baixa e Volatilidade

As ações se movem em bando, mas nem todos os setores se movem com a mesma intensidade. Quanto menor a correlação com o S&P 500, melhor o efeito de proteção.

Utilidades: Serviços Públicos Essenciais (Ticker: XLU)

- **Correlação com o S&P 500**: Aproximadamente 0.22 em um período de três anos.
- **Racional**: Utilidades fornecem serviços essenciais (eletricidade, água e esgoto, gás, etc.), resultando em uma demanda estável, independentemente das condições econômicas. Essa estabilidade resulta em uma menor correlação com o mercado em geral, tornando o setor uma escolha defensiva durante recessões.

Bens de Consumo Não Duráveis (Ticker: XLP)

- **Correlação com o S&P 500**: Correlação moderada com todos os outros setores, com o setor de Bens de Consumo Discricionário tendo o maior valor entre eles.
- **Racional**: Empresas neste setor produzem bens essenciais, mantendo uma demanda constante, mesmo durante desacelerações econômicas. Essa demanda consistente contribui para a natureza defensiva do setor em mercados de baixa.

Cuidados com a Saúde (Ticker: XLV)

- **Correlação com o S&P 500**: Correlação moderada com a maioria dos setores; baixa correlação de 0.28 com Utilidades.
- **Racional**: Serviços e produtos de saúde permanecem necessários independentemente dos ciclos econômicos,

proporcionando estabilidade e uma menor correlação com o mercado como um todo.

Aplicação Prática: Incorporar esses setores em um portfólio diversificado pode mitigar perdas durante quedas de mercado. Por exemplo, durante a volatilidade do mercado em 2024, setores como Bens de Consumo Não Duráveis e Cuidados com a Saúde foram recomendados como investimentos defensivos.

Compreender e aplicar a correlação na construção de portfólios permite que investidores selecionem estrategicamente setores que atuem como proteções eficazes contra a volatilidade do mercado. Ao focar em setores com menores correlações com o S&P 500, como Utilidades, Bens de Consumo Não Duráveis e Cuidados com a Saúde, os investidores podem aumentar a resiliência do portfólio durante mercados de baixa.

Setores Defensivos Recomendados em Meio à Volatilidade do Mercado: Além da diversificação setorial, os investidores frequentemente recorrem a várias classes de ativos para se proteger contra mercados de baixa em ações. Essas classes de ativos normalmente exibem correlações baixas ou negativas com o S&P 500, oferecendo potencial de proteção durante quedas de mercado.

Classes de Ativos Defensivas: Proteções Contra Mercados de Baixa e Volatilidade

Classes de Ativos Comumente Usadas para Proteção:

Títulos (Bonds)

- **Correlação com o S&P 500**: Historicamente baixa; por exemplo, o ETF iShares Core U.S. Aggregate Bond (AGG) mostrou uma correlação de aproximadamente 0.26 com o S&P 500 no período de 2008 a 2024.

- **Racional**: Títulos, especialmente os do Tesouro dos EUA, são considerados ativos de refúgio. Durante quedas no mercado de ações, os investidores frequentemente se voltam para os títulos, aumentando seus preços e oferecendo um contrapeso às quedas nos valores das ações.

Ouro

- **Correlação com o S&P 500**: Geralmente baixa; o ETF SPDR Gold Shares (GLD) apresentou uma correlação de cerca de 0.08 com o S&P 500 no mesmo período.
- **Racional**: O ouro é tradicionalmente visto como uma reserva de valor e uma proteção contra a incerteza econômica. Sua baixa correlação com as ações o torna uma escolha popular para diversificação durante períodos de estresse no mercado.

Commodities

- **Correlação com o S&P 500**: Varia de acordo com a commodity; por exemplo, o Invesco DB Commodity Index Tracking Fund (DBC) mostrou uma correlação de aproximadamente 0.50 com o S&P 500.
- **Racional**: Commodities podem atuar como uma proteção contra a inflação e podem ter um desempenho diferente das ações, oferecendo benefícios de diversificação.

Fundos de Investimento Imobiliário (REITs)

- **Correlação com o S&P 500**: Moderada; o ETF Vanguard Real Estate (VNQ) apresentou uma correlação de cerca de 0.76 com o S&P 500.
- **Racional**: REITs oferecem exposição aos mercados imobiliários, que podem não se mover em sincronia com os mercados de ações, oferecendo potencial de diversificação.

Conclusão e Considerações Importantes

É crucial reconhecer que **as correlações entre ativos e classes de ativos não são constantes ao longo do tempo**. Elas podem mudar devido a vários fatores, incluindo condições econômicas, sentimento do mercado e eventos geopolíticos. Por exemplo, durante períodos de estresse extremo no mercado, ativos que normalmente têm correlações baixas podem se mover mais de acordo, reduzindo a eficácia da diversificação.

Embora incorporar classes de ativos como títulos, ouro, commodities e REITs possa aumentar a diversificação do portfólio e potencialmente mitigar riscos durante mercados de baixa, é essencial entender que a **diversificação não garante a redução do risco**. A natureza dinâmica das correlações significa que os benefícios protetores da diversificação podem variar ao longo do tempo. Portanto, os investidores devem avaliar regularmente seus portfólios e permanecer atentos às mudanças nas condições de mercado para garantir que suas estratégias de investimento estejam alinhadas com sua tolerância ao risco e metas financeiras.

Outra consideração importante é que apesar de **correlações relativamente baixas** dos setores defensivos e classes de ativos defensivas com o S&P 500, na verdade as correlações não são tão baixas e não são negativas. Em outras palavras, embora teoricamente esses setores e classes de ativos são defensivos, na prática, **essa proteção não é tão boa e ainda é variável ao longo do tempo**.

Opinião do Autor: A melhor maneira de implementar proteção contra riscos, volatilidades, incertezas, e mercados em baixa (*bear market*) é o Método SMIGRM, que você aprenderá no Capítulo 10.

Introdução ao Alpha e Beta em Investimentos em Ações

Alpha e Beta são métricas-chave na avaliação do desempenho e risco de investimentos no mercado de ações. Essas medidas ajudam os investidores a entender como uma carteira ou ação se comporta em relação ao mercado mais amplo.

Alpha (α)

Alpha mede o retorno excedente de um investimento em relação ao seu índice de referência. Indica se uma ação ou carteira superou ou ficou aquém do mercado, dado seu nível de risco.

Fórmula:

α = Retorno do Portfólio − [Taxa Livre de Risco + β (Retorno do Mercado – Taxa Livre de Risco)]

Interpretação:

- **Alpha Positivo (>0):** Superou o mercado após contabilizar o risco.
- **Alpha Negativo (<0):** Ficou aquém do mercado após contabilizar o risco.

Exemplo: Se uma carteira tem um retorno de 10%, a taxa livre de risco é 2%, o retorno do mercado é 8% e o beta da carteira é 1.2:

$\alpha = 10\% - [2\% + 1.2\ (8\% - 2\%)] = 10\% - 9.2\% = 0.8\%$

Esta carteira superou o mercado em 0.8%.

Beta (β)

Beta mede a sensibilidade de uma ação ou carteira aos movimentos do mercado. Quantifica o risco sistemático, refletindo quanto o preço do investimento muda em relação ao mercado.

Fórmula:

$$\beta = \frac{\text{Variância dos Retornos do Mercado}}{\text{Covariância entre o Retorno da Ação e o Retorno do Mercado}}$$

Interpretação:

- **Beta = 1:** Corresponde à volatilidade do mercado.
- **Beta > 1:** Mais volátil que o mercado (por exemplo, ações de tecnologia).
- **Beta < 1:** Menos volátil que o mercado (por exemplo, ações de serviços públicos).
- **Beta < 0:** Move-se inversamente ao mercado (por exemplo, ETFs de ouro).

Exemplo: Se o beta de uma ação é 1.5, espera-se que ela se mova 50% mais que o mercado. Se o mercado subir 10%, a ação pode subir 15%; se o mercado cair 10%, a ação pode cair 15%.

Modelo de Precificação de Ativos de Capital (CAPM)

O CAPM calcula o retorno esperado de um ativo com base em seu risco em relação ao mercado, ligando risco (beta) com retorno esperado.

Fórmula:

Retorno Esperado = Taxa Livre de Risco + β (Retorno do Mercado – Taxa Livre de Risco)

Componentes:

- **Taxa Livre de Risco:** Retorno de um investimento sem risco, tipicamente títulos do Tesouro dos EUA.
- **Retorno do Mercado:** Retorno médio do mercado (por exemplo, S&P 500).
- **Beta:** Mede a sensibilidade do ativo aos movimentos do mercado.

Interpretação:

- Se o retorno real exceder o retorno previsto pelo CAPM, a ação está subvalorizada e oferece um alpha positivo.
- Se o retorno real estiver abaixo do retorno previsto, a ação está sobrevalorizada e gera um alpha negativo.

Exemplo de Cálculo do CAPM:

- **Taxa Livre de Risco:** 2%
- **Retorno do Mercado:** 8%
- **Beta da Ação:** 1.2

Retorno Esperado = 2% + 1.2 (8% − 2%) = 2% + 7.2% = 9.2%

Se o retorno real da ação for 10%, ela tem um alpha positivo:

$\alpha = 10\% - 9.2\% = 0.8\%$

Casos de Uso Práticos

- **Alpha:** Usado por gestores de fundos para demonstrar sua capacidade de superar o mercado após ajustar o risco.

- **Beta:** Ajuda os investidores a entender a volatilidade da carteira e decidir se querem exposição a ações de alto risco/alto retorno ou investimentos estáveis e de baixo risco.
- **CAPM:** Auxilia na avaliação se uma ação está corretamente precificada, dado seu nível de risco e retorno esperado.

Conclusão

Alpha e beta fornecem insights críticos sobre desempenho e risco, ajudando os investidores a construir carteiras equilibradas alinhadas com seus objetivos e tolerância ao risco. O CAPM adiciona uma estrutura teórica para avaliar retornos esperados, ligando taxas livres de risco, prêmios de mercado e beta para guiar decisões de investimento. No entanto, embora essas métricas sejam valiosas, elas dependem de suposições (por exemplo, eficiência do mercado, dados históricos) e devem ser complementadas com análise qualitativa para uma tomada de decisão abrangente.

Introdução à Correlação e Seu Papel na Diversificação de Ações

A correlação mede o grau em que dois ativos se movem em relação um ao outro. É expressa como um valor entre -1 e 1:

- **+1:** Correlação positiva perfeita (ativos se movem na mesma direção).
- **0:** Sem correlação (ativos se movem independentemente).
- **-1:** Correlação negativa perfeita (ativos se movem em direções opostas).

Correlação e Diversificação

A diversificação reduz o risco da carteira ao espalhar investimentos em vários ativos. A eficácia da diversificação depende da seleção de ativos com correlações baixas ou negativas.

- **Correlação Positiva (+):** Adicionar ações positivamente correlacionadas oferece redução de risco limitada, pois tendem a se mover juntas.
- **Correlação Negativa (-):** Diversificar com ações negativamente correlacionadas reduz significativamente o risco ao compensar perdas em um ativo com ganhos em outro.

Exemplo: Adicionar uma ação de serviços públicos (baixa correlação com ações de tecnologia) a uma carteira predominantemente de tecnologia oferece melhor mitigação de risco do que adicionar outra ação de tecnologia.

Número de Ações e Efeitos Decrescentes da Diversificação

Pesquisas sugerem que os benefícios da diversificação diminuem além de um certo número de ações:

- **Estudos Chave:** Estudos, incluindo os de Evans e Archer (1968), indicam que a maioria dos benefícios da diversificação pode ser alcançada com 20 a 30 ações em diferentes setores e indústrias.
- **Ganhos Marginais:** Adicionar mais ações além desse ponto oferece redução de risco mínima, pois o risco sistemático (risco de mercado) não pode ser eliminado através da diversificação.

Implicação Prática:

- Os investidores podem alcançar uma diversificação eficaz com uma carteira de tamanho razoável, focando em ativos não correlacionados em vez de adições excessivas de ações.

Fronteira Eficiente de Markowitz

Definição:

- A Fronteira Eficiente, introduzida por Harry Markowitz em sua Teoria Moderna do Portfólio (MPT), representa o conjunto de carteiras ótimas que oferecem o maior retorno para um determinado nível de risco ou o menor risco para um determinado nível de retorno.

Conceitos:

- **Variância da Carteira:** O risco em uma carteira depende das correlações entre os ativos. Combinar ações não correlacionadas ou negativamente correlacionadas minimiza a variância.
- **Carteiras Eficientes:** As carteiras na fronteira são eficientes, pois maximizam os retornos para um determinado nível de risco.

Como a Correlação Afeta a Fronteira:

- Correlações baixas ou negativas entre ativos deslocam a Fronteira Eficiente para fora, permitindo maiores retornos com menor risco.
- Uma carteira com alta correlação entre ativos tem movimento limitado ao longo da fronteira, oferecendo menos benefícios de diversificação.

Exemplo de Otimização da Fronteira Eficiente:

- Uma carteira de 50% ações e 50% títulos geralmente tem um desvio padrão menor do que uma carteira 100% em ações, pois ações e títulos são frequentemente negativamente correlacionados. Essa combinação move a carteira mais próxima da Fronteira Eficiente.

Leia mais sobre Fronteira Eficiente de Markowitz no **Capítulo 14**.

Problemas da Diversificação, Correlação, e o Risco Sistemático Não-Diversificável

A correlação é fundamental para a diversificação, pois determina quão efetivamente o risco da carteira pode ser mitigado. Embora os benefícios da diversificação sejam substanciais até 20-30 ações, adicionar mais oferece redução de risco adicional negligenciável. A Fronteira Eficiente baseia-se nisso, otimizando a alocação de ativos para alcançar a melhor relação risco-retorno através da diversificação. Ao entender a correlação e aplicar os princípios de Markowitz, os investidores podem construir carteiras que minimizam o risco enquanto maximizam os retornos potenciais.

Realmente, não faz sentido ter carteiras com mais que 20 ações. Se seu assessor de investimentos montar uma carteira muito grande e faz um grande número de transações, desconfie. Ele pode estar propositalmente fazendo isso não para ajudar você a ter melhor resultado, mas se enriquecendo com comissões geradas às suas custas. Ou, na melhor das hipóteses, ele não conhece esse princípio ou não sabe o que está fazendo: está simplesmente "chutando" com a esperança de "vai que acerta".

No investimento prático, a correlação é uma ferramenta vital para construir carteiras diversificadas que possam suportar quedas de mercado. Ao selecionar ativos com correlação baixa ou negativa com o S&P 500, investidores podem reduzir o risco total do portfólio e melhorar a resiliência dos investimentos durante mercados em baixa. Porém o primeiro grande problema é que na prática virtualmente **não existem ativos que têm correlação negativa ou perto de zero com a bolsa (ou o S&P 500)**.

O segundo problema é que **diversificação apenas elimina o risco não-sistemático das ações**. **Diversificação não altera o risco sistemático**. Investidores passivos de índice estão geralmente super-diversificados porque os índices geralmente são compostos de muitas ações (como o S&P 500 que tem 500 ações dos mais variados setores econômicos). No entanto mesmo assim, existe o risco sistemático que é bastante grande. **Contra o risco sistemático, há poucas opções, entre elas o Método SMIGRM**. Vamos apesentar e discutir o Método SMIGRM no Capítulo 10.

Capítulo 8. Entenda o VIX ("Índice do Pânico") e o Mercado de Opções de Ações

Introdução ao Mercado de Opções de Ações nos Estados Unidos

O mercado de opções de ações é um componente essencial do sistema financeiro dos EUA, oferecendo aos investidores ferramentas versáteis para proteção, especulação e geração de renda. As opções são contratos derivativos que dão ao titular o direito, mas não a obrigação, de comprar ou vender um ativo subjacente a um preço especificado dentro de um prazo determinado.

Principais Tipos de Opções: Calls e Puts

Opções de Compra (Calls): Uma opção de compra dá ao titular o direito de comprar o ativo subjacente a um preço predeterminado (preço de exercício) antes que a opção expire. Casos de Uso:

- Especulação Altista: Os traders compram calls esperando que o preço da ação suba acima do preço de exercício, gerando lucros.
- Geração de Renda: A venda de calls cobertas permite que os investidores ganhem prêmios enquanto mantêm a ação subjacente.
- Alavancagem: As opções de compra proporcionam exposição aos movimentos das ações com menos capital do que a compra direta da ação.

Opções de Venda (Puts): Uma opção de venda dá ao titular o direito de vender o ativo subjacente ao preço de exercício antes da expiração. Casos de Uso:

- Especulação Baixista: Os traders compram puts antecipando que o preço da ação cairá abaixo do preço de exercício.

- Proteção: Os investidores usam puts para se proteger contra possíveis quedas no valor do portfólio.
- Geração de Renda: A venda de puts cobertas permite que os investidores ganhem prêmios e potencialmente comprem a ação a um preço mais baixo.

Volatilidade no Mercado de Opções

A volatilidade mede o grau de variação no preço de um ativo financeiro ao longo do tempo. No contexto das opções, ela desempenha um papel crucial na determinação do prêmio (preço) da opção. Maior volatilidade implica maiores oscilações de preço e, consequentemente, prêmios de opções mais elevados.

Tipos de Volatilidade:

- **Volatilidade Histórica**: Mede as flutuações de preços passadas do ativo em um período específico. Calculada usando o desvio padrão dos dados históricos de preço.

Cálculo da Volatilidade Histórica:

$$\text{Volatilidade Histórica} = \sqrt{\frac{\sum(R_i - \bar{R})^2}{N-1}} \times 252$$

Onde:

- R_i = Retornos diários
- $\bar{R}$ = Retorno médio diário
- N = Número de dias no período analisado
- **252** = Número médio de dias de negociação em um ano (para anualizar a volatilidade)

- **Volatilidade Implícita**: Reflete a expectativa do mercado sobre os movimentos futuros de preço, embutida no preço da opção. Derivada de modelos de precificação de opções (ex.: Black-Scholes) resolvendo o input de volatilidade que alinha o preço teórico com o preço de mercado.

A Volatilidade Implícita é um dos parâmetros mais importantes para se medir o nível de tensão e incertezas no mercado de ações e é o que dá origem ao famoso VIX (vulgo "índice do pânico") que iremos abordar com maiores detalhes mais adiante nesse capítulo.

A Volatilidade Implícita é calculada iterativamente inserindo os preços observados das opções em um modelo de precificação de opções, ajustando a volatilidade até que o preço do modelo iguale ao preço de mercado.

Implicações Práticas da Volatilidade:

- Prêmios de Opções: Alta volatilidade implícita leva a prêmios mais elevados, tornando as opções mais caras. Os traders frequentemente usam estratégias como vender opções durante alta volatilidade para capitalizar prêmios inflacionados.
- Avaliação de Risco: Maior volatilidade indica maior risco, mas também maior potencial de recompensa.
- Decisões Estratégicas: Considerações de volatilidade ajudam os investidores a escolher estratégias apropriadas, como comprar opções durante baixa volatilidade ou vender durante alta volatilidade.

Conclusão: O mercado de opções de ações dos EUA oferece diversas estratégias para gerenciar riscos, especular ou gerar renda por meio de calls e puts. Compreender a dinâmica da volatilidade, tanto histórica quanto implícita, é essencial para uma negociação eficaz de opções. Ao incorporar essas ferramentas de forma ponderada, os investidores podem ajustar suas abordagens para corresponder à sua tolerância ao risco e perspectiva de mercado.

Volatilidade Implícita e Seu Papel no Sentimento do Mercado

A Volatilidade Implícita reflete as expectativas do mercado em relação aos movimentos futuros de preço de um ativo, derivadas dos preços dos contratos de opções. Ao contrário da volatilidade histórica, que se baseia em dados de preços passados, a VI é prospectiva e ajuda a medir o sentimento dos investidores.

Está muito abstrato? Para entender, pense da seguinte maneira. O vendedor de proteção contra queda de preços de ações (por meio de Puts) precisa cobrar um prêmio como se tivesse vendendo um seguro. É na realidade um seguro pois você transfere para ele o risco de queda do preço de sua ação ou índice. Ele não pode simplesmente usar a volatilidade histórica no cálculo de precificação desse prêmio. Ele precisa adicionar uma margem contra o risco de incerteza futura. E ainda adicionar uma "gordurinha" a mais para ganhar um lucro na operação. O valor de volatilidade que ele usará nas fórmulas de precificação do prêmio é a Volatilidade Implícita.

Mas quando olhamos os preços de Puts (prêmios), como nós podemos saber a Volatilidade Implícita que o vendedor usou na precificação? Usamos a fórmula de Black & Scholes ao revés. Assim podemos determinar qual foi a Volatilidade Implícita que foi usada para o cálculo do prêmio.

Importância da Volatilidade Implícita

Indicador do Sentimento do Mercado:

- Alta VI indica que o mercado espera oscilações significativas de preço, muitas vezes impulsionadas pela incerteza ou medo (sentimento baixista).
- Baixa VI sugere um mercado estável, com menos volatilidade antecipada (sentimento altista).

Precificação de Opções:

- Maior VI resulta em prêmios de opções mais elevados, pois a probabilidade de movimentos maiores de preço aumenta.
- Os traders usam a VI para avaliar se as opções estão relativamente caras ou baratas.

Interpretação do Mercado:

- Aumento da VI frequentemente acompanha tendências baixistas ou incertezas elevadas.
- Queda da VI geralmente alinha-se com tendências altistas ou condições estáveis.

Entendendo o VIX (Índice de Volatilidade)

A volatilidade é sempre associada ao risco porque uma variável (por exemplo, o preço de uma ação) é volátil se for incerta. A incerteza muitas vezes leva a resultados negativos porque os investidores não gostam de incerteza e, mais frequentemente, vendem suas ações em massa (aversão ao risco).

O que é o VIX?

O VIX, frequentemente chamado de "Índice do Medo", mede as expectativas do mercado em relação à volatilidade nos próximos 30 dias. Ele se baseia na volatilidade implícita das opções sobre o índice S&P 500 (SPX).

Como o VIX é Determinado?

O VIX é calculado usando uma ampla gama de preços de opções do S&P 500, focando em opções de curto prazo com diferentes preços de exercício. A fórmula incorpora a média ponderada das volatilidades implícitas de calls e puts para estimar a volatilidade esperada.

Fórmula do VIX (Simplificada)

O VIX envolve a soma das variâncias derivadas dos preços das opções, ajustando para o tempo e sensibilidades de preço. Embora a fórmula exata seja complexa, a principal variável é a volatilidade implícita de uma ampla gama de opções do SPX.

O VIX é um índice calculado que mede a volatilidade esperada do índice S&P 500® nos próximos 30 dias, mas anualizada. Em outras palavras, o VIX é a variação esperada dentro de 1 desvio padrão nos próximos 30 dias expressa em termos anuais. Para converter o VIX em uma variação esperada de 1 dia no S&P 500®, tudo o que você precisa fazer é multiplicá-lo pela raiz quadrada de 252, que é o número de dias de trading em um ano (lembre-se de que o número do VIX é anualizado). Por exemplo, se o VIX for 10, a variação esperada de 1 dia pelo VIX é 10% x √252 = ± 0.63% por dia.

VIX	Daily S&P 500 +/- Change %
10	0.63%
20	1.26%
30	1.89%
40	2.52%
50	3.15%
60	3.78%
70	4.41%
80	5.04%
90	5.67%
100	6.30%

Uma regra prática amplamente utilizada é considerar um VIX de 30 como o limite entre um mercado volátil e um mercado calmo. Um VIX de 30 implica uma expectativa de 30% x √252 = ± 1.89% por dia.

O que o VIX Significa para os Investidores

Avaliação de Risco:

- Um VIX em ascensão sinaliza aumento da ansiedade do mercado ou expectativas de oscilações futuras de preço.
- Um VIX em queda sugere melhora na confiança dos investidores e estabilidade.

Implicações para Trading:

- **Hedge:** Os investidores usam produtos vinculados ao VIX (ex.: futuros do VIX ou ETFs) para proteger contra a volatilidade.
- **Timing:** Níveis extremos do VIX podem sinalizar fundos de mercado (VIX alto) ou complacência (VIX baixo), auxiliando estratégias contrárias. Estudos comprovam que o VIX sozinho **não** é uma medida confiável para determinar *timing*, porém é uma variável muito importante em sistemas de *timing*.

Níveis Chave do VIX e Sua Interpretação

- **Abaixo de 12:** Volatilidade extremamente baixa; complacência do mercado. Frequentemente precede uma correção, pois os investidores podem subestimar os riscos.
- **12–20:** Faixa normal, indicando um mercado estável. Reflete confiança moderada dos investidores.
- **20–30:** Volatilidade elevada; aumento da incerteza. Frequentemente coincide com recuos no mercado ou riscos geopolíticos/econômicos elevados.
- **Acima de 30:** Alta volatilidade; medo ou incerteza extrema. Tipicamente observada durante crises financeiras, vendas significativas ou grandes eventos geopolíticos.

Conclusão: A Volatilidade Implícita e o VIX fornecem insights críticos sobre o sentimento do mercado e expectativas de movimentos futuros de preço. Níveis altos de volatilidade implícita ou VIX sinalizam cautela, frequentemente alinhando-se com condições de mercado baixistas ou incertas, enquanto níveis baixos sugerem estabilidade e confiança.

Capítulo 9. Timing de Mercado para Máxima Performance: Alocação Dinâmica Contextual

Faça essa pergunta a si mesmo: **seus investimentos atuais dependem do mercado de ações estar sempre em alta**? Em outras palavras, se o mercado entrar em baixa (por exemplo, em 2022) ou ficar estagnado por longos períodos, o que acontecerá com seus investimentos? Eles sofrerão como resultado?

Aprendemos com a história que mercados de baixa (*bear market*) podem durar semanas, meses e até anos – o que você fará durante esses períodos se tiver uma **estratégia que só funciona apenas em mercados de alta?** Investidores precisam de **estratégias que ganhem dinheiro mesmo quando o mercado de ações está em baixa ou estagnado**. Ter uma estratégia altamente dependente de um mercado de ações sempre positivo é uma **receita para baixo desempenho a longo prazo**. Isso explica por que muitos fundos mútuos e *hedge funds* (multimercados) não apresentam números de desempenho nada impressionantes, especialmente quando o mercado não coopera. Em mercados em alta (*bull market*), todo mundo parece um gênio. Muitos culpam as taxas da indústria pelo baixo desempenho, mas acreditamos que o problema é bem mais em baixo.

Alocação Estática vs. Alocação Dinâmica Contextual

Esse é o primeiro pilar fundamental do SMIGRM que passaremos a introduzir agora.

Como se faz no mundo financeiro hoje para proteger investimentos de chuvas e trovoadas (crashes, quedas fortes e perdas) que certamente virão pela frente (só não se sabe quando e quanto)?

Alocação Estática: A Solução Adotada pela Indústria e Academia

A solução mais comum adotada pela indústria de gestão de investimentos para enfrentar quedas no mercado é a **alocação de ativos**. Quando a situação se agrava, é natural que realizem operações para proteger os portfólios ou implementar medidas de redução de riscos. Contudo, o elemento central continua sendo a alocação de ativos, que é mantida de forma fixa e balanceada tanto quanto possível. Até porque uma carteira bem planejada (ações bem escolhidas a dedo geralmente necessitam de um bom horizonte de tempo para darem resultado), seus gestores de carteiras não gostam de mudar a alocação, mas quando a queda forte vem, ela vem mesmo e sem avisar. Chamo esse tipo de alocação de ativos de **Alocação Estática** ou **Fixa**, que é o que a indústria financeira adota, porque a alocação não costuma variar em resposta ao que acontece no mercado. Em outras palavras, pode "chover canivete" no mercado, o mesmo se despencar, mas a mesma alocação se mantém fixa, imutável. Se for uma alocação 60/40 (a mais famosa da indústria financeira, ou seja 60% de alocação em ações e 40% em renda fixa), ela continuará 60/40, mesmo que o mercado esteja em alta ou em baixa.

Aliás ela foi construída assim justamente para que possa se dar bem em todo tipo de mercado (alta ou baixa). Se acredita que quando o mercado estiver em alta (*bull market*), a parte dos 60% de ações irá dar um ótimo resultado. Mas quando o mercado estiver em baixa (*bear market*), a parte dos 40% de renda fixa seja capaz de cobrir pelo menos boa parte das perdas da parte das ações. Ou seja, a alocação foi construída para enfrentar ambos cenários e não ser alterada em resposta ao mercado. É o que chamo de **Alocação Estática**.

A ideia por trás de uma carteira estática mista de ações e títulos de renda fixa (bonds) é a crença de que a correlação entre os retornos de ações e bonds é baixa, ou até mesmo negativa, o que significa que eles tendem a se mover em direções opostas. Teoricamente, se isso for verdade, os ganhos com bonds poderiam compensar ao menos parte das perdas com ações em momentos de dificuldades no mercado de ações.

Essa crença é tão forte que a indústria financeira criou recomendações-padrão para investidores de todas as diferentes faixas etárias. Para jovens, sugere-se uma maior proporção de ações em relação a bonds, como 80% em ações e 20% em bonds. Já para pessoas mais idosas, as recomendações indicam uma maior alocação em bonds e menor em ações. O motivo é simples: os jovens têm um horizonte de investimento mais longo, o que lhes permite enfrentar melhor as oscilações e quedas de mercado. Por outro lado, pessoas mais idosas, especialmente aquelas próximas da aposentadoria, não têm tanto tempo para recuperar-se perdas, por isso devem priorizar mais bonds que ações em suas carteiras.

Teoricamente parece perfeito... a indústria e a academia abraçaram isso como a solução definitiva. E vendem já empacotada para os clientes. E mesmo investidores que fazem tudo eles mesmos adotaram a mesma solução: montar carteiras diversificadas com ações de diversos setores e também com bonds e outros ativos. É a conhecida boa prática de não colocar todos os ovos na mesma cesta. Eu mesmo apreendi assim, sempre acreditei, e sempre montei carteiras com essa cabeça. Porém...

O Problema da Correlação

No entanto, essa **estratégia não é tão sólida quanto parece**. A história mostra que a relação entre ações e bonds é mais complexa do que se imaginava e se pressupunha. Estudos indicam que a correlação entre eles depende de múltiplos fatores que mudam o tempo todo como inflação, taxas de juros, expectativas de crescimento econômico e até a volatilidade do mercado de ações. Por exemplo, em 2002, o índice S&P 500® caiu 18,6%, mas **os bonds não compensaram essas perdas**. Pelo contrário, tiveram um dos piores desempenhos em 97 anos, com o Vanguard Total Bond Index mostrando uma perda de 13,7%. Ou seja, tanto ações quanto bonds de renda fixa caíram juntos, resultando em prejuízo, independentemente de como o portfólio estava alocado, se 80/20 ou 20/80, no fim todos perderam.

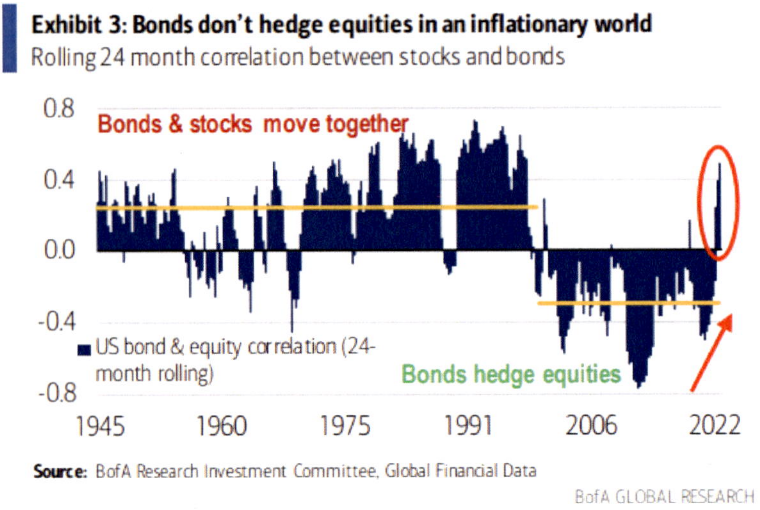

Veja quadro acima elaborado pelo Bank of America mostrando como a correlação entre ações e bonds ao longo da história desde o pós-guerra. Note que ele oscila. Há períodos nas quais a correlação é positiva e outros períodos em que a correlação é negativa. A sua amplitude também varia muito com o tempo.

Toda a base teórica que sustenta a Teoria de Carteira, Minimização de Risco de Carteiras, e Alocação Estática Tradicional está em cima da premissa de que a correlação entre os ativos da carteira seja baixa ou preferencialmente negativa. Como se vê, essa premissa é no final das contas muito fraca.

Não é para menos que investidores, amadores e profissionais, tem resultados fracos com o passar do tempo que eles não conseguem explicar. Não adianta ficar culpando o mercado toda vez que se tem baixo desempenho na bolsa. Uma das razões pode ser que a correlação mudou e você não ficou nem sabendo. Em 2022, imagina a quantidade de investidores "pegos de calças curtas" quando a correlação passou de negativa a positiva e imediatamente essas carteiras de ações e bonds de inúmeros investidores começaram a perder dinheiro pesadamente!

Mas e se em vez de bonds, que tem o problema da correlação, substituíssemos por outros ativos? Ótima idéia. Porém, encontrar ativos que tenham correlação negativa com ações, ou pelo menos, mesmo que seja positiva mas baixa correlação com ações é muito difícil. Eles praticamente não existem!

Long Term Investment Correlations. Time Period: 5/1/2009 to 4/30/2019

Investment	1	2	3	4	5	6	7	8
1 U.S. Large Blend	1.00							
2 Foreign Large Blend	0.88	1.00						
3 High Yield Bond	0.75	0.81	1.00					
4 Corporate Bond	0.30	0.45	0.69	1.00				
5 Intermediate Core Bond	0.14	0.30	0.52	0.95	1.00			
6 Intermediate Government	-0.26	-0.14	0.02	0.62	0.82	1.00		
7 Short Government	-0.15	-0.02	0.13	0.64	0.82	0.94	1.00	
8 Money Market–Taxable	-0.02	-0.03	-0.06	-0.04	-0.04	0.01	0.10	1.00

- 1.00 to 0.80
- 0.80 to 0.60
- 0.60 to 0.40
- 0.40 to 0.20
- 0.20 to 0.00
- 0.00 to -0.20
- –0.20 to –0.40
- –0.40 to –0.60
- –0.60 to –0.80
- –0.80 to –1.00

Source: Morningstar Direct.

Essa tabelinha é apenas um exemplo. Quase não existem ativos que tenham baixa correlação com ações que mantenham essa correlação constante ao longo do tempo e que também tenham um retorno esperado minimamente aceitável (você também não vai querer ativos muito fracos na sua carteira, não é mesmo?). O problema é que a quase totalidade de ativos numa economia se alinham de uma forma ou de outra com a própria economia. Assim, todos tendem a ter correlação positiva com ações...

Esse foi então o grande primeiro problema da Alocação Estática: - O Problema da Correlação.

Mas este não é o único problema da Alocação Estática. Tem outro tão problemático quanto...

O Problema do Retorno Atenuado

Mesmo se a premissa de correlação fosse válida, a estratégia de alocação estática ainda não seria ideal, pois ela sacrifica retornos em troca de segurança. Isso é visto como um "custo de proteção", mas acaba reduzindo o potencial de retorno, atenuando-o. Por exemplo, o fundo VBIAX da Vanguard é um bom fundo 60/40, que mantém uma alocação fixa de 60% em ações e 40% em bonds, gerou um retorno anualizado de 6,70% desde seu lançamento em 2000. As ações nos Estados Unidos representados pelo índice S&P 500 tem um retorno anualizado em terno de 8% a 12%. Assim, o retorno do VBIAX é baixo na comparação porque parte dos ganhos das ações auferidos em momentos bons foi sacrificada para cobrir perdas em períodos ruins.

Entenda o que está acontecendo. Sempre que você pega ativos de menor retorno potencial e menor risco para compor carteira com ativos de maior retorno e risco, você cria uma carteira mediana tanto no retorno como no risco. Baixar o risco é ótimo mas baixar o retorno potencial junto já não é uma boa idéia. Na alocação estática você faz exatamente isso. Você é obrigado a sacrificar o retorno das ações para se proteger de potenciais crashes e perdas que você não sabe nem quando virão e como virão – mas você sabe que virão. Como você não tem essa informação de *timing* dos crashes, você é obrigado a se precaver fazendo uma alocação 60/40 ou 50/50, por exemplo. Quando o crash vier, pelo menos suas perdas serão atenuadas. O problema é o custo disso: seus retornos também serão atenuados. E o pior, seus retornos serão atenuados com 100% de certeza se você fez alocação estática. O crash pode demorar a vir, mas você já saiu de cara com retorno atenuado em antecipação.

E esse é o segundo grande problema da Alocação Estática: - O Problema dos Retornos Atenuados.

Agora, talvez uma luzinha esteja acendendo no seu cérebro ao ler esse texto. Você poderia estar se perguntando: “E se ao invés de alocar na carteira ações e bonds para enfrentar qualquer cenário (alta ou baixa), a gente colocasse 100% de ações quando o mercado estiver em alta (*bull market*) e 100% e bonds quando o mercado estiver em baixa (*bear market*)?

Se você se fez essa pergunta, parabéns, você está no caminho de concluir o último pilar fundamental do SMIGRM.

Por que então não alocar 100% em ações em tempos bons e passar para 100% em bonds em tempos ruins, em vez de alocar rigidamente 60% em ações e 40% em bonds o tempo todo?

Se você fez essa pergunta, você está no caminho certo para um dos pilares fundamentais do SMIGRM, que detalharemos no Capítulo 10, logo a seguir. É o que chamamos de **Alocação Dinâmica Contextual (dependente do contexto)**.

Alocação Dinâmica Contextual: Uma Inovação que Muda o Jogo para Sempre

Veja o quadro abaixo para visualizar e contrastar a Alocação Dinâmica Contextual com a Alocação Estática Tradicional:

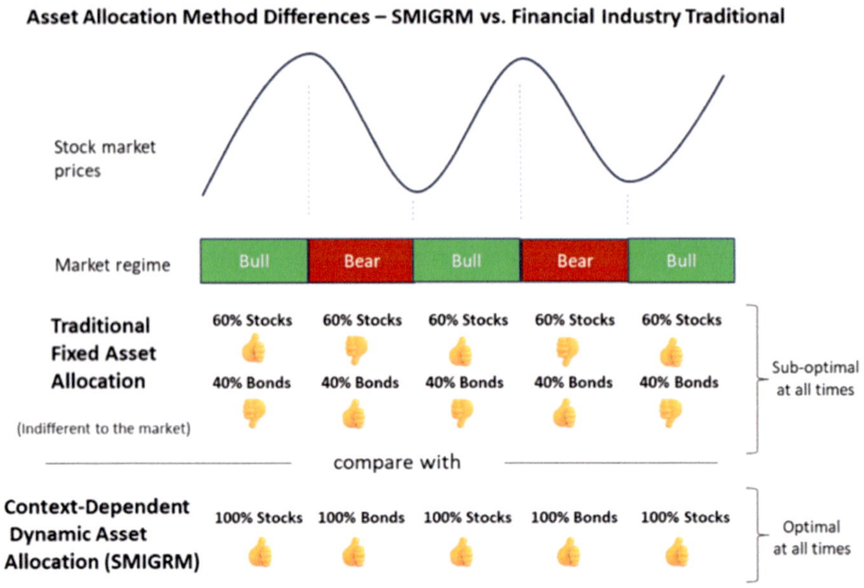

A idéia é adotar uma abordagem dinâmica baseada no contexto, em vez de manter uma alocação fixa e estática. Isso significa ajustar os ativos na carteira de acordo com o cenário atual, maximizando os retornos em vez de aceitar uma estratégia subótima em todos os cenários (alta ou baixa). Enquanto na Alocação Estática Tradicional, a alocação é imutável e independente do contexto ou ambiente de risco em sua volta, a Alocação Dinâmica Contextual irá rotacionar os ativos da carteira de acordo com o contexto ou ambiente de risco em sua volta a cada momento.

Veja no exemplo do quadro acima, quando o mercado estiver em alta (bull market), na Alocação Dinâmica Contextual, alocamos 100% em ações. Quando o mercado estiver em baixa (bear market), alocamos 100% em bonds. Em vez de ficar com a carteira sub-ótima em todos os cenários com a Alocação Estática Tradicional, vamos ficar com a carteira otimizada em todos os cenários com a Alocação Dinâmica Contextual. Essa é a diferença-chave que fará uma diferença crucial nos seus resultados ao longo do tempo.

SMIGRM chama essa maneira de alocação de carteiras de Alocação Dinâmica Contextual e o contexto é o ambiente de risco. A solução é aplicar uma **alocação de ativos dinâmica, orientada pelo contexto de risco atual**, ajustando sua exposição a ativos de risco (como ações) ou ativos de segurança (como dinheiro, ouro ou bonds) com base na leitura do ambiente — algo que o **indicador RISP 500™** foi projetado para fazer com excelência. O **indicador RISP 500™** foi criado para justamente consolidar a informação de risco de forma precisa e inequívoca, 100% baseado em dados extraídos do mercado em tempo real, para que possamos definir exatamente o ambiente de risco que nos encontramos a cada momento.

Em outras palavras, **em vez de manter uma alocação fixa e rígida que é subótima em todos os cenários, por que não combinar os ativos que melhor performam em cada cenário e substituí-los de acordo com cada cenário?**

Isso significa **estar otimizado o tempo todo em vez de subótimo o tempo todo**. Como definimos cenários ou contextos? O SMIGRM os define como o ambiente de risco correspondente. A razão ficará clara ao ler o resto deste capítulo, mas, em resumo, **ativos arriscados (por exemplo, ações) tendem a performar melhor sob ambientes de risco baixo e moderado. Em contraste, ativos seguros (por exemplo, T-Bills, ouro, etc.) tendem a performar melhor sob ambientes de alto risco.** Queremos dizer relativamente a outros ativos, é claro. Isso acontece devido à aversão ao risco dos investidores. Todos têm uma tolerância ao risco diferente, mas todos têm uma. À medida que o risco ou incerteza aumenta, os investidores tendem a se livrar de ativos mais arriscados, empurrando seus preços para baixo. Portanto, o SMIGRM exige uma medição contínua do risco no mercado (esta é a missão do RISP 500™: Índice de Risco para o S&P 500®) para orquestrar a **rotação entre ativos arriscados e ativos seguros**. É por isso que chamamos o processo de **Alocação Dinâmica Contextual**.

Eliminando Rigidez: o Problema das Idéias Fixas

Tão ruim quanto alocar ativos de maneira fixa, rígida ou estática, é ter uma crença fixa. Sabe aquela pessoa que é tão fixada em uma idéia, que "não há Cristo" que a convença do contrário? Você certamente já viu especialistas prevendo o fim do mundo para o mercado de ações ultimamente? Ano passado? Ano retrasado? Tenho certeza de que você até já conhece alguns deles. Especialmente quando o mercado de ações está indo muito bem, essas pessoas parecem gritar ainda mais alto. Elas assumem que tudo o que sobe tem que descer. Parecem são sempre as mesmas pessoas, os *permabears* (permanentemente crentes em *bear market*). Você acha esse tipo de conselho útil? O mercado de ações dos EUA teve uma performance impressionante desde o final da Segunda Guerra Mundial, são 80 anos de um longo *bull market*. Houve muitas quedas fortes, claro, algumas até espetaculares, mas, na maior parte, tem sido um mercado de alta persistente e longo.

Geralmente esses gurus nunca dão um prazo específico para suas previsões de quedas ou seus prazos são provados errados repetidamente. Eternos profetas do apocalipse realmente não ajudam ninguém. Podem assustar investidores iniciantes, mas a maioria das pessoas simplesmente os ignora após um tempo. Por outro lado, também existem os *permabulls*. Geralmente, estão no lado vendedor da indústria financeira. O mito de que "as ações sempre sobem a longo prazo" provavelmente também foi originado por eles. No entanto, nem *permabears* nem *permabulls* são úteis para ninguém. Eles não adicionam valor aos seus métodos e resultados de investimento, mas podem desestabilizá-los ao tirá-lo do curso por nenhuma razão plausível de tempos em tempos. Seus conselhos seriam valiosos apenas se pudessem também prever o tempo exato (ou mesmo aproximado) de uma queda. Todos já sabem que quedas ocorreram muitas vezes no passado e continuarão ocorrendo no futuro. Sem a informação crítica sobre o *timing*, honestamente, apenas gritar que o lobo mau estará vindo não ajuda ninguém.

Investir alocando dinamicamente em resposta a mudanças no mercado não significa que você precisa virar um trader. Tem muitos investidores que não querem virar traders ativos e nem tem tempo para isso e é totalmente compreensível. Mas ficar sentado na posição como um "Buy & Hold" totalmente passivo sem se importar se um crash está ocorrendo ou prestes a ocorrer tampouco é uma solução inteligente. Acreditamos que a melhor solução é algo no meio do espectro: investir pelo longo prazo mas de olho no mercado – não precisa ser o tempo todo a cada minuto como fazem os traders – mas uma vez por dia ou a cada poucos dias e tomar a devida ação para proteger seus investimentos é uma solução inteligente que a maioria das pessoas consegue fazer sem grande esforço.

Flexibilidade: Combinando os Melhores Ativos com seus Respectivos Ambientes de Risco

A solução começa com a compreensão de que cada tipo de ativo se comporta de maneira diferente em resposta a diferentes condições contextuais externas. Sob as condições certas, as ações terão seus melhores ou piores dias. O mesmo vale para qualquer outro tipo de ativo, como bonds, imóveis, ouro, etc. Isso é óbvio, mas poucos realmente criaram métodos ou modelos de decisão de investimento para explorar isso, porque o número de fatores a serem considerados é enorme e eles têm interdependências, tornando a tarefa muito complicada. Em nossa busca por soluções, enfrentamos os mesmos obstáculos. No entanto, focamos em um conjunto menor, porém crucial, de variáveis para simplificar esse problema enorme e concentramos nossos esforços apenas no mercado de ações (já que a maioria dos outros ativos tem correlações relativamente altas com ele). Este livro dará mais detalhes sobre como chegamos a essa solução (não fomos os únicos), mas posso adiantar aqui: nós elegemos ambientes de RISCO para definir contexto. Há duas razões óbvias para isso:

Princípio da Aversão ao Risco do Investidor: quando os riscos e a incerteza aumentam, os investidores buscam segurança vendendo ativos arriscados, o que, por sua vez, reduz seus preços, e vice-versa. Portanto, há mais do que correlação aqui; há **uma relação de causa e efeito**, que é uma relação inversa muito mais forte do que apenas correlação entre risco e a probabilidade de o mercado subir ou cair.

Retornos são produzidos pela tomada de riscos: como discutido anteriormente, você só teve o privilégio de ganhar um retorno por que tomou um risco. Há também uma forte **relação de causa e efeito** aqui: sem risco, sem recompensa; maior risco, maiores probabilidades de obter um retorno mais alto.

Ao categorizar vários níveis de risco no mercado de ações, a solução propõe investir apenas nos ativos de melhor desempenho para explorar cada nível de risco. Isso significa combinar os ativos certos com cada ambiente de risco contextual para maximizar o potencial de retorno. Isso também significa explorar os riscos para maximizar o desempenho do investimento, em vez de ser controlado por eles. Acreditamos que a **gestão de riscos deve ser mais ativa do que reativa**. Por exemplo, quando os riscos são altos, é hora de migrar para ativos mais seguros, como títulos do Tesouro (bonds), fundos do mercado monetário, ouro ou até mesmo *cash* (dinheiro). Mas quando os riscos são baixos, invista em ativos de risco como ações, ETFs de índice e até ETFs alavancados.

Agora, compare essa abordagem dinâmica de alocação de ativos, dependente do contexto, com a abordagem estática de alocação de ativos adotada pela maioria da indústria de gestão de investimentos, ou até mesmo com a abordagem "Buy & Hold" permanente. Qual você acha que deveria, logicamente, ter um desempenho superior? Pense nisso. Quantas carteiras, cuidadosamente e habilmente planejadas, prosperaram ou pelo menos sobreviveram aos impactos das fortes quedas do mercado em 2000, 2008 ou 2020? Não importa quais porcentagens são alocadas em ações, bonds, commodities, imóveis, etc. — é apenas uma questão de qual alocação perdeu mais ou menos dinheiro, porque todas perderam ou não ganharam o que poderiam ter ganho se tivessem adotado uma estratégia de alocação dinâmica e dependente do contexto para se ajustar às mudanças das condições de mercado de forma oportuna.

Percebe a diferença? No livro, você descobrirá por que Alocação Dinâmica Contextual é o primeiro passo em direção a um método robusto de Investimento no "Mercado de Ações Guiado por Gestão de Riscos" (SMIGRM).

Timing de Mercado por Alocação Dinâmica Contextual para Máxima Performance

Com a Alocação Dinâmica Contextual, guiado pelo indicador de risco RISP 500, que introduziremos no Capítulo 10 junto com o Método SMIGRM, possibilitará ao investidor fazer exatamente o timing do mercado!

Aprenderemos que quando o indicador de risco RISP 500 mostra elevação de risco no mercado acima de patamares de tolerância de risco pré-definidas por cada investidor, ele será sinalizado para vender suas posições de risco no mercado (suas ações, etc.) e buscar ativos seguros. Mas quando o indicador RISP 500 mostrar que o risco no mercado baixou para patamares dentro de sua tolerância de risco, o investidor poderá voltar recomprar suas ações.

Dessa forma, o investidor estará não apenas implementando a Alocação Dinâmica Contextual como também executando o *timing* de seus investimentos no mercado. No Capítulo 10, ficará mais claro o porquê mas comparado com a tradicional alocação estática (60/40 ou *All Weather*, etc.), a Alocação Dinâmica Contextual acabará resultando em:

- Maior retorno
- Menor risco
- Melhor desempenho (maior relação retorno/risco)

Muita gente acha que *market timing* é coisa impossível. Traders geralmente usam análise técnica (grafista) para se orientarem na execução de *market timing*. Mas muita gente não gosta de análise técnica. É baseada em históricos passados de tendências e formações nos gráficos mas sem rigor científico ou uma formulação objetiva na qual todos possam concordar. Diferentes analistas técnicos olhando para os mesmos gráficos podem chegar a diferentes conclusões. Em outras palavras, existe muito espaço para a subjetividade do analista. Por outro lado, esse problema não existe com Alocação Dinâmica Contextual no Método SMIGRM.

Não Existe Mau Tempo; Apenas Roupas Inadequadas

Como você pode ver, o mesmo acontece com o investimento em ações: **não existe mercado ruim; apenas ativos errados investidos em momentos errados, sob circunstâncias desfavoráveis**.

Agora, você pode perguntar: e as chamadas carteiras "***all weather***" (para todos os climas)? Essas carteiras, especialmente projetadas para resistir a todos os tipos de condições do mercado, resolveriam o problema? Bem, vamos examinar como essas carteiras são construídas. Se você ler o prospecto do fundo, descobrirá facilmente que ainda é mais uma carteira estática. Apenas é mais diversificada do que a maioria dos fundos, com outras classes de ativos incluídas, como ações, bonds, ouro, commodities e cash. Certamente, ela pode resistir melhor a "maus tempos" (quedas do mercado) do que carteiras compostas apenas por ações ou por ações e bonds, mas, ao fixar a alocação e torná-la amplamente insensível às mudanças nas condições do mercado ao longo dos ciclos, ela sacrifica seriamente os ganhos durante os booms do mercado de ações.

Agora, considere isto: não seria mais inteligente combinar o ativo de melhor desempenho especificamente para cada contexto ou cenário externo que surgir?

Veja, não há como contornar esse problema resultante de alocações de carteira fixas e estáticas. Você pode argumentar que, como todos na indústria de gestão de investimentos fazem as coisas de certa maneira, deve ser a maneira certa ou o que é chamado de melhores práticas, certo? Sim, mas apenas até que apareça alguém que encontrou maneiras melhores de fazer as mesmas coisas: isso se chama progresso. Isso se chama evolução. É hora de a indústria de gestão de investimentos repensar as formas antigas e tradicionais (que só servem os interesses da própria indústria e não dos clientes) e começar a evoluir novamente.

Se você ainda não estiver convencido, deixe-me oferecer uma analogia simples para mostrar o absurdo da situação. Suponha que você esteja construindo ou investindo em uma carteira "***all weather***" gerida profissionalmente com a seguinte alocação (muito típica):

- 40% Ações
- 40% Bonds
- 10% Commodities
- 10% Ouro

... e você mantém essa alocação para enfrentar mercados em alta, mercados em baixa, booms econômicos, recessões, inflação e taxas de juros altas e baixas, etc. O que acontecerá? Simples: a cada momento, com um contexto externo diferente (ou "clima"), parte da sua carteira terá um desempenho excelente, enquanto o restante terá um desempenho ruim. No geral, você se sairá um "mais ou menos", com um retorno abaixo do potencial. Afinal, a carteira foi projetada para funcionar exatamente assim. Como resultado óbvio, ela provavelmente nunca terá um desempenho muito bom, na média ou como um todo, no longo prazo.

Agora, vou apresentar a analogia: você está prestes a sair para uma longa viagem *outdoor* cheia de aventuras. Digamos que você esteja caminhando e explorando uma trilha por campos e florestas com muita natureza e *outdoors*. Como você sabe que possivelmente encontrará diferentes tipos de clima (calor, frio, chuva, neve, vento, etc.), você deve estar preparado. Então, antes de sair de casa, você vestirá:

- 40% Camisetas
- 40% Capa de chuva
- 10% Jaqueta de inverno
- 10% Roupa de manga comprida

Você realmente vestiria todo esse *patchwork* de peças de roupa **ao mesmo tempo** (e as **manteria durante toda a viagem**), como prescrito? Ou você preferiria simplesmente usar apenas o que é apropriado para o momento e levar o resto na mochila? Se você respondeu "sim", por que faria o mesmo com sua carteira de investimentos? Torna-se tão óbvio quando paramos para pensar logicamente.

Portanto, em nossa visão, as carteiras devem ser gerenciadas de forma ativa, alterando dinamicamente a alocação em resposta às mudanças nas condições do mercado. Isso significa rotacionar os ativos imediatamente conforme a situação se desenrola em diferentes "condições climáticas". Mas então, a próxima pergunta é: como isso pode ser feito?

Acreditamos que o denominador comum que consolida as informações de cada cenário contextual é o RISCO. Isso porque, além das duas razões principais apresentadas anteriormente, o risco consolida todas as preocupações, incertezas e medos do mercado em um único número mensurável a qualquer momento. Ao medir o risco no sistema a cada momento, podemos ter uma boa visão das mudanças no "clima" do mercado e responder adequadamente.

É exatamente por isso que o Método SMIGRM significa *Investimento no Mercado de Ações Guiado por Gestão de Riscos* em inglês. A Gestão de Riscos pode e deve ser usada de forma proativa (em vez de reativa) e assumir o papel central de orientar as decisões de investimento. Como mostraremos no Capítulo 10, o risco tem uma relação direta com as probabilidades de o mercado de ações subir ou cair (lembre-se de que isso se deve ao princípio da aversão ao risco). **Afinal, já que o investimento no mercado de ações é um negócio arriscado e você só pode esperar ganhar um retorno se assumir riscos, não seria natural usar as informações de risco para orientar as decisões de investimento?**

Muitas vezes, é nas coisas simples da vida que podemos encontrar a maior sabedoria. Filtre todo o ruído, a confusão e as complexidades da vida moderna. Volte ao básico e reflita. Às vezes, a resposta pode ser encontrada na imprevisibilidade da vida ou em coisas de senso comum, tão simples quanto usar as roupas certas para as diferentes condições climáticas que encontramos pela frente.

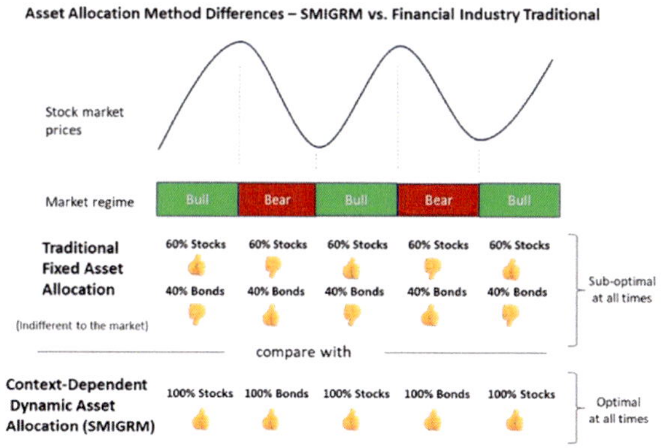

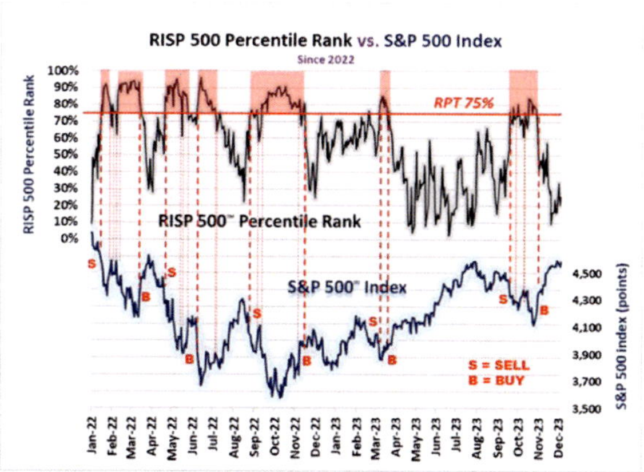

Capítulo 10. Método SMIGRM: "Stock Market Investing Guided by Risk Management"

Neste capítulo apresentaremos algo excepcional que você não encontrará em nenhum outro livro ou curso de outro autor. É o Método SMIGRM que tem provado dia após dia, mês após mês, e ano após ano, de ter sido extremamente útil, senão, crucial para atingir resultados excepcionais, incluindo ter:

- Evitado todos os crashes da bolsa americana desde sua criação e implementação, inclusive correções sérias que ocorrem mais frequentemente.

- Reduzido *drawdowns* por todo o horizonte de investimento, inclusive na média e no máximo *drawdown* experimentado no período.

- Funcionado como uma ótima ferramenta de *market timing* sinalizando ótimos pontos de entrada e saída do mercado na grande maioria das vezes, principalmente nos momentos mais críticos, quando se avalia o passado pós investimento.

- Resultado em performance superior do ponto de vista de indicadores de performance como o RoMaD (*Return Over Maximum Drawdown*). Em outras palavras, SMIGRM possibilitou que investidores maximizassem retorno por cada unidade de risco assumido.

- Batido o S&P 500, que é uma tarefa extremamente difícil para a grande maioria de investidores e gestores profissionais de carteira e fundos.

Esse capítulo é o coração deste livro – o mais importante. É o que diferencia de todos os demais livros que tratam desse assunto de investimento na bolsa dos Estados Unidos. SMIGRM funcionou para nós por mais de uma década (sofreu ajustes e melhorias contínuas com o tempo) e para muitos que a seguem hoje. Tenho certeza que funcionará também para você e tantos outros que quiserem e souberem implementá-la.

Melhor Alternativa a uma Bola de Cristal?

Imagine por um instante um mundo onde fosse possível saber com antecedência — especialmente antes de todo mundo — para onde o mercado está indo ou qual será o próximo preço de uma ação a saltar na telinha do computador. Isso resolveria todos os nossos desafios como investidores e traders, não é mesmo? Teríamos uma vantagem imensa, descomunal. Evitaríamos todas as quedas e aproveitaríamos ao máximo todas as altas. Seríamos capazes de fazer o timing de mercado com perfeição!

Agora, voltando à realidade: não existe bola de cristal. Mas, então, qual seria a melhor alternativa para nos guiar em um mundo tão imprevisível? Afinal, basta uma única operação ou decisão errada ou uma queda súbita no mercado para apagar todo o desempenho que levamos meses ou até anos para construir.

Pare agora e reflita: você está usando as MELHORES ferramentas para gerir seus investimentos? Essas ferramentas estão de fato protegendo seus lucros nas quedas de mercado e ajudando a aproveitá-los nos ralis de alta? E o mais importante: você está sendo recompensado de forma justa pelo risco que está assumindo?

Quando você escuta "gestão de riscos", o que vem à mente? Talvez termos como VAR, stop loss, hedge, diversificação, beta, índice de Sharpe, simulações, volatilidade e correlação. Tudo isso é muito útil e tem seu valor analítico. Mas essas ferramentas foram projetadas apenas para gerenciar o risco — não para evitá-lo antes que o pior aconteça. Elas controlam sua exposição ajustando ou protegendo posições, mas não avisam quando é hora de sair completamente do risco. Em outras palavras, elas são feitas para serem acionadas quando já se perdeu um bom dinheiro de forma reativa a uma situação desfavorável já em curso.

Se você tivesse uma bola de cristal, não precisaria de nada disso. Estaria fora do mercado bem antes das quedas mais violentas. Mas como ela não existe, o que fazer?

Uma Solução Emerge: SMIGRM e RISP 500™

O método SMIGRM (do inglês, Investimento no Mercado de Ações Guiado por Gestão de Riscos) apresenta uma abordagem em que o risco deixa de ser apenas algo a ser administrado e passa a ser utilizado, ou até explorado, de forma estratégica. Pense nisso. Vamos dar alguns passos para trás até o mais básico. Como você ganha dinheiro no mercado de ações? Tomando riscos! O lucro nos mercados é gerado justamente porque aceitamos assumir riscos. Mas... quando você resolve tomar decisões de investimento, como montar uma carteira de ações, será que o risco está no centro das suas decisões? Provavelmente não — e a culpa não é sua. Ferramentas adequadas para isso nunca existiram... até agora.

Com o SMIGRM, que passaremos a explicar com detalhes a seguir, a gestão de riscos assume um papel central e proativo. Este capítulo mostrará como o SMIGRM e o indicador RISP 500™ vêm revolucionando a maneira como a gestão de riscos é utilizada — transformando-se na melhor alternativa a uma bola de cristal. Parece exagero? Talvez. Mas acreditamos que você ficará positivamente surpreso. Continue lendo e tire suas próprias conclusões.

Criando um Roteiro para o Sucesso em Ambiente de Risco

O método SMIGRM está ganhando popularidade rapidamente nos EUA, mas for uma novidade para você, não se preocupe porque será fácil compreendê-lo. Neste livro, vamos te conduzir passo a passo, sempre com lógica e clareza.

Para começar, é essencial que você conheça os **quatro pilares fundamentais** do método SMIGRM. São eles:

- **A Dualidade Risco vs. Retorno**
- **Mundo Determinístico vs. Probabilístico**
- **A Fórmula do Sucesso: Vantagem Estatística + Retorno Assimétrico + Lei dos Grandes Números**
- **Alocação Estática vs. Alocação Dinâmica Contextual**

Esses conceitos são a base que sustenta a filosofia do SMIGRM, por isso serão apresentados antes mesmo de entrarmos no núcleo prático do capítulo. Nosso objetivo é te preparar — tanto no plano conceitual quanto prático — para uma nova forma de pensar investimentos, e investir de forma muito mais inteligente e segura.

Esperamos que esta jornada seja não apenas educativa, mas também transformadora. E que ela abra seus olhos para um novo universo de possibilidades, com potencial real de melhorar substancialmente seus resultados como investidor individual ou gestor de patrimônio.

As Preferências dos Investidores Estão Evoluindo

Antes de mergulharmos nos conceitos centrais do método SMIGRM, vale a pena dar um passo atrás e observar duas grandes tendências que estão moldando o comportamento dos investidores neste início de século XXI.

A primeira grande tendência é a adoção acelerada de **fundos de índice**. Desde que surgiram nos anos 1990 como alternativa aos fundos mútuos tradicionais, os ETFs que replicam os principais índices de ações — como o S&P 500® e o Nasdaq 100® — ganharam enorme popularidade. Isso porque oferecem uma forma simples, acessível e barata de investir no mercado acionário, o que atrai desde iniciantes até investidores mais experientes.

A segunda grande tendência é o crescimento constante do chamado **Investidor DIY (Do It Yourself, ou "faça você mesmo")**. Cada vez mais pessoas estão assumindo o controle de seus próprios investimentos, tomando decisões por conta própria, sem depender totalmente de consultores financeiros. Essa mudança é impulsionada, em grande parte, pela democratização da informação e da tecnologia. Hoje, basta um celular ou computador com acesso à internet para que qualquer pessoa possa aprender, operar e monitorar sozinha seus investimentos.

Esse movimento do "faça você mesmo" não está restrito ao campo das finanças. Ele se repete em outras áreas da vida: saúde, educação, tecnologia, empreendedorismo, etc. As pessoas estão menos dependentes de autoridades tradicionais como médicos, advogados, contadores ou consultores. A internet e agora a inteligência artificial tornaram-se fontes primárias de informação. Isso mudou radicalmente a forma como lidamos com conhecimento e decisões importantes.

Para os profissionais — como consultores financeiros e gestores de patrimônio — isso representa um grande desafio: **é preciso entregar mais valor do que nunca**. Oferecer orientação básica já não é suficiente. O investidor moderno quer resultados, proteção contra perdas, transparência e controle. E, acima de tudo, quer saber que está sendo bem recompensado pelo risco que está assumindo.

Diante desse cenário, precisamos repensar as ferramentas e os métodos que usamos para investir. E é exatamente isso que este capítulo propõe fazer: **apresentar uma nova abordagem, mais adequada aos tempos atuais e às novas expectativas dos investidores.**

O Segredo da Performance de Investimentos em um Ambiente de Incertezas

Com o passar do tempo, me tornei cada vez mais convencido de uma verdade simples, mas profunda: **o segredo desse sucesso está escondido à vista de todos — em toda parte do universo**.

Como seres humanos, temos uma tendência natural a querer relacionar causa e efeito de maneira direta e previsível. Aprendemos que, se estudarmos, tiramos boas notas. Se trabalharmos duro, somos recompensados. Se tomarmos um remédio, ficamos curados. Se rezarmos o bastante, nossos desejos serão atendidos. Se investirmos com base no que aprendemos em finanças, teremos bons retornos. Essa visão determinística do mundo nos dá conforto e a sensação de controle. Ela funciona muito bem em áreas como a física clássica — por exemplo, com a Lei da Gravidade de Newton, sabemos exatamente como um objeto vai se comportar ao cair.

Mas o problema é que **o mundo real — especialmente o dos investimentos — não funciona assim**. Ele é incerto, imprevisível e está em constante mudança. E, nesse tipo de ambiente, fórmulas determinísticas e modelos estáticos raramente entregam resultados previsíveis e consistentes.

Apesar disso, muitos métodos de investimento amplamente ensinados e utilizados ainda operam como se vivêssemos em um mundo previsível. O investidor analisa empresas com afinco, monta uma carteira equilibrada, espera pacientemente pelos frutos e revisa periodicamente. Parece lógico, não? Então por que tantos investidores (profissionais e amadores, experientes e iniciantes) falham em obter retornos com consistência ao longo do tempo? Por que quem ganha hoje, perde amanhã e a vida de um investidor parece um ioiô? A resposta está justamente na **natureza probabilística do mercado**.

Vivemos em um mundo de probabilidades, não de certezas. E isso se aplica com ainda mais força ao mercado financeiro. O risco — esse conceito tão presente no vocabulário dos investidores — existe porque **não sabemos o que vai acontecer amanhã**. Os preços mudam. O contexto muda. O que hoje é uma oportunidade, amanhã pode ser uma armadilha. Tudo está em movimento constante.

Nesse cenário, **usar métodos de investimento que ignoram essa variabilidade é como pilotar um carro de corrida com os olhos fechados esperando que a pista nunca faça curvas**.

É por isso que este capítulo propõe uma nova abordagem. Em vez de lutar contra a incerteza, **vamos aprender a usá-la a nosso favor**. Sabe quem sabe fazer isso com maestria?

Cassinos, seguradoras, e fundos de capital de risco (*venture capital*).

Cassinos são o exemplo mais notório de quem opera jogos em ambiente de risco e incertezas. Seguradoras precificam apólices de seguros baseadas em ciência atuarial, que envolve sérios estudos estatísticos de sinistros e os fatores que afetam a probabilidade de ocorrência dos mesmos. Assim como cassinos e seguradoras, os fundos de capital de risco (*venture capital*) que investem em empresas nascentes (*startups*) que ainda não se provaram no mercado só conseguem sobreviver e ainda ganhar muito dinheiro operando em ambientes de alta incerteza porque sabem lidar muito bem com probabilidades. Esses fundos tipicamente investem pequenas quantias em um grande número de *startups*. A grande maioria desses investimentos não irá nem retornar o capital investido e os fundos sabem disso. E não adianta fazer análise fundamentalista nessas empresas porque não é a ferramenta adequada.

O segredo do sucesso nessas empreitadas assim como em investimento no mercado de ações está em aplicar três conceitos fundamentais, amplamente usados por algumas das indústrias mais bem-sucedidas em ambientes de altíssimo risco, como cassinos, seguradoras e *venture capital* (fundos de capital de risco):

- **Uma Pequena Vantagem Estatística**
- **Um Retorno Assimétrico**
- **A Lei dos Grandes Números**

Essa é a fórmula para investir com inteligência em um mundo incerto ou probabilístico. Vamos mergulhar em cada um desses pilares logo a seguir — e mostrar, com exemplos práticos, como eles podem ser aplicados no seu próprio processo de investimento. Quando bem utilizados, esses princípios permitem ao investidor individual **jogar o jogo com as probabilidades a seu favor — exatamente como fazem os cassinos.**

E isso muda tudo.

A Fórmula do Sucesso: Vantagem Estatística + Retorno Assimétrico + Lei dos Grandes Números

Se vivemos em um mundo onde o futuro é incerto e os resultados são imprevisíveis, então não faz sentido usar ferramentas que tratam tudo como se fosse determinístico ou garantido. Infelizmente, isso ainda é muito comum no mundo dos investimentos. Modelos de *valuation*, projeções de preço, análises técnicas ou fundamentalistas... muitos deles funcionam como se estivéssemos lidando com leis da física, onde tudo é previsível. É claro que quem usa essas ferramentas sabe que existe incerteza no mercado de ações. Mas as ferramentas, métodos e modelos não incluem probabilidade e estatística dentro deles. Então na prática, apesar do usuário saber que existe muita incerteza em seus cálculos, estes não tratam a incerteza matematicamente em seus resultados e portanto levam a conclusões implicitamente assumindo um alto grau de determinismo.

A verdade é que esses métodos de investimento, que são consagrados ao longo de décadas, aceitos e usados por toda a indústria financeira e também ensinados em escolas de negócios, assumem que o mundo é mais ou menos determinístico e que nós, humanos, temos mais controle sobre os resultados do que realmente temos. Infelizmente, o mundo real não é nada disso. Qualquer ativo que pareça subvalorizado ou supervalorizado hoje provavelmente não parecerá o mesmo amanhã porque o ambiente está constantemente mudando. É um alvo em movimento e não pode ser determinado com precisão porque o contexto subjacente também está sempre mudando.

Em nossas vidas, é ótimo quando sentimos que temos o processo todo de qualquer coisa sob controle, porque não haverá surpresas. Em contraste, não gostamos de processos aleatórios que não podemos controlar. Não nos sentimos seguros e no controle da situação. Até Einstein se incomodou com a aleatoriedade do mundo quântico — ele disse uma vez, famoso, que "Deus não joga dados com o universo". Como seres humanos, realmente não gostamos de relações não determinísticas. Mas elas estão por toda parte na natureza. Todo o universo é não determinístico. E assim é o resultado de tudo o que fazemos. O universo é aleatório. Tudo o que acontece na vida é não determinístico. Vivemos na verdade em um mundo probabilístico. Desculpe, Professor Einstein, mas Deus joga dados com o universo. Você já ouviu a expressão "jogo de números"? Nos negócios, tudo é um jogo de números. Para vendas e marketing, por exemplo, não existe uma única mensagem de anúncio ou método de marketing que ressoe com todos, resultando em 100% de sucesso. Haverá mensagens melhores e piores, mas ainda será um jogo de números. Então, aqui é onde a solução começa: Probabilidade e Estatística.

Em investimentos, quando investidores ignoram probabilidades focando-se somente nas virtudes projetadas de um investimento, estão fazendo apostas que no fim são mais arriscadas do que percebem ou menos arriscadas do que gostariam. As consequências da primeira situação são perdas muito frequentes que podem superar ganhos. As consequências da segunda situação são ganhos inexpressivos abaixo do potencial. Em ambas situações, não medindo-se riscos adequadamente *antes* de se embrenhar nos investimentos invariavelmente resulta em *underperformance* (desempenho fraco) no longo prazo: seja por fortes perdas causadas por crashes de mercado de tempos em tempos ou por má remuneração pelos riscos assumidos.

Então, como navegar por esse ambiente tão incerto que é o mundo dos investimentos? A resposta está em usar uma ferramenta, método, ou modelo que tenha dentro dele uma abordagem intrinsicamente **estatística** — mais especificamente, em uma fórmula que combina três ingredientes poderosos:

1. Criar uma Pequena Vantagem Estatística

A lógica aqui é simples: **você só entra em uma operação quando as chances estão a seu favor**. Isso é o que um cassino faz. Ele não sabe se vai ganhar ou perder numa jogada específica, mas sabe que, ao longo do tempo, se tiver uma pequena vantagem estatística — já será o suficiente para garantir lucros consistentes no longo prazo.

Veja, o cassino não precisa de uma grande vantagem para garantir que a casa sempre ganhe no longo prazo. Por exemplo, quando se joga a roleta, o máximo que um jogador consegue ganhar para uma aposta de número único é de 36 a 1. No entanto, se observar as rodas de roleta com atenção, verá que além de ter os números de 1 a 36, também têm 0 e às vezes um 00 também. As probabilidades reais então são de 37 a 1 ou 38 a 1, e não as 36 a 1 como pode parecer à primeira vista. A vantagem da casa, com essas probabilidades a seu favor, representa o lucro bruto médio que o casino pode esperar com confiança ao longo de muitas jogadas. O cassino não pretende quebrar um jogador em uma única sessão - apenas quer ter certeza de que, a longo prazo, os jogadores saem com um pouco menos de dinheiro do que entraram, deixando o lucro da casa nos cofres da casa. Dessa forma, **mesmo num ambiente de incertezas**

como num jogo de roleta, o cassino consegue aplicar as leis da probabilidade e estatística a seu favor para que praticamente garanta um resultado positivo a seu favor.

No mercado de ações, essa vantagem estatística pode vir, por exemplo, de uma ferramenta que te informa quando o ambiente está mais propício para subir do que cair em termos probabilísticos— como o **indicador RISP 500™**, que apresentamos neste capítulo. Se você só operar quando as probabilidades estiverem ao seu favor, você estará "jogando como a casa" emulando a estratégia dos casinos em ambientes de incerteza— e isso muda completamente o jogo.

2. Criar um Retorno Assimétrico Favorável

Quando você arrisca seu dinheiro, o ideal é que a **possível recompensa seja muito maior que a perda potencial**. Se você arrisca perder R$ 1, deveria buscar ganhar R$ 2, R$ 3 ou mais, por exemplo. Essa assimetria fará toda a diferença nos seus resultados ao longo do tempo.

Como inspiração, veja como os fundos de capital de risco fazem isso. Estudos evidenciam que 58% das startups que eles investem tipicamente nem retornam o capital investido. Isso que é alto risco! Então eles precisam de pelo menos algumas startups que retornem de 5x-10x o capital investido ou mais para cada 100 startups que investem apenas para sobreviver no jogo. Eles geralmente têm como meta startups com potencial mínimo de 10x. Para startups em estágio inicial, em fase de idéia ou incubação, os investidores miram até 30x! Senão, não vale a pena nem tentar e é por isso que eles filtram a vasta maioria das propostas que lhes são apresentadas. Isso é necessário para garantir que os poucos "unicórnios" altamente lucrativos compensem adequadamente as perdas incorridas pela maioria das apostas perdedoras feitas em um negócio tão arriscado. Veja, quanto menores as chances de sucesso (ou quanto maior o risco envolvido) de uma empreitada - qualquer empreitada - mais forte deve ser o retorno assimétrico exigido. Claro, investir no mercado de ações geralmente é muito menos arriscado do que investir em capital de risco (apenas um exemplo extremo para ilustrar o ponto), mas a lógica é exatamente a mesma. Assim como o cassino manipula o jogo a seu favor e como um fundo de capital de risco opera num ambiente de muita incerteza, como você pode implementar um retorno assimétrico em sua própria estratégia de investimento no mercado de ações? Aqui vai uma sugestão. Basta adotar um posicionamento comportamental que garanta que você corte suas perdas rapidamente e deixe seus lucros correrem ilimitadamente.

Infelizmente, a maioria dos investidores faz o contrário: quando suas ações caem de preço, eles mantém as ações na esperança que elas voltem a subir para ao menos recuperar o capital investido. Isso acontece porque ironicamente odeiam perder mas o perigo está justamente em continuar mantendo uma posição perdedora que pode ser avolumar. E quando suas ações estão em alta, eles vendem rapidamente realizando pequenos lucros, também ironicamente por medo de perder o ganho. Resultado: **perdem muito quando erram e ganham pouco quando acertam**. Isso precisa ser invertido!

Outra maneira prática de aplicar essa ideia é usar ordens de stop loss para limitar as perdas — e deixar os lucros crescerem sem interrupção. Por exemplo: se uma ação vale R$ 10 e você estima que ela pode subir até R$ 16, pode colocar um stop em R$ 8. Ou seja, está arriscando R$ 2 para tentar ganhar R$ 6 — um retorno de 3 para 1. Isso é retorno assimétrico. Ou seja, essa é outra maneira de criar a configuração básica para ter retorno assimétrico favorável.

3. A Lei dos Grandes Números

Segundo a Wikipedia, a Lei dos Grandes Números afirma que "a média dos resultados obtidos de um grande número de amostras aleatórias independentes e idênticas converge para o valor verdadeiro, se ele existir". A Wikipedia oferece um exemplo: "Embora um cassino possa perder dinheiro em uma única rodada da roleta, seus ganhos tenderão a uma porcentagem previsível ao longo de um grande número de rodadas".

A estatística é definitivamente um Numbers Game (o "jogo dos números"). Depois de configurar uma estratégia com Vantagem Estatística e Retorno Assimétrico, tudo o que você precisa fazer é **repetir essa configuração várias vezes ao longo do tempo**. Assim como lançar dados ou jogar uma moeda, após um número suficiente de tentativas, os resultados convergirão para os valores esperados. Ou, assim como um cassino, você deve começar a ver lucros líquidos se acumulando ao longo do tempo. Claro, você experimentará perdas ao longo do caminho, mas também ganhos, e se tiver configurado uma Vantagem Estatística e um Retorno Assimétrico a Seu Favor, como descritos acima, você tenderá a ter mais ganhos que perdas.

Essa é a mesma lógica usada por seguradoras, cassinos e fundos de venture capital. Eles sabem que vão perder muitas vezes, mas ganham o suficiente em outras para sempre terminar no positivo. Você deve fazer o mesmo. Não é sobre "acertar tudo", ou ganhar em todas as ocasiões ou movimentos do mercado, e sim **sobre construir um histórico positivo consistente com decisões bem estruturadas**.

Você deve sempre lembrar de cortar as perdas cedo (limitando-as pequenas sem deixa-las crescer) e deixar os lucros correrem (sem limitá-los enquanto estiverem crescendo). Ao fazer essas 3 coisas em conjunto, com o tempo os deuses da estatística devem favorecê-lo e recompensá-lo por sua disciplina.

Esses três pilares — **Vantagem Estatística, Retorno Assimétrico e Lei dos Grandes Números** — juntos formam a base do método SMIGRM (Investimento no Mercado de Ações Guiado por Gestão de Riscos), que vamos explorar neste capítulo. A proposta é simples, porém poderosa: em vez de tentar prever o futuro, adivinhar, projetar desempenho de empresas, interpretar figuras em gráficos passados, ou estimar preço justo ou futuros de ações, **vamos operar com as probabilidades ao nosso favor**, como fazem os cassinos e outros negócios inteligentes em ambientes incertos.

Ferramentas de cunho determinístico funcionam bem em ambientes determinísticos, nas quais se pode fazer previsões e estimativas com alta confiabilidade. Um engenheiro civil constrói pontes e viadutos usando fórmulas determinísticas. Um farmacêutico formula remédios químicos e a NASA manda astronautas e satélites ao espaço usando fórmulas e modelos determinísticos. E funcionam muito bem. Nenhum deles precisa realmente fazer uso de probabilidade e estatística para calcular estruturas de pontes, formulação química, e trajetória de foguetes.

Mas, se você concorda que mercado de ações é um ambiente probabilístico, onde é impossível fazer previsões e estimativas futuras com a mesma alta confiabilidade, infelizmente não dá para o mesmo. Usando-se métodos e modelos que ignoram probabilidade e estatística para tomar decisões no mercado de ações está fadado ao fracasso no longo prazo. O primeiro sintoma será underperformance (desempenho abaixo do potencial). Com o tempo, os resultados ruins só irão piorar pois a estatística estará agindo contra você.

É como usar o sapato do dia a dia para patinar sobre gelo. Você até consegue se movimentar, se escorregando e caindo de tempos em tempos. Mas a que custo! E jamais será capaz de ganhar uma corrida com quem está com o calçado apropriado para a superfície gelada!

Há um último conceito que queremos discutir porque é realmente importante e o ajudará a compreender as ideias e os princípios do SMIGRM.

Roger Federer, durante o discurso de formatura para a turma de 2024 do Dartmouth College, revelou que, apesar de ter vencido quase 80% de todas as partidas de singles de tênis em sua carreira, sua taxa de vitórias ponto por ponto (point win rate) foi de apenas 54%. É quase uma proporção de 1:1 entre pontos ganhos e pontos perdidos, mas Roger teve uma pequena vantagem de 4%, que foi tudo o que ele precisou para se tornar um dos maiores de todos os tempos.

Fechando a Formulação do SMIGRM: Cálculo de Risco para Orientar Decisões

Antes de avançar no próximo pilar fundamental do SMIGRM, vamos primeiro fazer uma rápida revisão dos conceitos discutidos até aqui:

1. Dualidade Risco vs. Retorno

Todo investimento envolve risco. Mas, em vez de olhar só para o retorno potencial, devemos monitorar e controlar o **RoMaD — Retorno sobre o Máximo Drawdown** — que mede quanto você ganhou em relação à pior perda que já se mostrou ser possível no passado. Drawdown é o que geralmente destrói planos de investimentos. Todo mundo tem um limite de tolerância a perdas. Quando se passa desse limiar, o investidor irá acionar o stop loss, a muito contragosto mas já passou inclusive o limite de inteligência e sanidade mental dele.

Essa métrica nos ajuda a **escolher estratégias que maximizam os ganhos com o menor risco possível**, o que é o que ultimamente todo investidor deve almejar, o verdadeiro santo graal dos investimentos.

2. Mundo Determinístico vs. Mundo Probabilístico

A maioria dos modelos tradicionais trata o mercado como se ele fosse determinístico (ou previsível em certa medida). Mas já vimos que isso **não é verdade**. O mundo dos investimentos é altamente incerto, influenciado por variáveis que mudam a cada dia. Por isso, estratégias que **aceitam essa incerteza e operam com base em probabilidades** têm mais chances de sucesso a longo prazo.

3. O Tripé que Faz a Fórmula do Sucesso em Ambiente de Risco

Juntando tudo isso, temos a fórmula:
Vantagem Estatística + Retorno Assimétrico + Lei dos Grandes Números

Com ela, operamos com as probabilidades a nosso favor, ganhamos mais do que perdemos e, ao repetir isso ao longo de várias operações, obtemos lucros consistentes com o tempo.

4. Alocação Dinâmica Contextual

Esse é o último pilar fundamental do SMIGRM que introduzimos no capítulo anterior.

No Capítulo 9, descrevemos como alocando-se os ativos mais adequados para cada nível de risco, dinamicamente de acordo com a variação de risco ao longo do tempo, podemos:

Evitar quedas fortes de um mercado em baixa e se tornar vítimas de crashes inesperados.

Aproveitar-se ao máximo de ralis do mercado em alta com confiança.

Explorar ambientes de risco baixas para investir em ativos de maior risco (por exemplo, ETFs alavancados ou de volatilidade) com confiança.

Executar timing de mercado com maestria e confiança.

Otimizar a relação retorno-risco em todos os ambientes de risco.

Resultar em performance muito superior no longo prazo que a tradicional alocação estática.

Através da Alocação Dinâmica Contextual, em conjunto com o tripé Vantagem Estatística + Retorno Assimétrico + Lei dos Grandes Números, vamos poder implementar o Método SMIGRM.

A medição de risco se torna essencial e central no Método SMIGRM. Isso faz juz ao nome: é realmente a gestão de riscos guiando decisões de investimentos e a alocação dinâmica. Dessa forma, o requisito crucial para o bom funcionamento de SMIGRM é a medição de risco do mercado. Não basta medir o VIX ou o VAR, calcular volatilidade histórica, fazer simulação Monte Carlo, etc. que todo mundo faz. Essas ferramentas populares de gestão de risco só servem para gestão de riscos. Eles não ajudam investidores a tomar decisões de investimento e timing de mercado. O desafio é muito maior que isso.

Então como surgiu SMIGRM? Você é o inventor/fundador do Método SMIGRM?

Vamos então dar uma pausa na formulação teórica de SMIGRM e contar um pouco de sua história.

Eu não sou a única pessoa nem a primeira a aplicar os pilares fundamentais de SMIGRM. Outras pessoas me inspiraram, sem dúvida, e a maioria delas são pessoas brilhantes e geniais. É possível que eu seja talvez o primeiro a juntar e organizar esse conhecimento criando uma formulação teórica em seu entorno e dando-lhe um nome: SMIGRM.

História: Como Surgiu o Método SMIGRM

Tudo começou num breve papo informal entre amigos num bar-café perto da NYU após um dia cansativo de trabalho no banco BBVA em Nova York, onde eu trabalhava como trader da mesa de derivativos, seguida de uma aula noturna no Programa de Mestrado (MSc.) em Matemática para Finanças (ou Engenharia Financeira) no Courant Institute for Mathematical Sciences da New York University (NYU).

No Pano de Fundo: A Crise Financeira Global de 2008

Era o ano de 2008 e o Lehman Brothers já havia quebrado de forma espetacular. O mercado era extremamente difícil de navegar. Não existia SMIGRM ainda, claro. Na mesa de operações, usávamos as mesmas ferramentas tradicionais que todo mundo usava, que incluía Análise Técnica (Escola Grafista) para market timing. No entanto, sempre senti falta de uma ferramenta confiável e baseada em dados objetivos que fosse melhor, mais preciso, e confiável que as existentes. Para mim, análise técnica nunca funcionou mais que 50% das vezes, mesmo com muitos testes e alterações de parâmetros etc. ao longo do tempo.

Nessa noite não houve nada de especial. Era como qualquer outra noite: eu estava cansado mentalmente após um dia difícil na mesa de operações durante o dia enfrentando um mercado em crise financeira e terminei o dia mais exausto ainda por causa da matéria pesadíssima de Stochastic Calculus (Cálculo Estocástico) brilhantemente ensinado pelo saudoso Professor Marco Avellaneda. Que precisava de um drink, isso sim eu estava precisando... Bom, não era o único que estava um caco, vários de meus colegas de turma – que também trabalhavam em firmas de Wall Street, bancos e fundos, como quants, risk managers, etc. – estavam igualmente precisando soltar as gravatas e relaxar um pouco. Assim, encontramos todos no fim da aula nesse bar-café perto da universidade.

Creio que eu era o único do pequeno grupo com experiência de trader que estava acostumado a tomar risco de milhões com bilhões de dólares na linha (ou talvez tinha mais um, mas não me lembro). Na época, eu já havia trabalhado para vários bancos internacionais e tinha pelo menos uns 15 anos de experiência em trading e gestão de riscos, além de conhecimento de modelos quantitativos. Me lembro de ter contado para os colegas naquela noite da história de uma parente minha nos EUA (omitirei sua identidade chamando-a apenas de Mary, respeitando sua privacidade) o quanto ela sofreu por causa da Crise do Subprime de 2008 como milhões de outras pessoas nos EUA. Mary estava a apenas dois anos de sua aposentadoria, mas foi obrigada pelo enorme prejuízo na bolsa a continuar trabalhando mais muitos anos após essa data. Mary sempre foi uma pessoa super-disciplinada com suas finanças e da família. Ela e o marido trabalharam duro a vida toda, capazes inclusive de mandar os 3 filhos para universidades Ivy League nos EUA (as mais caras) como a Columbia University em Nova York. Mary fez tudo o que mandava a cartilha. Diversificou entre ações e bonds e investiu por mais de 30 anos com ótimos advisors financeiros profissionais. Mas a crise a fez perder metade do patrimônio juntado por toda uma vida de trabalho! Nesse papo informal nasceu então no meio da discussão a idéia de criarmos um sistema de alerta contra crashes de mercado baseado em dados que pudéssemos extrair do próprio mercado que pudessem nos dar pistas cedo! Precisava ser um sistema que nos avisasse com bastante antecedência que algo bastante perigoso estaria prestes a acontecer de forma que pudéssemos buscar segurança imediatamente.

Desde aquela noite, o grupo se reuniu para algumas sessões de brainstorming a fim de desenhar algo que pudesse nos levar a um primeiro protótipo. A idéia não era buscar um cálice sagrado do Santo Graal e ficarmos ricos com isso, mas era mesmo de podermos evitar outro 2008! Era um exercício mental gratificante por si só. Começamos então a desenvolver modelos capazes de detectar pequenas mudanças nos dados, com o objetivo de emitir alertas precoces para quedas de mercado.

Apesar de muitos esforços e colaborações, nenhum dos modelos atingiu os padrões necessários para um sistema eficiente de alerta antecipado, e nosso pequeno laboratório de testes acabou sendo encerrado e no fim o grupo se debandou.

Mas eu nunca desisti. Ferramentas tradicionais, como análises técnicas, fundamentais e macroeconômicas, frequentemente falhavam em oferecer respostas práticas, especialmente em períodos de turbulência no mercado – justamente os momentos em que eram mais necessárias. Essa lacuna evidente reforçou minha determinação em encontrar uma solução. Afinal, tinha todo o interesse porque era algo que faltava no meu trabalho no dia a dia!

Familiaridade décadas com Crises Financeiras

Minha familiaridade com crises financeiras não é de hoje. Cresci no Brasil durante o período de hiperinflação, quando os preços subiam 3% ao dia! Minha carreira no setor bancário começou logo na época da crise mexicana, no início dos anos 1990, e continuou com outras crises, como a Crise dos Tigres Asiáticos, a Crise Russa e a Maxidesvalorização do Real Brasileiro. Ao longo dos anos, gerenciando portfólios bilionários para meus empregadores, vivi de perto eventos como o Estouro da Bolha da Internet em 2000, a Crise Financeira Global de 2008 e o Colapso da Bolsa de 2020 causado pela pandemia do Coronavirus. Essas experiências me ensinaram valiosas (e duras) lições e deixaram claro que eram necessárias ferramentas muito mais robustas de gestão de riscos que a gente então possuia.

Após anos de pesquisas e erros, o ponto de virada só veio com novas perspectivas sobre produtos relacionados ao VIX que haviam sido lançados ou que começaram a ganhar popularidade, avanços em pesquisas e dados mais precisos. Aprendi também com o trabalho de pessoas extremamente talentosas. Com base nesse conhecimento, desenvolvi e refinei novos modelos que integravam dados de múltiplos mercados e variáveis macroeconômicas. Ainda assim, foram necessários mais de 10 anos de testes e ajustes para criar um algoritmo capaz de entregar resultados consistentes e sólidos em operações ao vivo.

SMIGRM Só Nasceu 10 Anos Depois de Muito Trabalho e Testes Intermináveis

Vários protótipos foram criados, testados, descartados, reformulados, ajustados, e melhorados ao longo dos anos até chegar na sua versão mais recente publicada em 2022. Mais de uma década se passou desde aquela noite no bar-café na NYU. Esse algoritmo produzia um número que consolidava informações de mais de 15 variáveis extraídas do mercado em tempo real que medisse o risco embutido no mercado de forma precisa, ágil, e confiável. Esse número foi batizado de RISP 500™.

Esse esforço culminou então na criação do SMIGRM (Investimento no Mercado de Ações Guiado por Gestão de Riscos), uma estrutura personalizável projetada para ajudar investidores a equilibrar risco e retorno que foi muito além de detectar crashes cedo. SMIGRM acabou virando uma ferramenta de market timing e otimização da relação retorno-risco. Em 3 de janeiro de 2022, lançamos trading ao vivo de 8 estratégias usando nosso algoritmo mais avançado, que produziu o RISP 500™, um indicador de risco proprietário para o S&P 500®. Mais do que apenas um detector precoce de crises, nosso objetivo evoluiu para criar uma ferramenta que os investidores pudessem ajustar às suas próprias metas de risco e retorno. Hoje, essa inovação é um recurso poderoso tanto para preservar patrimônio quanto para alcançar retornos acima da média de mercado.

O Indicador RISP 500™: O Maestro da Alocação Dinâmica Contextual

O **indicador RISP 500™** cumpre o papel de maestro da orquestra. Ele irá indicar quando passamos de um ambiente de risco para outro (risco aumentou ou baixou) e o que fazer em resposta à essa mudança de contexto (mercado em alta ou baixa). Primeiro, cabe explicar porque escolhemos risco como a variável-chave para definir os diferentes contextos no mercado.

Existem dois motivos principais que explicam essa relação:

- **Princípio da Aversão ao Risco**: Quando os níveis de risco e incerteza aumentam, os investidores tendem a buscar segurança, vendendo ativos mais arriscados. Esse movimento provoca uma queda nos preços desses ativos e, inversamente, quando o risco diminui, os preços sobem. Nesse caso, não se trata apenas de uma correlação entre o risco e os movimentos do mercado, mas de uma **relação de causa e efeito muito forte**, onde o risco exerce um **impacto direto sobre a probabilidade** de o mercado subir ou cair.

- **Retornos vêm da exposição ao risco**: Como discutido anteriormente, o retorno é a recompensa pelo risco assumido. Existe uma ligação clara entre os dois: sem assumir risco, não há ganhos; ao assumir riscos maiores, as chances de obter retornos mais elevados também aumentam proporcionalmente.

Ao categorizar os diferentes níveis de risco no mercado de ações, a proposta sugere investir apenas nos ativos que apresentam melhor desempenho para cada nível de risco. Trata-se de alinhar os ativos adequados ao ambiente de risco específico, maximizando o potencial de retorno. Em outras palavras, é aproveitar os riscos para melhorar o desempenho dos investimentos, em vez de simplesmente ser impactado por eles. Acreditamos que a gestão de risco deve ser proativa, não apenas reativa. Por exemplo, quando os riscos estão elevados, é recomendado migrar para ativos mais seguros, como T-Bills (títulos do Tesouro), fundos de mercado monetário (Money Market funds), ouro ou até mesmo dinheiro (cash). Por outro lado, quando os riscos estão baixos, a estratégia deve focar em ações, fundos de índice e até fundos alavancados.

Dessa maneira, não precisamos mais montar carteiras sub-ótimas em todos os cenários com a Alocação Estática que se faz por toda a indústria financeira. A Alocação Dinâmica Contextual veio sim para revolucionar essa velha prática do mercado financeiro. Certamente não fui eu que inventei isso. Talvez eu seja o primeiro a formular a idéia no papel e dar-lhe um nome, mas não sou seu inventor nem o primeiro que colocou a idéia em prática com resultados excepcionais testados no mercado por anos. O progresso da humanidade vem justamente desses pequenos ajustes

Agora que já entendemos os três pilares — **Vantagem Estatística**, **Retorno Assimétrico** e **Lei dos Grandes Números** — mais agora o último pilar fundamental da Alocação Dinâmica Contextual, fechamos todos os principais conceitos fundamentais do método SMIGRM. O objetivo aqui é mostrar como todas essas peças se encaixam para criar uma estratégia de investimento robusta, lógica e eficaz – que qualquer pessoa seja capaz de executar com maestria e facilidade.

Como o RISP 500™ Guia o Investidor (Super Fácil!)

Tudo isso se traduz em uma pergunta central: **como tomar decisões com base na medição do risco real e atual do mercado?** A resposta está no **RISP 500™** — o "maestro" que orquestra toda a execução do SMIGRM.

Você irá se surpreender com quão fácil é a execução do SMIGRM – tanto que qualquer pessoa é capaz de fazer em menos de 1 a 5 minutos ao dia! É ideal para pessoas ocupadas que não tem tempo para ficar fazendo mil análises ou acompanhando o mercado o dia todo, todos os dias. É na verdade tão fácil quanto checar a previsão do tempo do dia todas as manhãs (basta uma mirada e pronto!):

Assim como checar a previsão do tempo do dia, basta dar uma olhadinha rápida no **RISP 500™** do dia, medido geralmente ao redor das 10:30 e 11:00 da manhã hora de Nova York (pelo menos uma hora após a abertura do mercado de ações às 9:30 da manhã hora de Nova York). Basta ver o seguinte:

- Se o percentil do RISP 500™ de hoje estiver **acima** do seu RPT (explicado abaixo), o mercado hoje está **arriscado demais para você**, e você deve ficar fora do mercado de ações. Se já estiver dentro, você deve vender suas ações. Se não estiver no mercado ainda, não faça nada, não entre hoje. Aguarde do lado de fora por enquanto. Fique investido em um ativo de segurança, como bonds, ouro, ou fique em cash (dinheiro) mesmo.
- Se o percentil do RISP 500™ de hoje estiver **abaixo** do seu RPT (explicado abaixo), o mercado hoje **não está arriscado demais** para você, e você pode estar dentro do mercado de ações. Se já estiver dentro, mantenha suas ações investidas, simplesmente não faça nada. Se não estiver no mercado ainda, pode entrar comprando ações hoje. Venda seu ativo de segurança, como bonds, ouro, etc. para rotacionar para ativos de risco como as ações.

Essa rotina de poucos minutos ao dia feita todos os dias, você estará sendo guiado pelo RISP 500™ e executando seu próprio Market Timing! Quem disse que market timing era impossível? Só pessoas que não conhecem SMIGRM e aquelas de cabeça-dura e de preguiça mental ou de testar novas coisas, presas ao passado que não evoluem nunca. Provamos por meio de dados reais de experiências reais na prática no campo de batalha do mercado real que SMIGRM funciona muito bem como ferramenta de Market Timing. Apresentamos provas mais abaixo nesse capítulo.

Ao medir diariamente o ambiente de risco de mercado com base em mais de 15 variáveis de diferentes mercados (ações, bonds, derivativos, economia, volatilidade, etc.), o RISP 500™ entrega uma **pontuação de risco consolidada**, expressa em **percentil**. Esse percentil mostra se o risco atual está alto, médio ou baixo comparado ao histórico dos últimos 15 anos e também à sua própria tolerância por risco como investidor. Em outras palavras, **RISP 500™** é totalmente personalizável para cada investidor. Isso é feito dessa forma porque o conceito de risco alto ou baixo depende totalmente de cada pessoa.

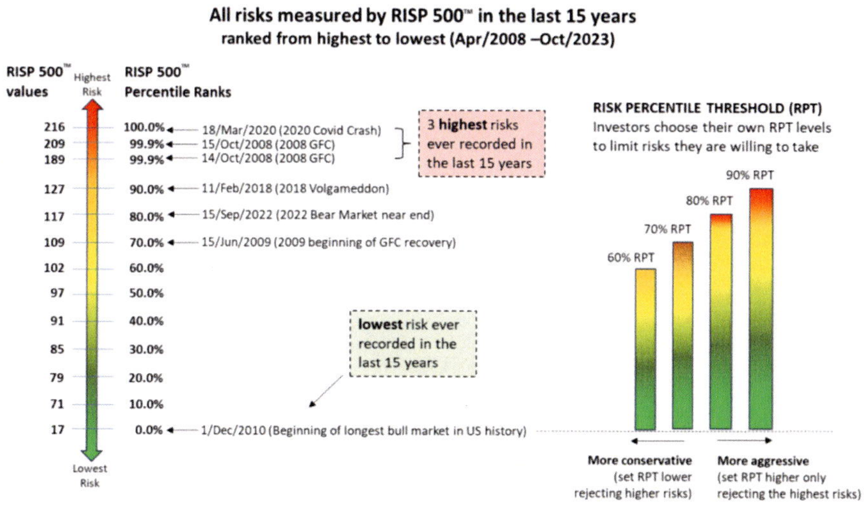

Por exemplo:

- Se o **RISP 500™ está no percentil 85**, significa que o risco atual é maior do que em 85% de todos os valores de risco medidos todos os dias nos últimos 15 anos.
- Se você resolver vender suas ações nesse nível, significa que você está rejeitando riscos acima dos 15% mais altos já medidos nos últimos 15 anos. Você provavelmente é um investidor arrojado.
- Se o **RISP 500™ está no percentil 60**, significa que o risco atual é maior do que em 60% de todos os valores de risco medidos todos os dias nos últimos 15 anos.

Se você resolver vender suas ações nesse nível, significa que você está rejeitando riscos acima dos 40% mais altos já medidos nos últimos 15 anos. Você provavelmente é um investidor conservador.

Para personalizar **RISP 500™** para você, defina o seu **limite de risco pessoal** (chamado de RPT — *Risk Percentile Threshold*) com base no seu próprio perfil de tolerância a risco:

- **Conservador:** RPT de 65% a 70% – sai do mercado mais cedo do mercado quando o risco sobe, evitando exposição a riscos crescentes no mercado.
- **Moderado:** RPT de 75% a 80% - faixa intermediária entre o conservador e o arrojado.
- **Agressivo:** RPT de 85% ou mais – permanece mais tempo exposto a riscos crescentes no mercado, buscando retornos maiores.

Esse sistema te dá controle total da exposição ao risco, algo que investidores passivos e seguidores do "buy and hold" não têm. Eles ficam 100% expostos o tempo todo — inclusive durante os piores crashes de mercado – ironicamente achando que estão adotando uma estratégia conservadora!

Veja como SMIGRM ajudou investidores a fazer o Market Timing nos anos de 2022 (um *bear market*) e 2023 (um *bull market* recuperando o perdido no ano anterior). O gráfico abaixo mostra apenas apenas as compras e vendas mais relevantes, não todas senão não caberia e poluiria demais a imagem, e ilustra o caso de um investidor moderado com RPT de 75%.

Note que toda vez que a linha negra do RISP 500™ cruza a linha vermelha horizontal do RPT de **baixo para cima**, cria-se um **sinal de venda** (Risk OFF, ou seja venda de ações ou ativos arriscados para busca de segurança). Mas sempre que a linha negra do RISP 500™ cruza a linha vermelha horizontal do RPT de **cima para baixo**, cria-se um **sinal de compra** (Risk ON, ou seja compra de ações ou ativos arriscados, saindo da segurança).

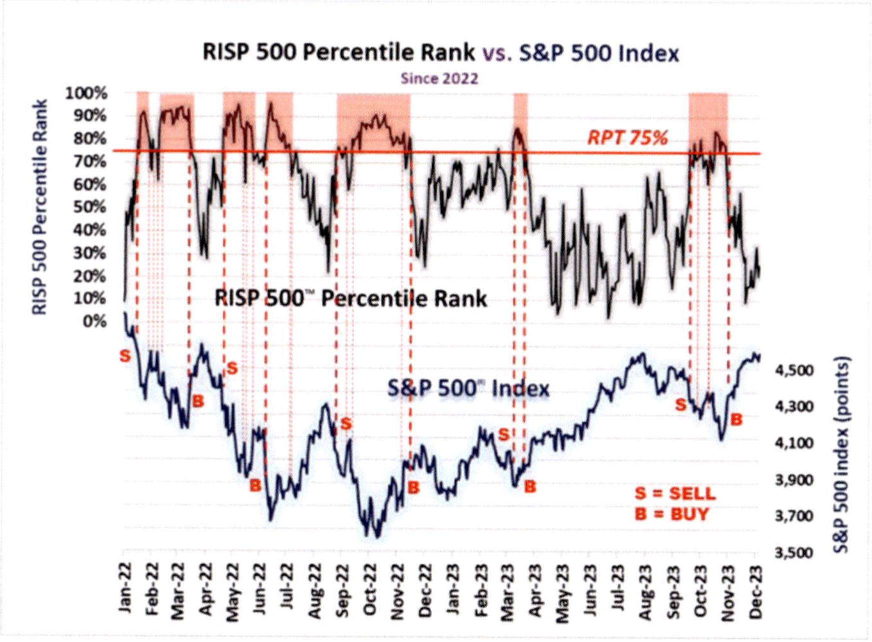

Com o **SMIGRM**, você está sempre alinhado com o risco atual. E com o RISP 500™, você ganha a **melhor alternativa a uma bola de**

cristal: um sistema que te guia com antecedência para evitar os piores períodos e capturar os melhores momentos do mercado.

Como o RPT Impacta seus Resultados

A escolha do RPT molda diretamente o comportamento e a performance do seu portfólio:

- Um investidor conservador, com RPT de 70%, sairá do mercado logo que os riscos começarem a subir.
- Um investidor arrojado, com RPT de 90%, continuará exposto a riscos no mercado por mais tempo, buscando capturar lucros mesmo em fases turbulentas.
- Quando o risco diminuir, o arrojado voltará ao mercado mais cedo; o conservador esperará mais tempo até reentrar.

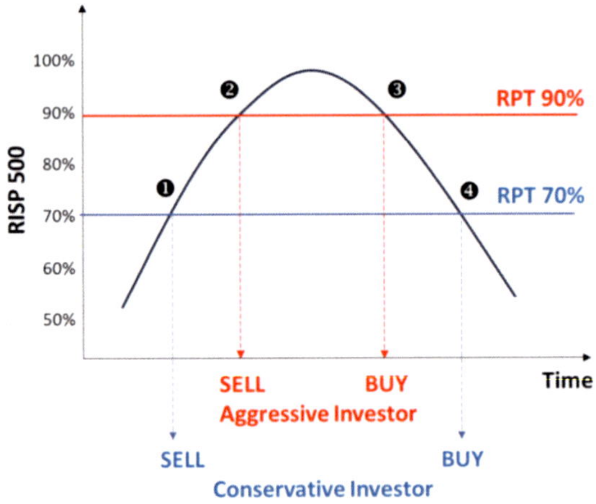

Esse comportamento contrastante ilustra como a configuração do RPT afeta sua exposição ao risco e seu potencial de retorno.

A Falácia do Buy & Hold de Investidores Passivos Que Ignoram o Mercado

Agora pense nisso se você é um investidor que segue o estilo **buy & hold** ou **passivo via ETFs de índice**, como o S&P 500. Note que mantendo-se imutável no mercado, suas ações e ETFs estão **expostos ao risco 100% do tempo**, inclusive nas piores crises. Não deixe que correções fortes e crashes façam você perder tempo precioso nesses buracos! Te dou alguns exemplos para refletir:

- O bear market de 2022 fez investidores passivos do índice S&P 500 perderem quase 20%. Essa perda só foi recuperada totalmente quase no final de 2023, ou seja, os investidores passivos jogaram 2 anos (1 ano para a queda e 1 ano para recuperação) na lata do lixo.
- O Estouro da Bolha da Internet do início dos anos 2000 fez investidores passivos do índice S&P 500 perderem quase 50%. Essa perda só foi recuperada totalmente 2007, ou seja, os investidores passivos jogaram 7 anos na lata do lixo.
- A Crise do Subprime de 2008 fez investidores passivos do índice S&P 500 perderem quase 60%. Essa perda só foi recuperada totalmente 2013, ou seja, os investidores passivos jogaram 6,5 anos na lata do lixo.
- As 4 décadas perdidas no Japão fez com que o Nikkei 225, índice da bolsa japonesa só recuperasse o nível mais alto perdido nos anos 1990 só em 2024, ou seja 40 anos depois. Imagina, isso foi metade do tempo de vida de muita gente.

Lembre-se que perdas monetárias não é o problema: dinheiro você sempre pode recuperar, mas o tempo perdido não. Tempo que poderia estar sendo usado para crescer seus investimentos, você jogou fora caindo num buraco e depois tentando sair dele. É um custo de oportunidade imenso. Dinheiro que deixou de ganhar é perda sim!

Conclusão: não faça buy and hold. É uma péssima idéia. Você perde dinheiro adoidado e fica se convencendo que é a forma mais "conservadora" de investir em ações. A mídia e a imprensa oficial fica te enchendo de mentiras e idéias ultrapassadas. Pense por você mesmo.

Com o **RISP 500™**, você finalmente ganha **uma bússola objetiva** para evitar os piores momentos e navegar com mais clareza e segurança.

A Ciência por Trás da Metodologia RISP 500™

O que torna o **RISP 500™** tão poderoso e confiável? Sua força vem do fato de ser **um modelo analítico multifatorial** que observa de forma ampla o ambiente de mercado. Ele **lê sinais de alerta antecipadamente**, captando mudanças de comportamento que precedem movimentos bruscos nos preços dos ativos.

O mercado é naturalmente um zigzag. Sobe e desce o tempo todo como ondas quebrando na areia da praia. O difícil é discernir quais dessas ondas tem o potencial de virar algo mais perigoso e quais são mais inofensivas. Esse é o desafio que é praticamente impossível que nós, humanos, baseados em nossas memórias e nossos inúmeros vieses psicológicos, saber fazer esse discernimento. Só ferramentas que tratam grandes volumes de dados e que trabalham com probabilidades podem nos dar essa informação de forma mais precisa e no momento certo. O RISP 500™ foi projetado para cumprir exatamente essa função por nós.

Ao invés de se basear em um único indicador, o RISP 500™ **sintetiza o comportamento de mais de 15 variáveis críticas de diferentes mercados** — ações, volatilidade, juros, e até dados macroeconômicos. Essa análise cruzada é o que dá profundidade ao modelo e o torna tão sensível a riscos de forma que sua medição se torna relevante e acurada no tempo certo.

Vamos conhecer algumas dessas variáveis e entender o que elas indicam:

1. Volatility Risk Premium (VRP)

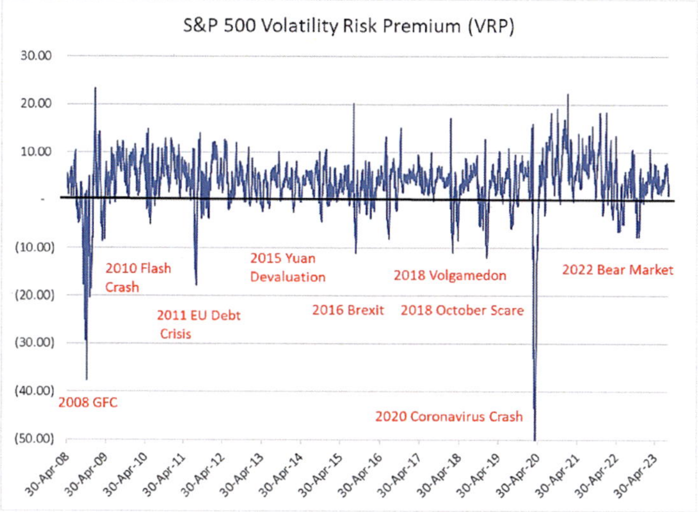

- **O que é:** Diferença entre a volatilidade implícita (esperada pelo mercado) e a volatilidade realizada (ocorrida de fato).

- **Por que importa:** Quando a volatilidade implícita fica mais alta que a histórica, é sinal de **aumento no temor do mercado** — um indicativo claro de estresse. Quem vende volatilidade ou hedge para os demais players sobe o prêmio que cobra para se proteger ou cobrir o risco que aumentou.

2. Índice VIX (o "índice do pânico")

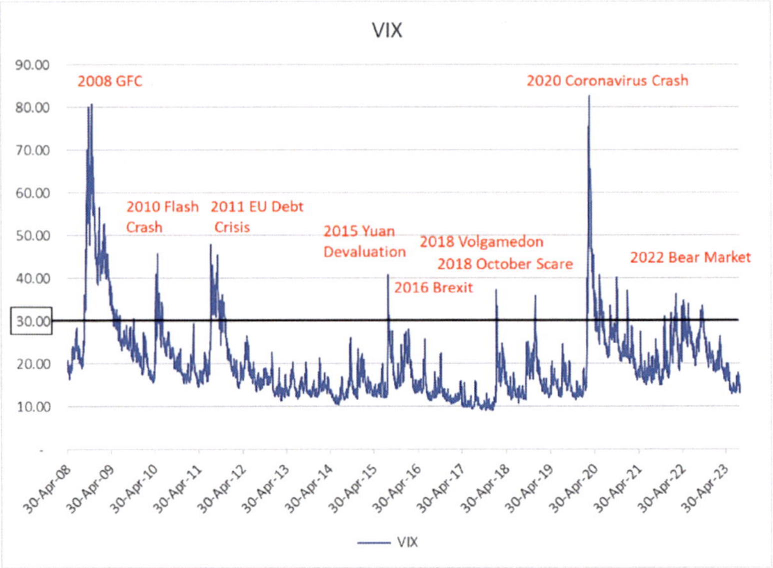

- **O que é:** Mede a expectativa de volatilidade do S&P 500 nos próximos 30 dias.

- **Por que importa:** Quando o VIX sobe, é porque o mercado está com medo. Níveis acima de 30, por exemplo, costumam indicar **alta aversão ao risco**. Mas não precisa chegar a esse nível para o mercado estar em baixa.

3. Curva a Termo do VIX à Vista

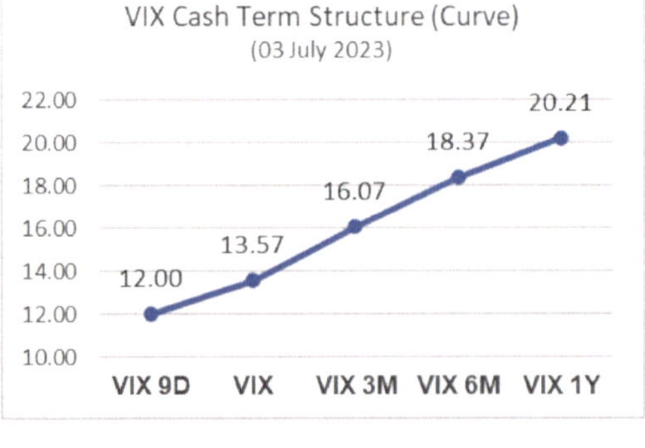

- **O que é:** Mostra como a expectativa de volatilidade muda em prazos curtos (de 9 dias a 1 ano).
- **Por que importa:** Uma **curva invertida** (com prazos curtos mais voláteis que os longos) indica **temor de eventos iminentes** — um sinal de alerta.

4. Curva a Termo dos Futuros do VIX

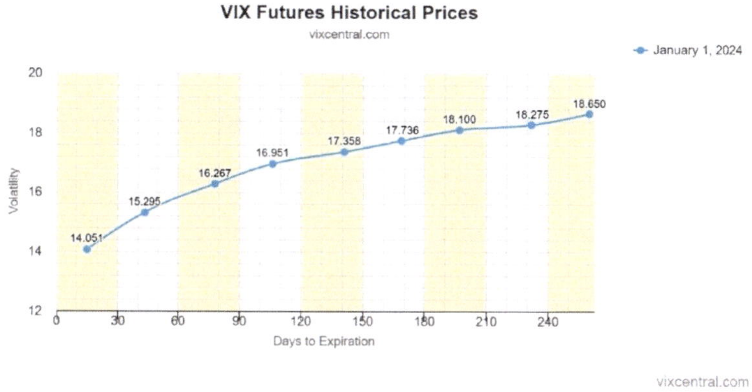

- **O que é:** Mostra os preços futuros da volatilidade do mercado.
- **Por que importa:** Uma curva em contango (normal) indica estabilidade. Essa curva é crescente com os prazos. Já a curva em backwardation (invertida) revela **estresse de curto prazo** no mercado. Essa curva é decrescente com os prazos.

5. Roll Yield (Rolagem de Vencimentos Futuros)

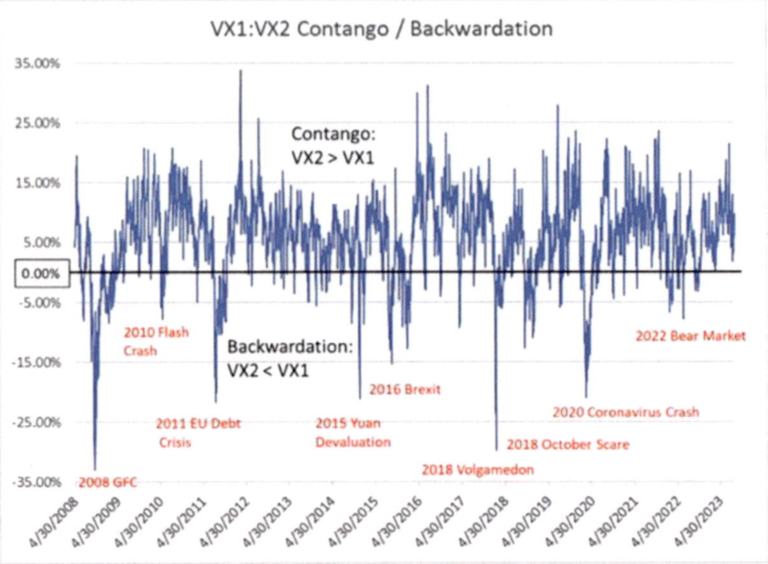

- **O que é:** Mede o custo ou ganho ao rolar contratos futuros do VIX.

- **Por que importa:** Roll yield negativo sugere que o mercado está pagando mais para se proteger — outro **sinal de estresse crescente**.

6. VVIX (Volatilidade da Volatilidade)

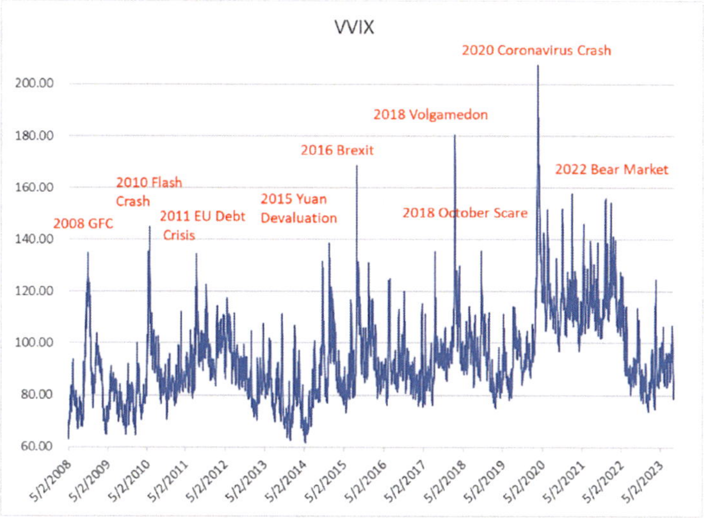

- **O que é:** A volatilidade do próprio VIX.
- **Por que importa:** Um VVIX alto mostra que **a incerteza está acelerando**, antecipando mudanças bruscas no humor do mercado.

7. Equity Risk Premium (ERP)

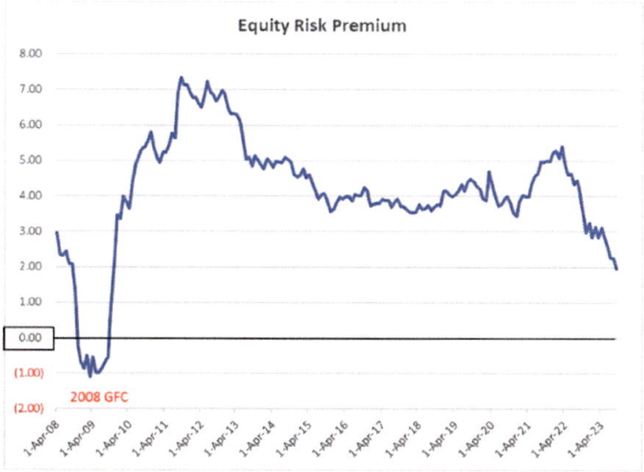

- **O que é:** Diferença entre o retorno esperado das ações e o retorno dos bonds.
- **Por que importa:** Quando o ERP diminui, o mercado está **menos disposto a correr risco por retorno adicional** — sinal de desconfiança.

8. Inversões da Curva de Juros

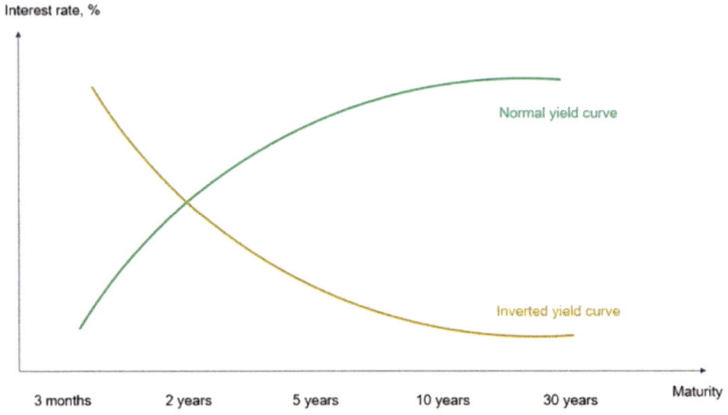

Credits: The Copenhagen Post

- **O que é:** Ocorre quando os juros de curto prazo ficam maiores que os de longo prazo (ex.: 2 anos > 10 anos).
- **Por que importa:** Forte indicador de **recessão** e de que o mercado espera uma desaceleração econômica.

9. MOVE Index (Volatilidade dos Bonds)

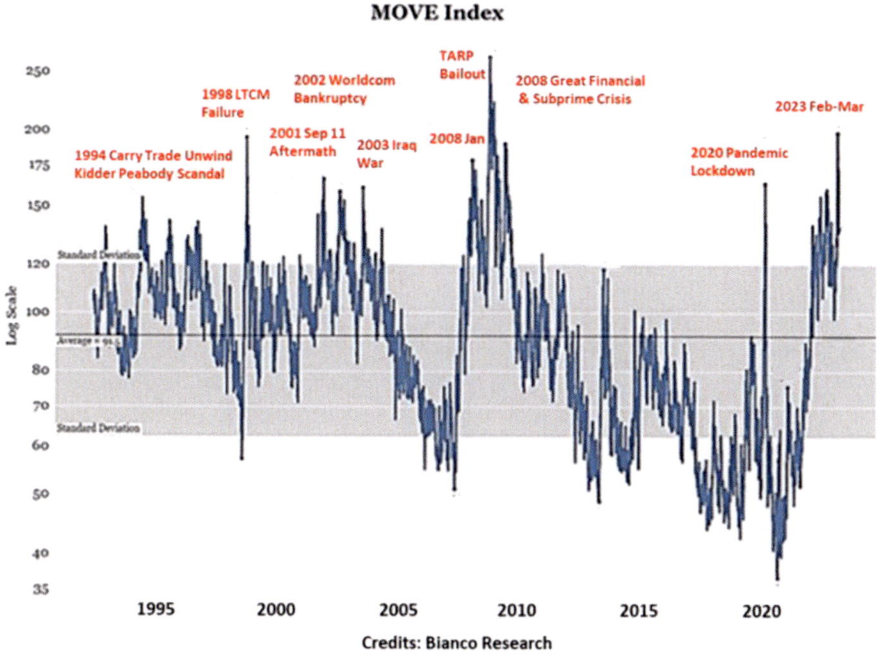

- **O que é:** Mede a volatilidade esperada no mercado de títulos do Tesouro americano.

- **Por que importa:** Se o MOVE sobe, é porque os investidores estão **temendo turbulências econômicas** — e isso geralmente antecede quedas na bolsa.

10. Indicadores Econômicos Adiantados (LEI)

- **O que é:** Conjunto de dados como pedidos de auxílio-desemprego, novas construções e preços de ações.
- **Por que importa:** Quedas sucessivas no LEI sinalizam **fraqueza econômica à frente**, impactando o apetite por risco.

11. Expectativas de Política Monetária do Fed (CME FedWatch Tool)

MEETING PROBABILITIES							Source: CME		
MEETING DATE	225-250	250-275	275-300	300-325	325-350	350-375	375-400	400-425	425-450
7/27/2022	19.1%	80.9%	0.0%						
9/21/2022	0.0%	0.0%	0.0%	19.1%	80.9%	0.0%	0.0%	0.0%	
11/2/2022	0.0%	0.0%	0.0%	0.0%	13.3%	62.2%	24.5%	0.0%	0.0%
12/14/2022	0.0%	0.0%	0.0%	0.0%	6.9%	38.9%	42.5%	11.7%	0.0%
2/1/2023	0.0%	0.0%	0.0%	0.0%	6.0%	34.6%	42.0%	15.8%	1.5%
3/15/2023	0.0%	0.0%	0.0%	2.0%	15.5%	37.1%	33.3%	11.0%	1.0%
5/3/2023	0.0%	0.0%	0.7%	6.6%	22.8%	35.8%	25.8%	7.7%	0.7%
6/14/2023	0.0%	0.3%	3.4%	14.1%	28.8%	31.2%	17.4%	4.4%	0.4%
7/26/2023	0.1%	1.6%	7.8%	20.1%	29.8%	25.5%	12.1%	2.8%	0.2%

- **O que é:** Probabilidades projetadas para cortes ou aumentos de juros.

- **Por que importa:** Quando o mercado precifica mudanças bruscas nas taxas, isso afeta **fluxos de capital, bolsas e sentimento geral**.

Observação: Existem mais de 15 variáveis que compõem o modelo do RISP 500™. Acima mostramos apenas as mais relevantes para ilustrar o funcionamento. Essas variáveis podem ser mudadas com o tempo pois a relevância muda com o tempo. Elas também são periodicamente calibradas para refletir mudanças de regime no mercado. Existe um trabalho persistente e contínuo detrás dos bastidores conduzido pela minha equipe na empresa Risk Scientific LLC nos Estados Unidos, de forma a manter o RISP 500™ sempre relevante, ágil, preciso, e poderoso ao longo do tempo.

Uma Visão Integrada do Risco e Seu Impacto na Alocação para Melhor Performance

Cada uma dessas variáveis possui pouco valor preditivo isoladamente mas **traz uma pista ou uma peça no quebra-cabeça**. Mas quando combinadas, em conjunto elas formam uma visão muito mais completa, robusta e sensível ao contexto. O modelo do RISP 500™ dá peso diferente a cada variável, e é **ajustado continuamente** com base em testes, calibrações e melhorias empíricas contínuas.

A metodologia do RISP 500™ é como **um radar meteorológico do mercado**: ele detecta nuvens escuras antes que o pior da tempestade caia sobre nossas cabeças — e isso dá ao investidor tempo para proteger o principal de suas carteiras e patrimônio.

Com isso, o RISP 500™ oferece uma **leitura objetiva, prática e poderosa** para orientar decisões de alocação de ativos com base no risco real de mercado — e não em opiniões, notícias suposições, ou projeções e estimativas futuras.

Resultados de Trading ao Vivo com RISP 500 (A Prova)

O RISP 500™ foi rigorosamente testado em trading ao vivo desde 1º de janeiro de 2022, fornecendo uma prova de conceito abrangente. Orientados por esta ferramenta, aplicamos oito estratégias distintas:

8 Estratégias Testadas ao Vivo

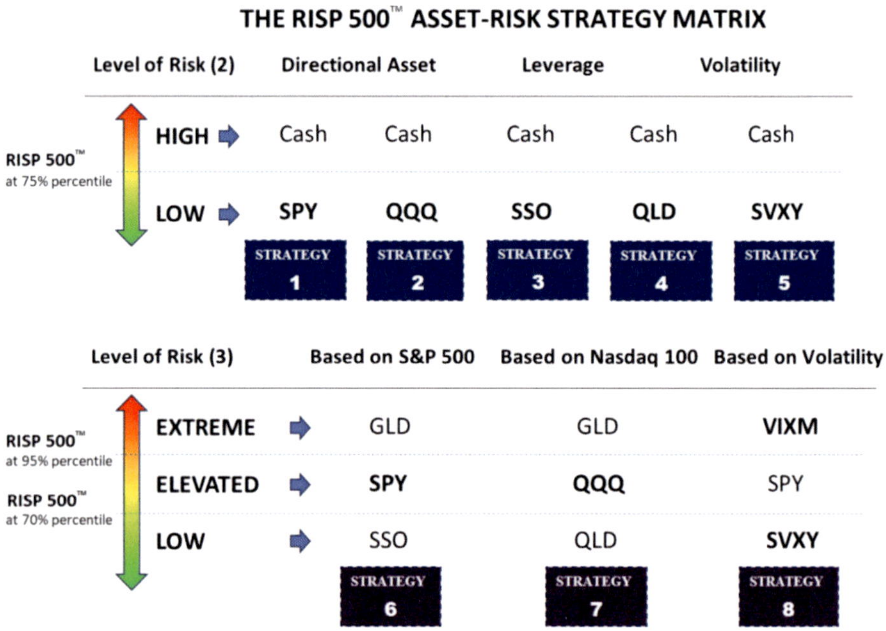

Testamos 5 sistemas de dois níveis de risco e 3 sistemas de três níveis de risco, totalizando 8 estratégias com 7 ativos de ETF e dinheiro. Para nossos testes, selecionamos os seguintes ativos:

Ativos de Risco

SPY: ETF que acompanha o índice S&P 500®

SSO: ETF que acompanha o índice S&P 500® x2 (S&P 500® alavancado 2x)

QQQ: ETF que acompanha o índice Nasdaq 100

QLD: ETF que acompanha o índice Nasdaq 100 x2 (Nasdaq 100 alavancado 2x)

SVXY: ETF que acompanha futuros do VIX curto

Ativos de Segurança

GLD: ETF que acompanha o preço do ouro

CASH: Dinheiro

Ativo de Volatilidade Longa (para explorar alto risco)

VIXM: ETF que acompanha futuros do VIX longo

Estratégias:

Estratégia 1 (ST1-2L-SP500): Estratégia de dois níveis de risco baseada no S&P 500® (SPY/Cash)

Estratégia 2 (ST2-2L-Nasdaq): Estratégia de dois níveis de risco baseada no Nasdaq 100 (QQQ/Cash)

Estratégia 3 (ST3-2L-SP500x2): Estratégia de dois níveis de risco baseada no S&P 500® x2 (SSO/Cash)

Estratégia 4 (ST4-2L-Nasdaqx2): Estratégia de dois níveis de risco baseada no Nasdaq 100 x2 (QLD/Cash)

Estratégia 5 (ST5-2L-Volatilidade): Estratégia de dois níveis de risco baseada em Futuros do VIX (QLD/Cash)

Estratégia 6 (ST6-3L-SP500): Estratégia de três níveis de risco baseada no S&P 500® (SSO/SPY/GLD)

Estratégia 7 (ST7-3L-Nasdaq): Estratégia de três níveis de risco baseada no Nasdaq 100 (QLD/QQQ/GLD)

Estratégia 8 (ST8-3L-Volatilidade): Estratégia de três níveis de risco baseada em Futuros do VIX (SVXY/SPY/VIXM)

Estamos constantemente colocando o RISP 500™ à prova e analisando os resultados dos testes. Também estamos testando e retrotestando novas estratégias o tempo todo. Estamos tornando os resultados de desempenho YTD e ITD disponíveis diariamente no Facebook e X (antigo Twitter): www.facebook.com/risp500 e https://x.com/Risp500. Como você sabe, cada postagem em uma plataforma de mídia social tem um carimbo de data e hora da postagem, então você pode confiar na data e hora exatas em que postamos nossos resultados de desempenho diário. Aqui está um exemplo de uma postagem:

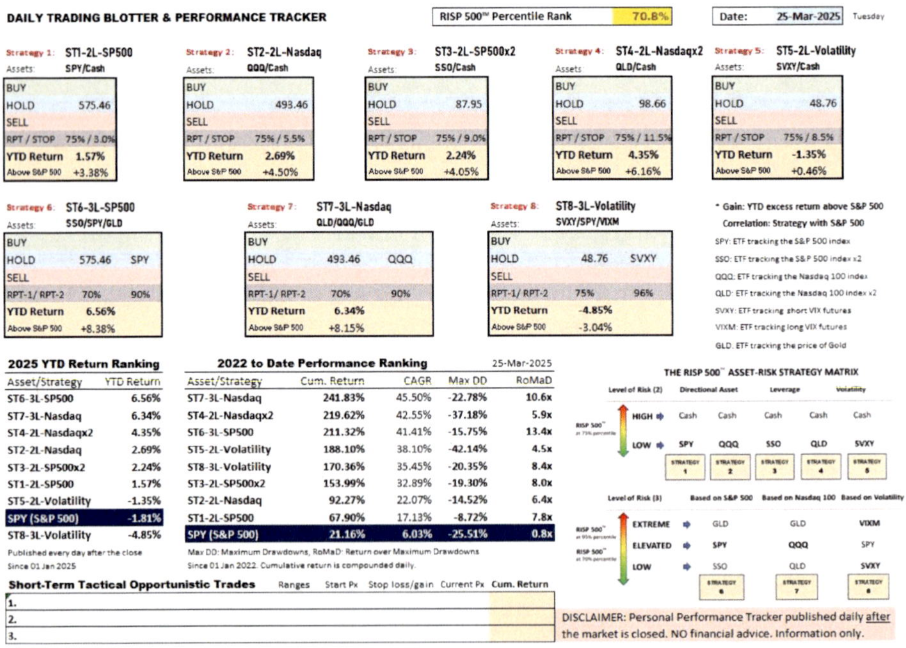

DAILY TRADING BLOTTER & PERFORMANCE TRACKER

RISP 500™ Percentile Rank 70.8% | Date: 25-Mar-2025 Tuesday

Strategy 1: ST1-2L-SP500 — Assets: SPY/Cash

BUY	
HOLD	575.46
SELL	
RPT / STOP	75% / 3.0%
YTD Return	1.57%
Above S&P 500	+3.38%

Strategy 2: ST2-2L-Nasdaq — Assets: QQQ/Cash

BUY	
HOLD	493.46
SELL	
RPT / STOP	75% / 5.5%
YTD Return	2.69%
Above S&P 500	+4.50%

Strategy 3: ST3-2L-SP500x2 — Assets: SSO/Cash

BUY	
HOLD	87.95
SELL	
RPT / STOP	75% / 9.0%
YTD Return	2.24%
Above S&P 500	+4.05%

Strategy 4: ST4-2L-Nasdaqx2 — Assets: QLD/Cash

BUY	
HOLD	98.66
SELL	
RPT / STOP	75% / 11.5%
YTD Return	4.35%
Above S&P 500	+6.16%

Strategy 5: ST5-2L-Volatility — Assets: SVXY/Cash

BUY	
HOLD	48.76
SELL	
RPT / STOP	75% / 8.5%
YTD Return	-1.35%
Above S&P 500	+0.46%

Strategy 6: ST6-3L-SP500 — Assets: SSO/SPY/GLD

BUY		
HOLD	575.46	SPY
SELL		
RPT-1/ RPT-2	70%	90%
YTD Return	6.56%	
Above S&P 500	+8.38%	

Strategy 7: ST7-3L-Nasdaq — Assets: QLD/QQQ/GLD

BUY		
HOLD	493.46	QQQ
SELL		
RPT-1/ RPT-2	70%	90%
YTD Return	6.34%	
Above S&P 500	+8.15%	

Strategy 8: ST8-3L-Volatility — Assets: SVXY/SPY/VIXM

BUY		
HOLD	48.76	SVXY
SELL		
RPT-1/ RPT-2	75%	96%
YTD Return	-4.85%	
Above S&P 500	-3.04%	

* Gain: YTD excess return above S&P 500
Correlation: Strategy with S&P 500
SPY: ETF tracking the S&P 500 index
SSO: ETF tracking the S&P 500 index x2
QQQ: ETF tracking the Nasdaq 100 index
QLD: ETF tracking the Nasdaq 100 index x2
SVXY: ETF tracking short VIX futures
VIXM: ETF tracking long VIX futures
GLD: ETF tracking the price of Gold

2025 YTD Return Ranking

Asset/Strategy	YTD Return
ST6-3L-SP500	6.56%
ST7-3L-Nasdaq	6.34%
ST4-2L-Nasdaqx2	4.35%
ST2-2L-Nasdaq	2.69%
ST3-2L-SP500x2	2.24%
ST1-2L-SP500	1.57%
ST5-2L-Volatility	-1.35%
SPY (S&P 500)	-1.81%
ST8-3L-Volatility	-4.85%

Published every day after the close
Since 01 Jan 2025

2022 to Date Performance Ranking 25-Mar-2025

Asset/Strategy	Cum. Return	CAGR	Max DD	RoMaD
ST7-3L-Nasdaq	241.83%	45.50%	-22.78%	10.6x
ST4-2L-Nasdaqx2	219.62%	42.55%	-37.18%	5.9x
ST6-3L-SP500	211.32%	41.41%	-15.75%	13.4x
ST5-2L-Volatility	188.10%	38.10%	-42.14%	4.5x
ST8-3L-Volatility	170.36%	35.45%	-20.35%	8.4x
ST3-2L-SP500x2	153.99%	32.89%	-19.30%	8.0x
ST2-2L-Nasdaq	92.27%	22.07%	-14.52%	6.4x
ST1-2L-SP500	67.90%	17.13%	-8.72%	7.8x
SPY (S&P 500)	21.16%	6.03%	-25.51%	0.8x

Max DD: Maximum Drawdowns, RoMaD: Return over Maximum Drawdowns
Since 01 Jan 2022. Cumulative return is compounded daily.

Short-Term Tactical Opportunistic Trades

	Ranges	Start Px	Stop loss/gain	Current Px	Cum. Return
1.					
2.					
3.					

THE RISP 500™ ASSET-RISK STRATEGY MATRIX

Level of Risk (2)	Directional Asset		Leverage		Volatility
HIGH	Cash	Cash	Cash	Cash	Cash
LOW	SPY	QQQ	SSO	QLD	SVXY
	STRATEGY 1	STRATEGY 2	STRATEGY 3	STRATEGY 4	STRATEGY 5

Level of Risk (3)	Based on S&P 500	Based on Nasdaq 100	Based on Volatility
EXTREME	GLD	GLD	VIXM
ELEVATED	SPY	QQQ	SPY
LOW	SSO	QLD	SVXY
	STRATEGY 6	STRATEGY 7	STRATEGY 8

DISCLAIMER: Personal Performance Tracker published daily after the market is closed. NO financial advice. Information only.

RISP 500™ medido 1x ao dia já é suficiente para resultados sólidos a longo prazo

Neste projeto, estamos provendo a leitura do RISP 500™ apenas uma vez por dia para provar que mesmo com uma única leitura por dia será suficiente para entregar resultados bastante sólidos. Tomamos a medição oficial do RISP 500™ do dia entre 10:00 e 14:00 (horário de Nova York/ET). Na verdade, medimos o RISP 500™ o dia todo, mesmo durante as horas de pré-mercado e pós-mercado, o que é ainda mais poderoso como um indicador ao vivo em tempo real. Mas os resultados mostram que os investidores de longo prazo são capazes de alcançar os resultados acima com apenas uma leitura do RISP 500™ por dia.

Dessa forma, não haverá mais de um trade por dia (feito após a leitura do RISP 500), e na maioria dos dias não haverá necessidade de fazer nenhum trade.

Devido à baixíssima frequência de trades, na maioria dos dias não haverá trading algum, o que é perfeito para a maioria dos investidores e profissionais de gestão de patrimônio. A frequência média é de apenas 2 a 3 trades por mês.

Resultados Principais do Trading ao Vivo das 8 Estratégias

2022 Return Ranking

Asset/Strategy	YTD Return
ST6-3L-SP500	33.42%
ST5-2L-Volatility	27.33%
ST8-3L-Volatility	22.99%
ST7-3L-Nasdaq	2.37%
ST1-2L-SP500	0.53%
ST3-2L-SP500x2	0.18%
ST2-2L-Nasdaq	-7.61%
ST4-2L-Nasdaqx2	-14.32%
SPY (S&P 500)	-19.48%

Published every day after the close
From 01 Jan 2022 to 31 Dec 2022

2023 Return Ranking

Asset/Strategy	YTD Return
ST4-2L-Nasdaqx2	131.44%
ST7-3L-Nasdaq	131.29%
ST8-3L-Volatility	113.02%
ST5-2L-Volatility	107.55%
ST3-2L-SP500x2	67.71%
ST6-3L-SP500	64.99%
ST2-2L-Nasdaq	58.07%
ST1-2L-SP500	33.13%
SPY (S&P 500)	24.29%

Published every day after the close
From 01 Jan 2023 to 31 Dec 2023

2024 Return Ranking

Asset/Strategy	YTD Return
ST4-2L-Nasdaqx2	54.46%
ST3-2L-SP500x2	47.87%
ST7-3L-Nasdaq	35.77%
ST6-3L-SP500	32.71%
ST2-2L-Nasdaq	28.21%
ST1-2L-SP500	23.51%
SPY (S&P 500)	23.30%
ST5-2L-Volatility	10.51%
ST8-3L-Volatility	8.45%

Published every day after the close
From 01 Jan 2024 to 31 Dec 2024

2025 YTD Return Ranking

Asset/Strategy	YTD Return
ST6-3L-SP500	6.56%
ST7-3L-Nasdaq	6.34%
ST4-2L-Nasdaqx2	4.35%
ST2-2L-Nasdaq	2.69%
ST3-2L-SP500x2	2.24%
ST1-2L-SP500	1.57%
ST5-2L-Volatility	-1.35%
SPY (S&P 500)	-1.81%
ST8-3L-Volatility	-4.85%

Published every day after the close
Since 01 Jan 2025

2022 to Date Performance Ranking 25-Mar-2025

Asset/Strategy	Cum. Return	CAGR	Max DD	RoMaD
ST7-3L-Nasdaq	241.83%	45.50%	-22.78%	10.6x
ST4-2L-Nasdaqx2	219.62%	42.55%	-37.18%	5.9x
ST6-3L-SP500	211.32%	41.41%	-15.75%	13.4x
ST5-2L-Volatility	188.10%	38.10%	-42.14%	4.5x
ST8-3L-Volatility	170.36%	35.45%	-20.35%	8.4x
ST3-2L-SP500x2	153.99%	32.89%	-19.30%	8.0x
ST2-2L-Nasdaq	92.27%	22.07%	-14.52%	6.4x
ST1-2L-SP500	67.90%	17.13%	-8.72%	7.8x
SPY (S&P 500)	21.16%	6.03%	-25.51%	0.8x

Max DD: Maximum Drawdowns, RoMaD: Return over Maximum Drawdowns
Since 01 Jan 2022. Cumulative return is compounded daily.

- **Superação em Todas as Estratégias** Em mais de 2 ½ anos de trading ao vivo (janeiro de 2022 a março de 2025), todas as oito estratégias superaram o S&P 500®, mesmo durante o desafiador mercado de baixa de 2022. Estratégias baseadas em alavancagem e volatilidade apresentaram resultados particularmente fortes em mercados de baixa e alta, demonstrando a adaptabilidade do SMIGRM às diversas condições de mercado.

- **Reduções Significativas nos Drawdowns** Enquanto o S&P 500® experimentou um drawdown máximo de -25,51% durante o mercado de baixa de 2022, as estratégias do SMIGRM experimentaram drawdowns menores, ajudando a preservar o capital durante períodos voláteis. Essa habilidade de evitar as piores quedas de mercado é uma característica marcante da eficácia do RISP 500™.

- **Relação Retorno-Risco Enormemente Aumentada** As estratégias do SMIGRM consistentemente alcançaram maiores razões RoMaD em comparação com o S&P 500®, indicando retornos superiores para os riscos assumidos. Evitando períodos de alto risco e capitalizando em condições favoráveis, o RISP 500™ provou seu valor como uma ferramenta de gestão de risco e aprimoramento de desempenho.

- **Resultados Reais com Transparência** Todos os resultados de negociação ao vivo são compartilhados diariamente no Facebook e X (anteriormente Twitter), garantindo total transparência. Isso permite que gestores de patrimônio e investidores monitorem o desempenho do RISP 500™ e validem sua eficácia diariamente: www.facebook.com/risp500 ou https://x.com/Risp500.

O SMIGRM, alimentado pelo RISP 500™, transforma a gestão de patrimônio. Seja evitando as piores perdas do mercado de baixa de 2022 ou superando durante os ralis subsequentes, ele prova consistentemente sua capacidade de proteger e aumentar a riqueza. Ao aproveitar este sistema, você pode oferecer aos clientes desempenho incomparável e tranquilidade em qualquer ambiente de mercado. No momento desta escrita, todas as 8 estratégias superaram as expectativas em negociações ao vivo. Escolhemos um RPT de 75% para todas as 5 estratégias de dois níveis de risco. Para as estratégias de três níveis de risco, escolhemos RPT-1 em 70% e RPT-2 em 95%. Os gráficos a seguir ilustram o crescimento de $1.000 de 1/1/2022 a 1/7/2024 e os drawdowns experimentados durante o período.

Como o RISP 500 Protege Portfólios (Mais Provas!)

É preciso ver para crer! Vamos esclarecer os detalhes do objetivo de proteção do RISP 500™ mostrando como uma estratégia de dois níveis de risco com a Estratégia 1, a mais básica (SPY ou Cash), teria se desempenhado durante duas grandes quedas: a Queda do Coronavírus em 2020 e a Crise Financeira Global de 2008. Vamos ilustrar três níveis de RPT: 70%, 80% e 90%.

* * * 2020 Coronavirus Crash * * *

2020 COVID CRASH: HOW RISP 500 PROTECTED S&P 500 AT 70% RPT

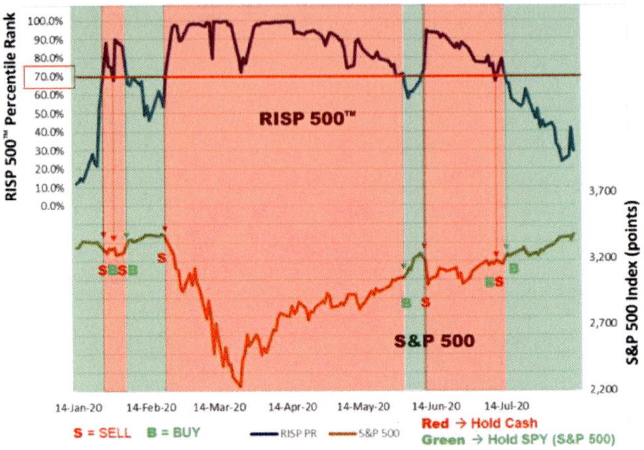

2020 COVID CRASH: HOW RISP 500 PROTECTED S&P 500 AT 80% RPT

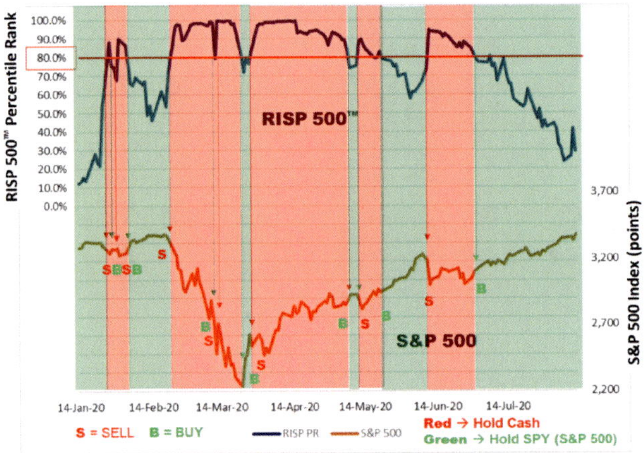

2020 COVID CRASH: HOW RISP 500 PROTECTED S&P 500 AT 90% RPT

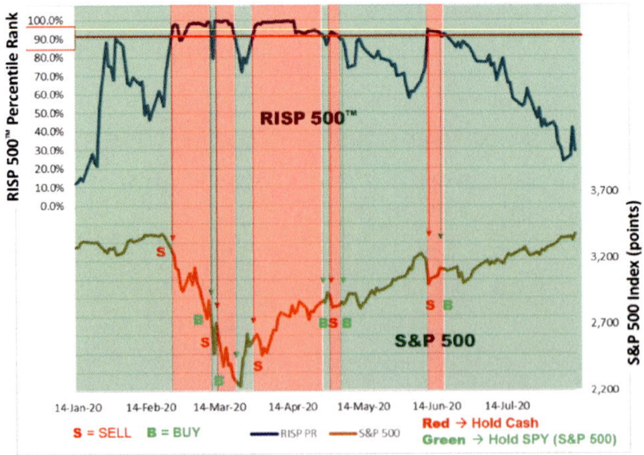

* * * 2008 Global Financial Crisis * * *

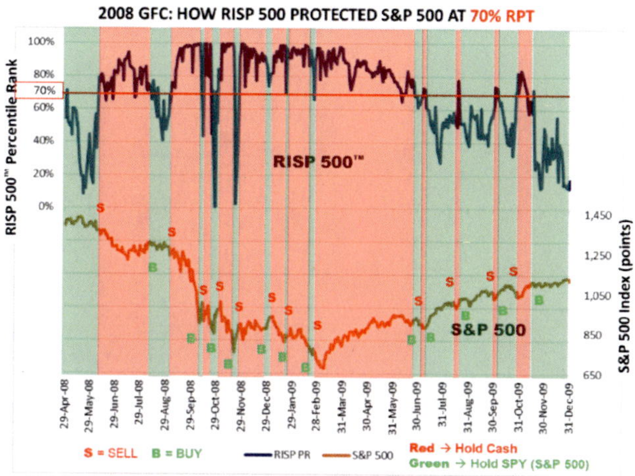

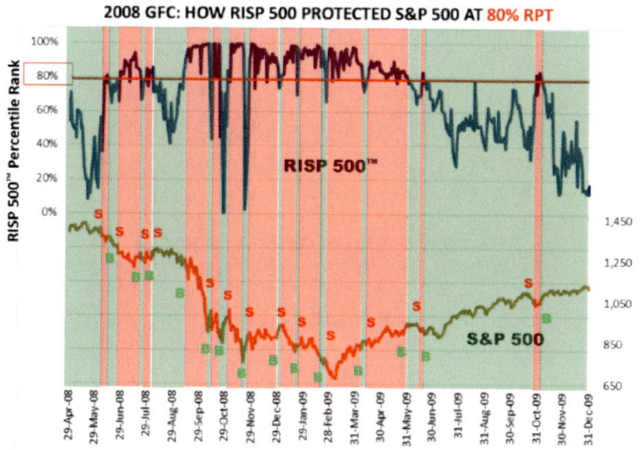

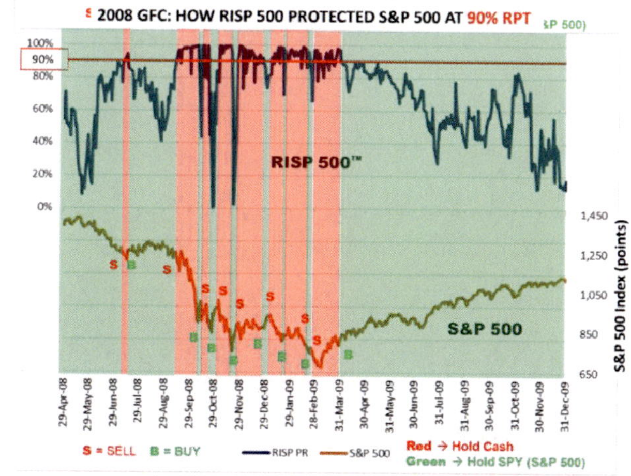

STRATEGY 1 (SPY or Cash) vs. SPY
Strategy 1 is based on RISP 500 risk-o-meter (RPT 75%) + Trailing Stop 3%
SPY is an ETF that tracks the S&P 500 index
$1,700
$1,600
$1,500
$1,400
$1,300
$1,200
$1,100
$1,000
$900
$800
$700
$1,558
STRATEGY 1
$1,148
SPY (S&P 500)
3-Jan-22
3-Feb-22
3-Mar-22
3-Apr-22
3-May-22
3-Jun-22
3-Jul-22
3-Aug-22
3-Sep-22
3-Oct-22
3-Nov-22
3-Dec-22
3-Jan-23
3-Feb-23
3-Mar-23
3-Apr-23
3-May-23
3-Jun-23
3-Jul-23
3-Aug-23
3-Sep-23
3-Oct-23
3-Nov-23
3-Dec-23
3-Jan-24
3-Feb-24
3-Mar-24
3-Apr-24
3-May-24
3-Jun-24
SPY
Strategy 1

STRATEGY 2 (QQQ or Cash) vs. QQQ
Strategy 2 is based on RISP 500 risk-o-meter (RPT 75%) + Trailing Stop 5.5%
QQQ is an ETF that tracks the Nasdaq index
$2,000
$1,800
$1,600
$1,400
$1,200
$1,000
$800
$600
$1,778
STRATEGY 2
$1,211
QQQ (NASDAQ 100)
3-Jan-22
3-Feb-22
3-Mar-22
3-Apr-22
3-May-22
3-Jun-22
3-Jul-22
3-Aug-22
3-Sep-22
3-Oct-22
3-Nov-22
3-Dec-22
3-Jan-23
3-Feb-23
3-Mar-23
3-Apr-23
3-May-23
3-Jun-23
3-Jul-23
3-Aug-23
3-Sep-23
3-Oct-23
3-Nov-23
3-Dec-23
3-Jan-24
3-Feb-24
3-Mar-24
3-Apr-24
3-May-24
3-Jun-24
QQQ
Strategy 2

STRATEGY 3 (SSO or Cash) vs. SSO
Strategy 3 is based on RISP 500 risk-o-meter (RPT 60%) + Trailing Stop 9%
SSO is an ETF that tracks the S&P 500 index 2x leveraged
$2,212
STRATEGY 3
$1,134
SSO (S&P 500 x2)
SSO
Strategy 3

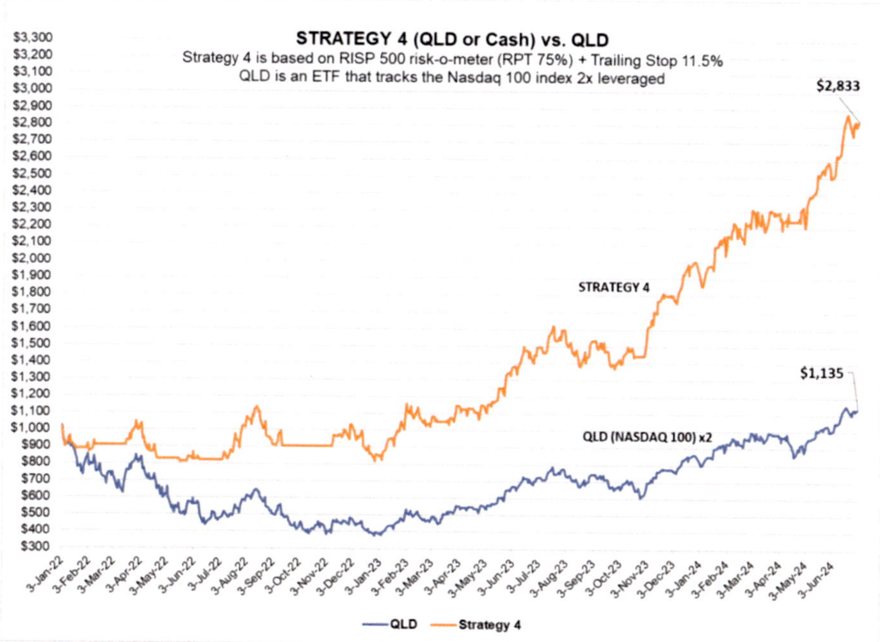
STRATEGY 4 (QLD or Cash) vs. QLD
Strategy 4 is based on RISP 500 risk-o-meter (RPT 75%) + Trailing Stop 11.5%
QLD is an ETF that tracks the Nasdaq 100 index 2x leveraged
$2,833
STRATEGY 4
$1,135
QLD (NASDAQ 100) x2
QLD
Strategy 4

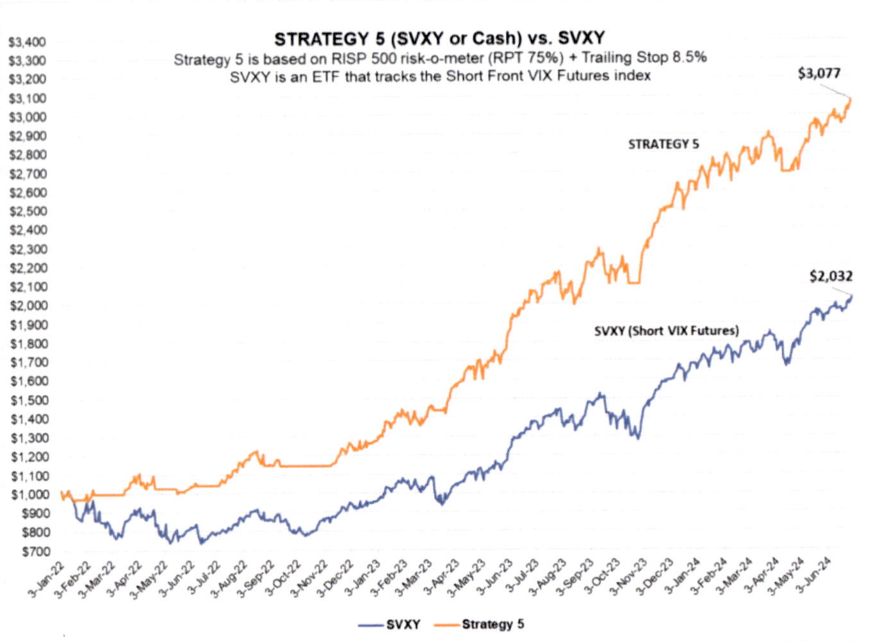
STRATEGY 5 (SVXY or Cash) vs. SVXY
Strategy 5 is based on RISP 500 risk-o-meter (RPT 75%) + Trailing Stop 8.5%
SVXY is an ETF that tracks the Short Front VIX Futures index
$3,077
STRATEGY 5
$2,032
SVXY (Short VIX Futures)
SVXY
Strategy 5

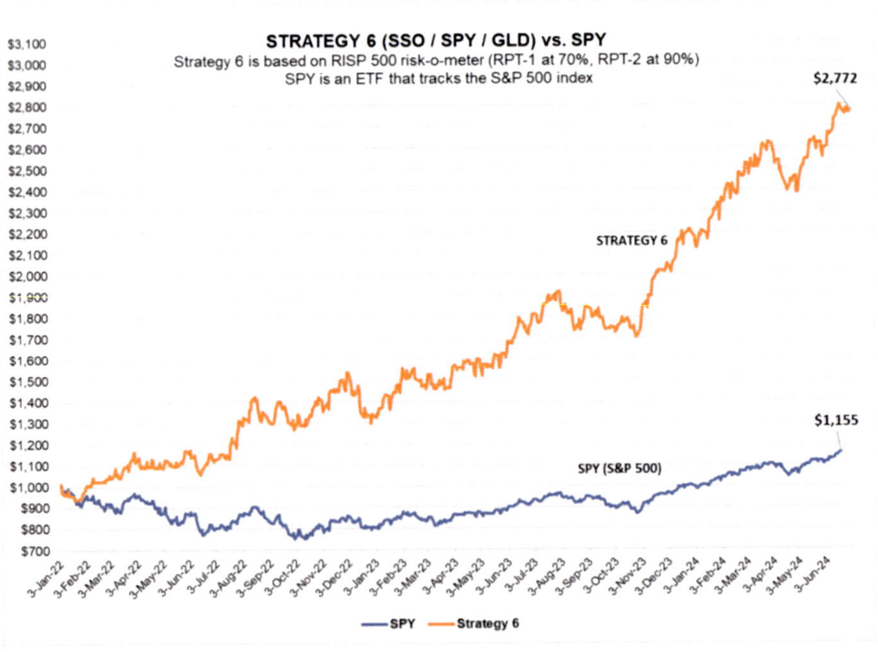
STRATEGY 6 (SSO / SPY / GLD) vs. SPY
Strategy 6 is based on RISP 500 risk-o-meter (RPT-1 at 70%, RPT-2 at 90%)
SPY is an ETF that tracks the S&P 500 index
$2,772
STRATEGY 6
$1,155
SPY (S&P 500)
SPY
Strategy 6

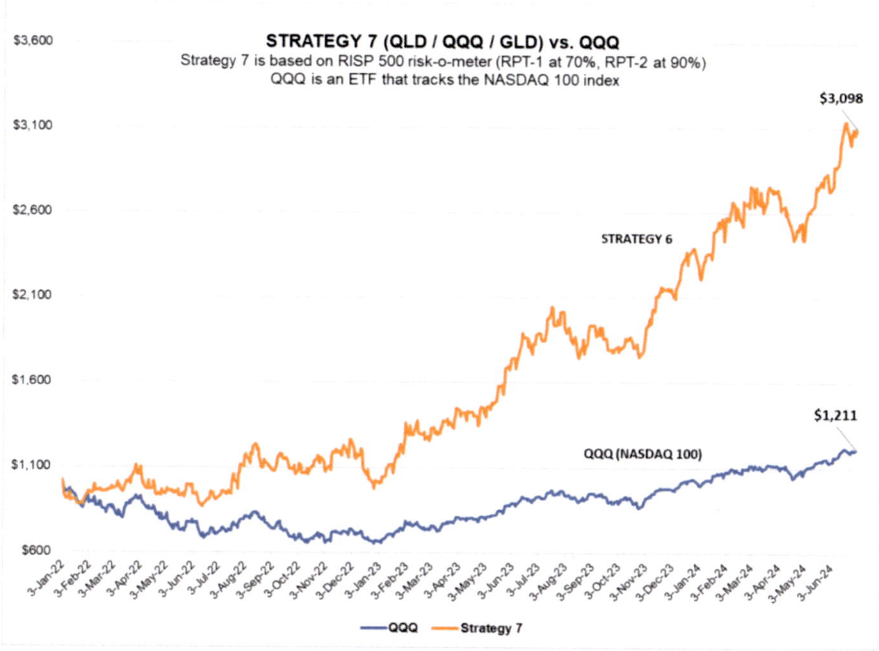
STRATEGY 7 (QLD / QQQ / GLD) vs. QQQ
Strategy 7 is based on RISP 500 risk-o-meter (RPT-1 at 70%, RPT-2 at 90%)
QQQ is an ETF that tracks the NASDAQ 100 index
$3,098
STRATEGY 6
$1,211
QQQ (NASDAQ 100)
$3,600
$3,100
$2,600
$2,100
$1,600
$1,100
$600
QQQ
Strategy 7

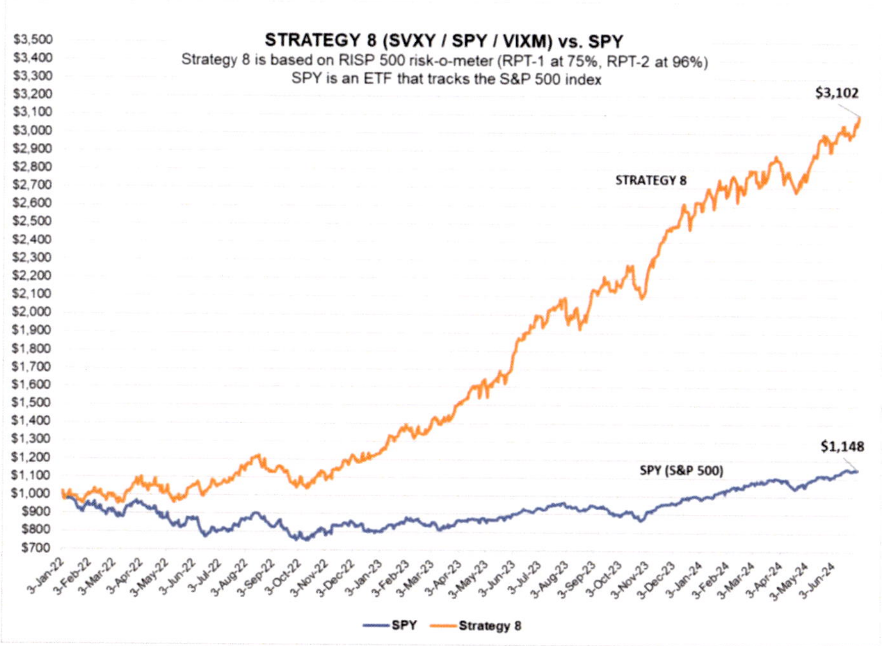
STRATEGY 8 (SVXY / SPY / VIXM) vs. SPY
Strategy 8 is based on RISP 500 risk-o-meter (RPT-1 at 75%, RPT-2 at 96%)
SPY is an ETF that tracks the S&P 500 index
$3,102
STRATEGY 8
$1,148
SPY (S&P 500)
SPY
Strategy 8

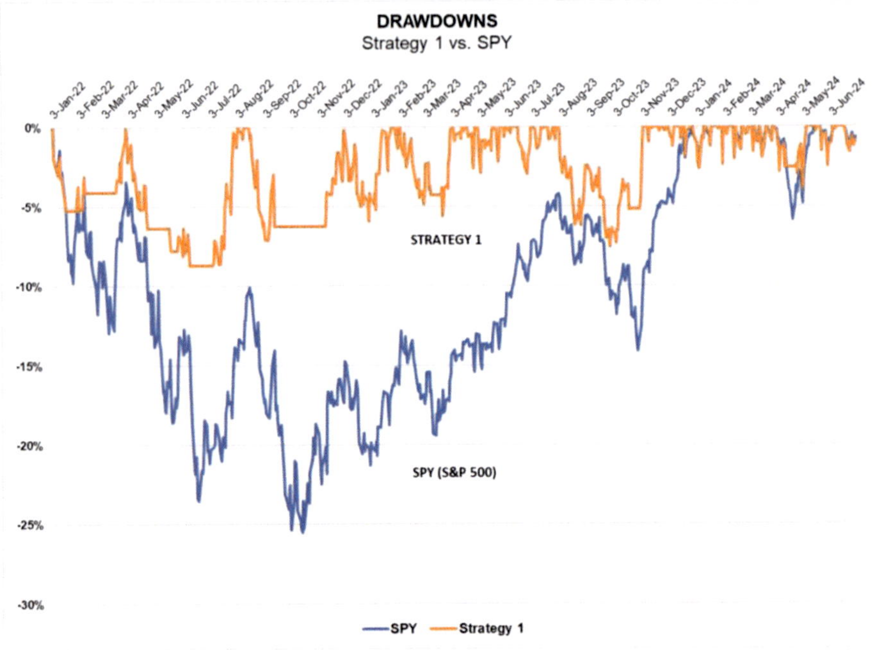
DRAWDOWNS
Strategy 1 vs. SPY
3-Jan-22
3-Feb-22
3-Mar-22
3-Apr-22
3-May-22
3-Jun-22
3-Jul-22
3-Aug-22
3-Sep-22
3-Oct-22
3-Nov-22
3-Dec-22
3-Jan-23
3-Feb-23
3-Mar-23
3-Apr-23
3-May-23
3-Jun-23
3-Jul-23
3-Aug-23
3-Sep-23
3-Oct-23
3-Nov-23
3-Dec-23
3-Jan-24
3-Feb-24
3-Mar-24
3-Apr-24
3-May-24
3-Jun-24
0%
-5%
-10%
-15%
-20%
-25%
-30%
STRATEGY 1
SPY (S&P 500)
SPY
Strategy 1

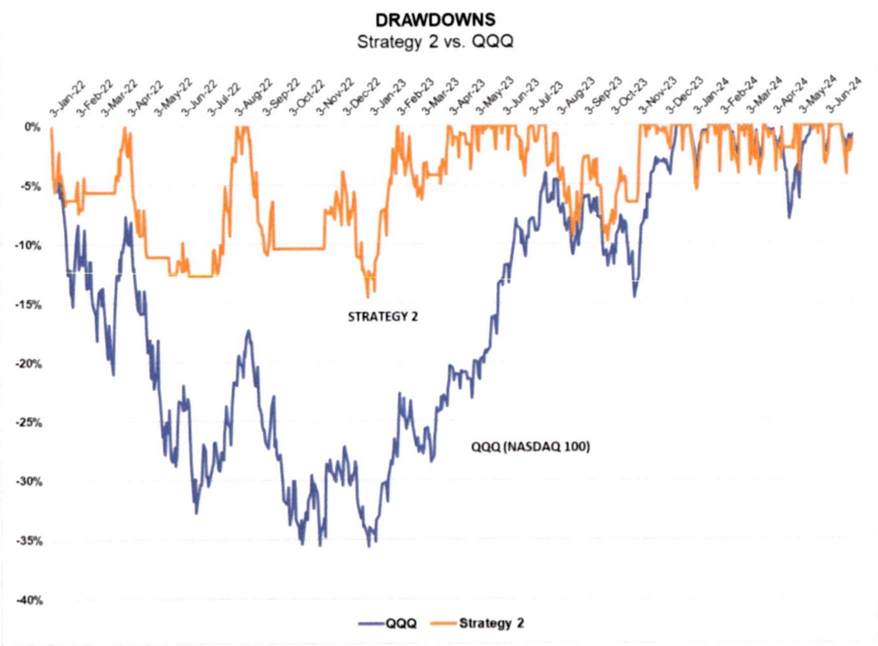
DRAWDOWNS
Strategy 2 vs. QQQ
3-Jan-22
3-Feb-22
3-Mar-22
3-Apr-22
3-May-22
3-Jun-22
3-Jul-22
3-Aug-22
3-Sep-22
3-Oct-22
3-Nov-22
3-Dec-22
3-Jan-23
3-Feb-23
3-Mar-23
3-Apr-23
3-May-23
3-Jun-23
3-Jul-23
3-Aug-23
3-Sep-23
3-Oct-23
3-Nov-23
3-Dec-23
3-Jan-24
3-Feb-24
3-Mar-24
3-Apr-24
3-May-24
3-Jun-24
0%
-5%
-10%
-15%
-20%
-25%
-30%
-35%
-40%
STRATEGY 2
QQQ (NASDAQ 100)
QQQ
Strategy 2

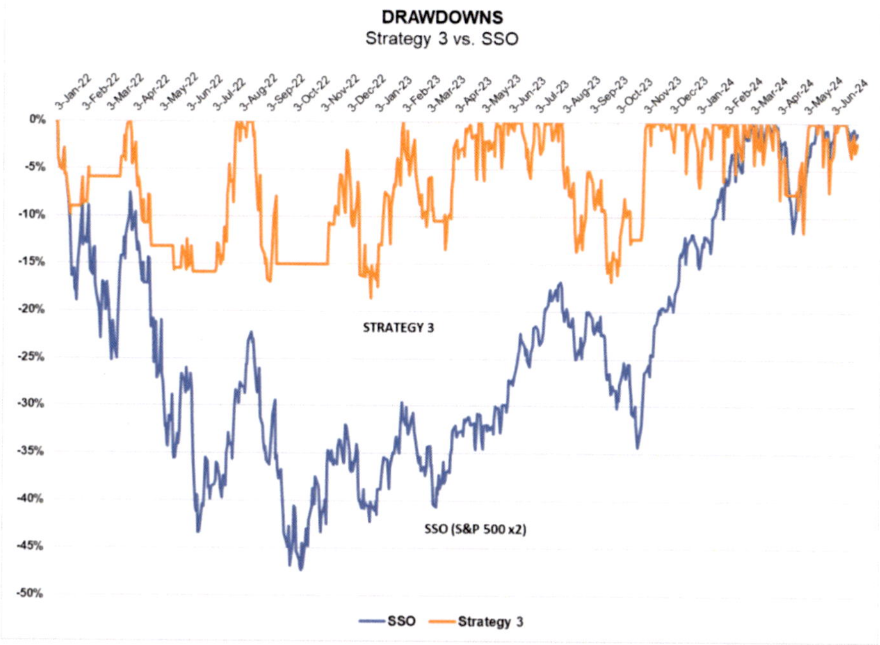
DRAWDOWNS
Strategy 3 vs. SSO
0%
-5%
-10%
-15%
-20%
-25%
-30%
-35%
-40%
-45%
-50%
3-Jan-22
3-Feb-22
3-Mar-22
3-Apr-22
3-May-22
3-Jun-22
3-Jul-22
3-Aug-22
3-Sep-22
3-Oct-22
3-Nov-22
3-Dec-22
3-Jan-23
3-Feb-23
3-Mar-23
3-Apr-23
3-May-23
3-Jun-23
3-Jul-23
3-Aug-23
3-Sep-23
3-Oct-23
3-Nov-23
3-Dec-23
3-Jan-24
3-Feb-24
3-Mar-24
3-Apr-24
3-May-24
3-Jun-24
STRATEGY 3
SSO (S&P 500 x2)
SSO
Strategy 3

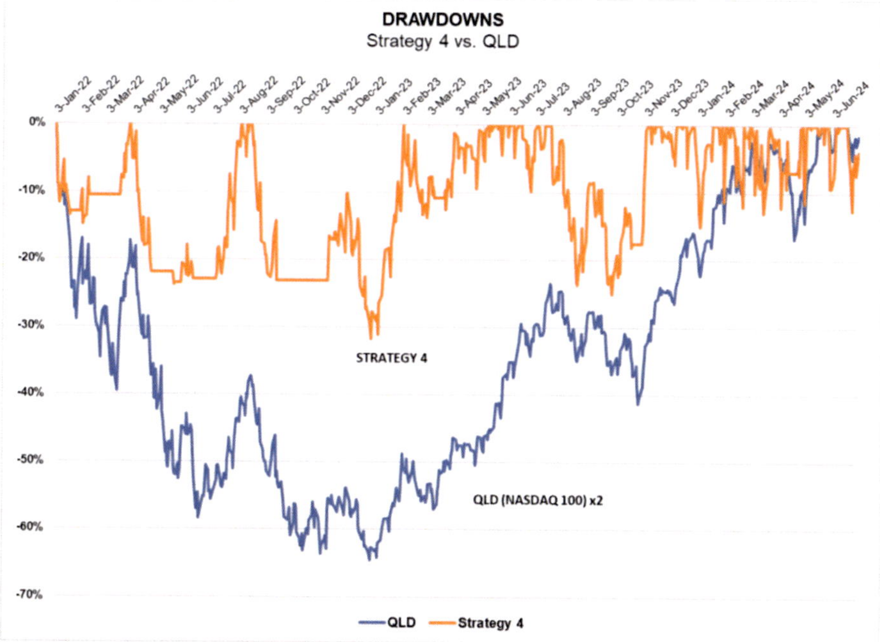
DRAWDOWNS
Strategy 4 vs. QLD
0%
-10%
-20%
-30%
-40%
-50%
-60%
-70%
3-Jan-22
3-Feb-22
3-Mar-22
3-Apr-22
3-May-22
3-Jun-22
3-Jul-22
3-Aug-22
3-Sep-22
3-Oct-22
3-Nov-22
3-Dec-22
3-Jan-23
3-Feb-23
3-Mar-23
3-Apr-23
3-May-23
3-Jun-23
3-Jul-23
3-Aug-23
3-Sep-23
3-Oct-23
3-Nov-23
3-Dec-23
3-Jan-24
3-Feb-24
3-Mar-24
3-Apr-24
3-May-24
3-Jun-24
STRATEGY 4
QLD (NASDAQ 100) x2
QLD
Strategy 4

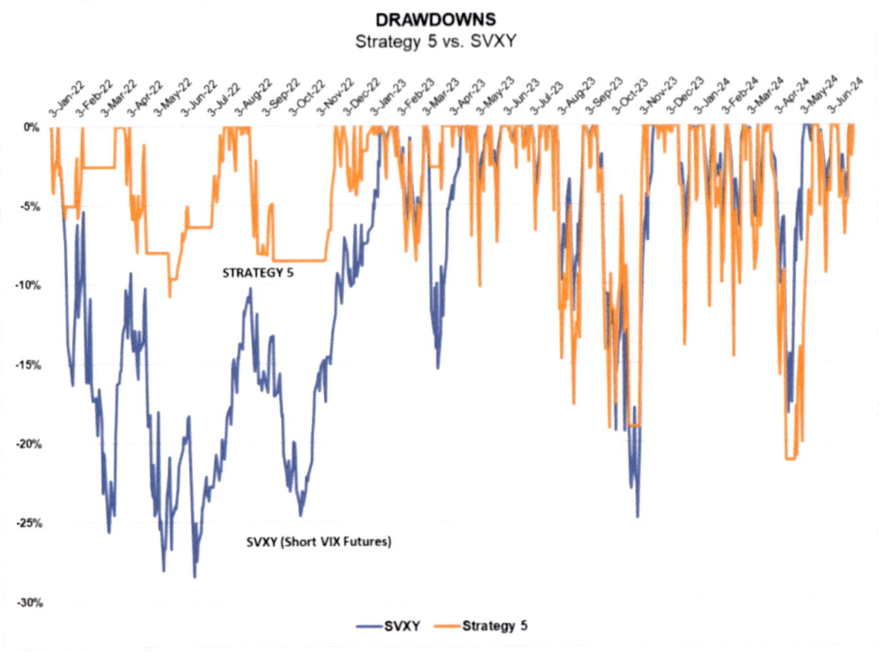
DRAWDOWNS
Strategy 5 vs. SVXY
STRATEGY 5
SVXY (Short VIX Futures)
0%
-5%
-10%
-15%
-20%
-25%
-30%
SVXY
Strategy 5

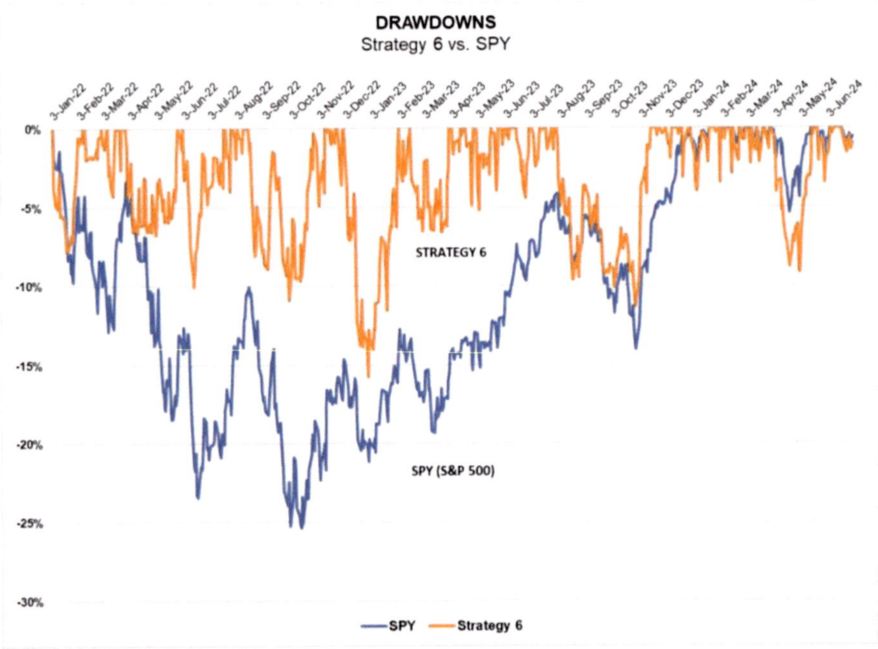
DRAWDOWNS
Strategy 6 vs. SPY
STRATEGY 6
SPY (S&P 500)
0%
-5%
-10%
-15%
-20%
-25%
-30%
SPY
Strategy 6

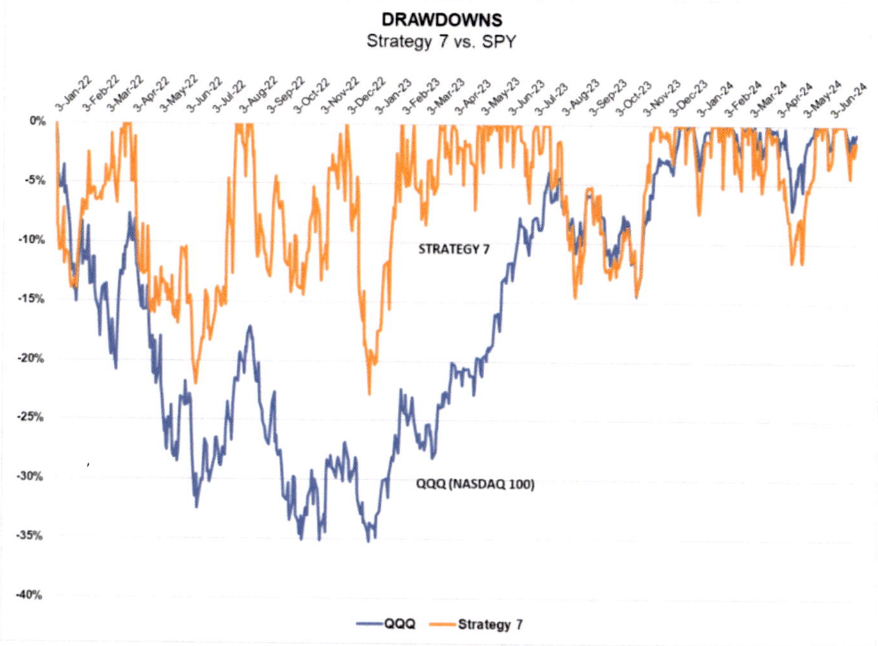
DRAWDOWNS
Strategy 7 vs. SPY
STRATEGY 7
QQQ (NASDAQ 100)
QQQ
Strategy 7

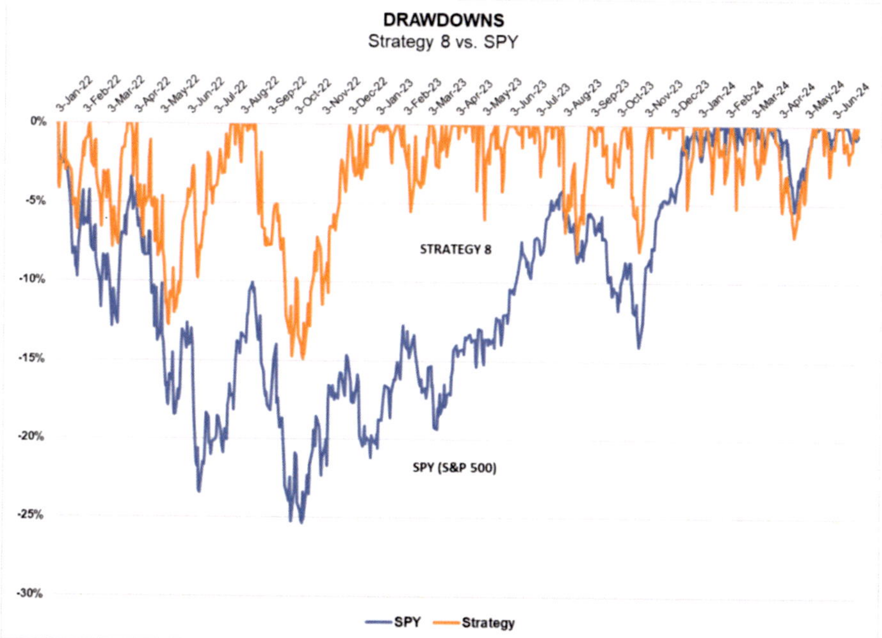
DRAWDOWNS
Strategy 8 vs. SPY
STRATEGY 8
SPY (S&P 500)
SPY
Strategy

STRATEGY 1 (SPY or Cash) vs. SPY
Strategy 1 is based on RISP 500 risk-o-meter (RPT 75%) + Trailing Stop 3%
SPY is an ETF that tracks the S&P 500 index
$1,558
Since 2023, Strategy I let profits run riding the bull market
Strategy I avoided the major dips of the 2022 bear market
The SPY ended 2022 with -19.48%
Strategy I ended 2022 with +0.53%
STRATEGY 1
$1,148
SPY (S&P 500)
SPY finally breaks even! It took the entire year of 2023 just recovering from 2022
$1,700
$1,600
$1,500
$1,400
$1,300
$1,200
$1,100
$1,000
$900
$800
$700
SPY
Strategy 1

Capítulo 11. Investimento Ativo vs. Passivo

Investir no mercado de ações pode ser abordado de duas maneiras principais: investimento ativo e investimento passivo. Cada maneira de investir possui características distintas que influenciam o potencial de retorno, os custos envolvidos e o nível de envolvimento necessário por parte do investidor.

O que é melhor: investimento ativo ou passivo?

Investimento Ativo

O investimento ativo ou "stock picking" envolve a seleção criteriosa de ativos (ações) com o objetivo de superar os índices de mercado, como o S&P 500. Gestores ou investidores individuais analisam detalhadamente empresas, setores e tendências econômicas para identificar as melhores oportunidades que possam oferecer retornos acima da média. Essa abordagem visa aproveitar flutuações de curto prazo e longo prazo nos preços dos ativos.

Vantagens do Investimento Ativo:

Potencial de Retornos Superiores: Com análises eficazes, é possível identificar oportunidades que superem o desempenho médio do mercado.

Flexibilidade: Permite ajustes na carteira em resposta a mudanças nas condições e perspectivas das empresas por trás das ações.

Gestão Personalizada: Possibilidade de adaptar a carteira às preferências individuais, como foco em setores específicos ou exclusão de determinados ativos ou setores.

Desvantagens do Investimento Ativo:

Custos Elevados: As frequentes transações e a necessidade de análises aprofundadas resultam em maiores taxas de administração e custos operacionais.

Alto Risco de Desempenho Inferior: Apesar do objetivo de superar o mercado, a grande maioria dos gestores ativos não consegue atingir esse propósito de forma consistente.

Complexidade: Requer conhecimento e recursos significativos para a tomada de decisões informadas escolhendo ações e empresas.

Demanda de Tempo é Absurda: Requer um tempo imenso para análises e monitoramento que não é prático para a maioria dos investidores não-profissionais, que acabam por usar mais o "achismo" que uma séria análise fundamentalista de cada empresa e ação.

Investimento Passivo

O investimento passivo busca replicar o desempenho de um índice de mercado, como o Ibovespa ou o S&P 500, adotando uma estratégia de "comprar e manter" a longo prazo (o famoso "Buy & Hold"). Isso é geralmente realizado por meio de fundos de índice ou ETFs, que possuem uma carteira de ativos correspondente à composição do índice de referência. Por exemplo, o S&P 500 é um índice composto por uma carteira teórica das 500 maiores empresas americanas sob certos critérios. O Nasdaq 100 é semelhante mas inclui mais empresas de tecnologia. Ambos índices são replicados por Fundos de Índice ("Index Funds"), incuindo ETFs como SPY e QQQ, que replicam o S&P 500 e o Nasdaq 100, respectivamente.

Vantagens do Investimento Passivo:

Custos Reduzidos: A gestão menos intensiva resulta em menores taxas de administração e custos operacionais.

Simplicidade: Não exige nenhuma análise complexa, sendo acessível mesmo para investidores iniciantes.

Desempenho Consistente: Historicamente, muitos fundos passivos de índice têm conseguido acompanhar ou até superar o desempenho de fundos ativos, especialmente após considerar as taxas.

Desvantagens do Investimento Passivo:

Limitação de Retornos: O retorno está diretamente atrelado ao desempenho do índice, sem possibilidade de superá-lo. Você está à mercê dele. Em anos fracos, o retorno costuma ser baixo e inclusive negativo, principalmente se ocorreu um crash no ano.

Falta de Flexibilidade: Não permite ajustes para se beneficiar de oportunidades de mercado ou evitar perdas em períodos de volatilidade.

Exposição Total ao Mercado: Em períodos de queda do mercado, a carteira refletirá integralmente as perdas do índice de referência.

Considerações Finais

A escolha entre investimento ativo e passivo deve ser baseada nos objetivos financeiros, tolerância ao risco, horizonte de investimento e nível de envolvimento desejado pelo investidor. Investidores que buscam potencializar retornos e estão dispostos a assumir maiores riscos e custos podem preferir a gestão ativa. Por outro lado, aqueles que valorizam simplicidade, menores custos e estão satisfeitos em obter retornos alinhados ao mercado podem optar pela gestão passiva.

É importante notar que, segundo estudos, a longo prazo, os fundos passivos tendem a superar os ativos em termos de rentabilidade líquida, devido aos custos mais baixos envolvidos.

Além disso, é possível combinar ambas as estratégias, adotando uma abordagem híbrida que aproveite os benefícios de cada método, diversificando a carteira de investimentos de forma equilibrada.

Lembre-se sempre de considerar suas preferências pessoais e circunstâncias pessoais também. Você possui o conhecimento necessário para performar análise de investimento para escolher ações (nós podemos te ensinar também, veja um resumo introdutório no Capítulo 12). Outra consideração importante é o tempo disponível para fazer as análises e acompanhamento. Pense nisso também.

A Aposta Milionária de Warren Buffett com a Indústria de Fundos

Todos sabem quem é Warren Buffett, o mais venerado e admirado investidor da história dos Estados Unidos. O que muita gente não sabe é que Warren Buffet fez uma aposta de US$ 1 milhão em 2007 com a indústria de fundos que praticam investimento ativo. A aposta dele era que os gestores profissionais escolhendo ações de forma ativa não seriam capazes de superar o índice S&P 500 (ou seja, um investimento passivo num fundo desse índice) ao longo de um período de 10 anos. Caso perdesse a aposta, Warren Buffet pagaria US$ 1 milhão para o fundo vencedor. No final, após o anúncio da aposta, ninguém apareceu para o desafio exceto um gestor de fundo de fundos chamado Ted Seides da Protégé Partners. Ted Seides escolheu a dedo 5 dos melhores fundos de investimento ativo para ganhar o desafio. O resultado?

Não foi nem preciso esperar 10 anos pelos resultados. No meio do caminho, após poucos anos no desafio, Ted já jogou a toalha pois a diferença já havia ficado tão grande que nem um milagre futuro salvaria os fundos de investimento ativo de baterem o S&P 500. Warren Buffet doou o dinheiro da aposta que ganhou a uma entidade de caridade mas ele confirmou o ponto da afirmação dele de que é realmente muito difícil bater o índice S&P 500 escolhendo ações para investir de forma ativa. Já falamos sobre isso, análise fundamentalista tem muitos furos por conta das inúmeras premissas que precisam fazer. Outra vez, a aposta não prova que investimento passivo seja melhor que investimento ativo. Mas prova o quão difícil – mesmo para profissionais altamente qualificados – é para investimento ativo superar investimento passivo ou bater o índice S&P 500.

Agora, imagine se os apostadores tivessem acesso ao Método SMIGRM. Reproduzo outra vez os resultados obtidos por nós guiados pelo indicador de risco RISP 500 baseado em SMIGRM para refrescar a memória:

2024 Return Ranking

Asset/Strategy	YTD Return
ST4-2L-Nasdaqx2	54.46%
ST3-2L-SP500x2	47.87%
ST7-3L-Nasdaq	35.77%
ST6-3L-SP500	32.71%
ST2-2L-Nasdaq	28.21%
ST1-2L-SP500	23.51%
SPY (S&P 500)	23.30%
ST5-2L-Volatility	10.51%
ST8-3L-Volatility	8.45%

Published every day after the close
Since 01 Jan 2024

2022 - 2024 Performance Ranking 31-Dec-2024

Asset/Strategy	Cum. Return	CAGR	Max DD	RoMaD
ST7-3L-Nasdaq	221.47%	46.75%	-22.78%	9.7x
ST4-2L-Nasdaqx2	206.30%	44.44%	-37.18%	5.5x
ST6-3L-SP500	192.15%	42.21%	-15.75%	12.2x
ST5-2L-Volatility	192.04%	42.19%	-36.40%	5.3x
ST8-3L-Volatility	184.14%	40.92%	-14.88%	12.4x
ST3-2L-SP500x2	148.43%	34.84%	-18.86%	7.9x
ST2-2L-Nasdaq	87.24%	22.88%	-14.52%	6.0x
ST1-2L-SP500	65.30%	17.95%	-8.72%	7.5x
SPY (S&P 500)	23.40%	7.15%	-25.51%	0.9x

Max DD: Maximum Drawdowns, RoMaD: Return over Maximum Drawdowns
Since 01 Jan 2022. Cumulative return is compounded daily.

Note, que ao contrário dos fundos de gestão ativa, altamente profissionais que administram bilhões de dólares de clientes, nós batemos o S&P 500 sem precisar escolher uma única ação! Como falei anteriormente, o segredo não está nas peças do quebra-cabeças, mas na maneira de manuseio das peças. E explicamos como SMIGRM funciona e por que funciona para você com detalhes no Capítulo 10. Seguindo os ensinamentos do SMIGRM e o indicador RISP 500 diariamente, você poderá também bater o S&P 500 e sair-se melhor que a maioria dos gestores de fundos profissionais. Ainda duvida? Continue a leitura!

Nota Final do Autor: Investimento Ativo ou Passivo?

Na minha opinião pessoal, acredito que para a vasta maioria das pessoas, brasileiras ou americanas ou de qualquer parte do mundo, faz mais sentido investimento passivo que ativo. Por que?

Razão #1: Investimento Ativo requer um **conhecimento** muito aguçado de análise fundamentalista, *valuation*, finanças corporativas, e contabilidade empresarial. A maioria das pessoas não possuem esse conhecimento nem experiência, é simplesmente a realidade.

Razão #2: Investimento Ativo requer uma quantidade enorme de **tempo** para fazer as análises necessárias, seja você um expert ou não. A maioria das pessoas, que não são profissionais de finanças ou investimentos, simplesmente não têm tempo para essas atividades.

Razão #3: Warren Buffett provou o quão **difícil é superar o índice S&P 500** (Investimento Passivo) por meio de Investimento Ativo.

Razão #4: Investimento Ativo em carteira administrada feito por profissionais por você (consultor financeiro, banco, corretora, etc.) ou investimento em um fundo que faz Investimento Ativo geralmente **custam mais caro** que você fazer um Investimento Passivo diretamente. Os custos tendem a se acumular com o tempo e impactar negativamente seus resultados de longo prazo.

Veja que análise fundamentalista, *valuation*, e mesmo análise técnica são ferramentas usadas por Wall Street e profissionais financeiros, que foram popularizados em livros de finanças e ensinado também para investidores pessoas-físicas não-profissionais. Dessa forma, é como encaixar um quadrado num círculo. Profissionais de investimento, principalmente em Wall Street, têm muito melhor acesso à informação que cidadãos em geral, inclusive informação privilegiada. Veja, se você soube de determinada informação relevante por meio da TV, jornal, ou comentaristas, você não acha que a informação não chegou aos profissionais bem antes e que o mercado já mudou em resposta à tal informação quando você resolver fazer alguma coisa com suas ações?

Porém, Investimento Passivo perde para Investimento Ativo em um coisa muito importante: retorno potencial. Geralmente, por ser menos arriscado, menos trabalhoso, e menos custoso, investimento passivo em índice tende a resultar em retornos medianos comparados com as melhores ações (se você conseguir acertar na escolha delas, claro). Mas para isso, o Método SMIGRM que ensinamos no Capítulo 10 resolverá esse problema – você descobrirá que é uma solução que irá melhorar tremendamente o perfil de risco-retorno do seu investimento, resultando em retornos maiores com menos risco.

Eu pessoalmente acredito que Investimento Passivo combinado com o Método SMIGRM é mais adequado para a maioria das pessoas, de forma que elas:

- Não precisem conhecer, estudar ou fazer análise fundamentalista, *valuation*, e análise técnica;
- Não precisem de mais de 5 minutos por dia dedicados ao investimento;
- Possam evitar quedas abruptas e inesperadas do mercado desde cedo, evitando prejuízos maiores;
- Possam potencialmente obter retornos amplificados, superando o S&P 500.

SMIGRM pode ser usado com Investimento Ativo também? Certamente sim! Pessoas com perfil de finanças e profissionais de investimentos que praticam Investimento Ativo com maestria vão poder melhorar muito seus resultados com SMIGRM, mesmo que usem qualquer outro método para escolher ações e montar a alocação de carteira. Isso acontece porque SMIGRM ajuda no timing dos investimentos e não na análise e escolha ou alocação dos ativos.

Capítulo 12. [Ativo] Análise Fundamentalista (com *Valuation) e Técnica*

Análise Fundamentalista vs. Análise Técnica em Investimentos em Ações O investimento em ações tem sido influenciado por duas principais escolas de pensamento: Análise Fundamentalista e Análise Técnica. Essas abordagens diferem em metodologia, fundamentos teóricos e os insights que oferecem aos investidores.

Análise Fundamentalista

- **Definição**: A análise fundamentalista busca avaliar o valor intrínseco de uma empresa examinando suas demonstrações financeiras, posição competitiva, dinâmica da indústria e fatores macroeconômicos. O objetivo é identificar ações negociadas abaixo de seu valor intrínseco para investimento de longo prazo.
- **Fundamentos Teóricos**:
    - **Hipótese do Mercado Eficiente**: Os mercados refletem informações publicamente disponíveis, mas ineficiências podem existir, permitindo que investidores identifiquem ações subvalorizadas.
    - **Princípios de Investimento em Valor**: Originada de Benjamin Graham e David Dodd, esta escola enfatiza a compra de ações com desconto em relação ao seu valor intrínseco.
    - **Teorias de Finanças Corporativas**: Métricas como fluxo de caixa descontado (DCF) e relação preço/lucro (P/L) estão enraizadas em metodologias de avaliação corporativa.
- **Componentes Principais**:

  - **Análise Quantitativa**: Foca em métricas financeiras como receita, margens de lucro, níveis de dívida e fluxo de caixa.
  - **Análise Qualitativa**: Avalia fatores não numéricos, incluindo qualidade da gestão, força da marca e posição na indústria.

Prós

- Fornece uma visão holística da saúde e potencial da empresa.
- Encoraja estratégias de investimento de longo prazo, reduzindo o impacto do ruído do mercado.
- Enfatiza a redução do risco através da análise dos fundamentos.

Contras

- Exige tempo e conhecimento financeiro aprofundado.
- Assume que os mercados eventualmente reconhecerão ações subvalorizadas, o que pode não acontecer no curto prazo.
- Menos eficaz para prever movimentos de preço de curto prazo.

Como um Analista Faz a Análise Fundamentalista na Prática nos EUA

A análise fundamentalista é um método de avaliação de empresas que se baseia nos dados financeiros e econômicos para determinar o valor intrínseco de uma ação. Nos Estados Unidos, os analistas fundamentalistas utilizam demonstrações financeiras auditadas, informações macroeconômicas, tendências do setor e fatores qualitativos para decidir se um ativo está subvalorizado ou supervalorizado.

O processo geralmente segue quatro etapas principais:

1. Coletar e Examinar as Demonstrações Financeiras

Nos EUA, empresas listadas na bolsa são obrigadas a divulgar suas demonstrações financeiras auditadas trimestralmente (10-Q) e anualmente (10-K) para a SEC (Securities and Exchange Commission). Essas informações estão disponíveis no site da SEC e nos portais das empresas.

Os principais documentos analisados são:

Demonstração de Resultado (Income Statement) → Avalia receitas, lucros, margens e crescimento.

Balanço Patrimonial (Balance Sheet) → Examina ativos, passivos, liquidez e estrutura de capital.

Demonstração do Fluxo de Caixa (Cash Flow Statement) → Analisa a capacidade da empresa de gerar caixa operacional, investimentos e financiamentos.

Notas Explicativas e MD&A (Management Discussion & Analysis) → Fornecem insights sobre decisões da gestão, riscos e perspectivas futuras.

2. Avaliação de Indicadores Financeiros (Análise Quantitativa)

Com base nas demonstrações financeiras, os analistas calculam métricas-chave para avaliar a **saúde financeira e performance da empresa**.

a) Indicadores de Rentabilidade:

✓ **Lucro por Ação (EPS)** = Lucro Líquido / Número de Ações
✓ **Margem Bruta (%)** = (Receita - Custo dos Bens Vendidos) / Receita
✓ **Margem Operacional (%)** = Lucro Operacional / Receita
✓ **Margem Líquida (%)** = Lucro Líquido / Receita

b) Indicadores de Valuation:

✓ **P/E Ratio (Preço/Lucro)** = Preço da Ação / Lucro por Ação
✓ **P/B Ratio (Preço/Valor Patrimonial)** = Preço da Ação / Valor

Patrimonial por Ação

✓ **EV/EBITDA** = Valor da Empresa / EBITDA

c) Indicadores de Saúde Financeira:

✓ **Dívida/EBITDA** = Dívida Total / EBITDA

✓ **Current Ratio** = Ativo Circulante / Passivo Circulante

✓ **ROE (Retorno sobre Patrimônio)** = Lucro Líquido / Patrimônio Líquido

Comparação com concorrentes: O analista compara esses múltiplos com **empresas do mesmo setor** para ver se a ação está **subvalorizada ou supervalorizada**.

3. Análise Qualitativa e Macroeconômica

Além dos números, o analista avalia **fatores qualitativos** que impactam a empresa no longo prazo:

Vantagens Competitivas – A empresa tem **barreiras de entrada altas**, patentes ou forte reconhecimento de marca?
Tendências do Setor – O setor está crescendo ou enfrentando desafios?
Gestão e Estratégia – Os executivos têm um bom histórico de entregas?
Macroeconomia – Como inflação, taxas de juros e ciclo econômico afetam a empresa?

4. Cálculo do Valor Justo (*Valuation*) e Decisão de Compra/Venda

Por fim, o analista usa modelos de **Valuation**, como **Discounted Cash Flow (DCF)** ou **múltiplos de mercado**, para definir **o preço-alvo da ação** e decidir se é um **bom investimento**.

✓ **Se o preço de mercado estiver abaixo do valor justo → Ação Subvalorizada (Bom para comprar)**

✓ Se o preço de mercado estiver acima do valor justo → Ação Supervalorizada (Bom para vender ou evitar)

Exemplo Prático: Analisando a Empresa Hipotética "TechNova Inc."

Cenário:

A **TechNova Inc. (TNV)** é uma empresa de tecnologia listada na Nasdaq, especializada em inteligência artificial para empresas financeiras. Seu crescimento acelerado atrai investidores, mas há riscos associados à alta concorrência e regulamentação do setor.

1. Demonstrações Financeiras da TechNova Inc.

- **Receita Anual:** $5 bilhões (crescimento de 20% YoY)
- **Lucro Líquido:** $750 milhões
- **Fluxo de Caixa Operacional:** $800 milhões
- **Dívida Total:** $2 bilhões
- **Ativos Totais:** $10 bilhões

2. Indicadores Financeiros

Indicador	TechNova (TNV)	Concorrente A	Concorrente B
P/E Ratio	30x	35x	28x
EV/EBITDA	18x	20x	16x
ROE (%)	18%	16%	14%
Margem Líquida (%)	15%	12%	10%
Dívida/EBITDA	2,5x	3,0x	2,2x

Conclusão: TNV está bem posicionada, com margens melhores e menos endividada que seus concorrentes. Seu valuation não está excessivo, mas seu P/E sugere que o crescimento esperado já está parcialmente precificado.

3. Análise Qualitativa e Setorial

Vantagem Competitiva:

✓ Patentes e tecnologia proprietária
✓ Grandes contratos com bancos e fintechs
✓ Forte investimento em P&D

Tendências do Setor:

✓ Expansão da IA no setor financeiro
✓ Regulação mais rigorosa nos EUA e UE (risco de compliance)

Gestão:

✓ CEO tem histórico de crescimento em startups de tecnologia
✓ Investidores institucionais detêm 60% das ações

Fatores Macroeconômicos:

✓ Taxa de juros mais altas podem afetar o setor de tecnologia
✓ Demanda crescente por automação financeira

4. *Valuation* e Decisão

Cálculo do Valor Justo pelo DCF:

- Fluxo de Caixa Livre Atual: $600 milhões
- Crescimento Projetado: 15% nos próximos 5 anos
- Taxa de Desconto (WACC): 9%
- Valor Justo por Ação: **$120**
- Preço de Mercado Atual: **$110**

Conclusão do Analista:

- **TechNova está subvalorizada em 9%** em relação ao seu valor justo.
- **Risco:** Regulamentação pode impactar crescimento futuro.
- **Recomendação: Compra** com preço-alvo de **$120**.

Em Resumo: Como Aplicar a Análise Fundamentalista?

A análise fundamentalista não se baseia apenas em números, mas combina dados financeiros, estratégias de mercado, tendências setoriais e fatores macroeconômicos.

Passos Essenciais:

✓ Examinar **demonstrações financeiras**

✓ Comparar **indicadores financeiros com concorrentes**

✓ Avaliar **vantagens competitivas e riscos setoriais**

✓ Calcular ***valuation*** **e determinar o valor justo**

Dica Final: Um investidor fundamentalista bem-sucedido **pensa no longo prazo** e busca **empresas de qualidade, com** ***valuation*** **atrativo e fundamentos sólidos**.

Discutiremos abaixo algumas formas de fazer *valuation*, que por si só pode ser um capítulo à parte.

Valoração de Ações (*Valuation*)

A valoração de ações (*valuation*) é uma prática fundamental em finanças, permitindo que investidores e analistas estimem o valor justo de uma ação. Vários métodos são comumente empregados, cada um com metodologias distintas, vantagens e limitações. Abaixo está uma exploração das principais técnicas de valoração:

1. Análise de Fluxo de Caixa Descontado (DCF)

- **Visão Geral**: A análise DCF estima o valor intrínseco de uma empresa projetando seus fluxos de caixa futuros e descontando-os ao seu valor presente usando uma taxa de desconto apropriada, tipicamente o Custo Médio Ponderado de Capital (WACC).
- **Prós**:
    - **Foco no Valor Intrínseco**: Fornece uma valoração baseada nos fundamentos da empresa, independente das condições de mercado.
    - **Análise Abrangente**: Incorpora projeções financeiras detalhadas, oferecendo insights sobre o desempenho futuro da empresa.
    - **Flexibilidade**: Aplicável a empresas com fluxos de caixa previsíveis e estáveis.
- **Contras**:
    - **Sensibilidade às Suposições**: Altamente dependente da precisão dos fluxos de caixa projetados e da taxa de desconto escolhida; pequenas mudanças podem impactar significativamente a valoração.
    - **Complexidade**: Requer dados financeiros detalhados e modelagem sofisticada, o que pode ser demorado.
    - **Aplicabilidade Limitada**: Menos eficaz para empresas com fluxos de caixa voláteis ou imprevisíveis, como startups ou empresas em setores emergentes.
- **Exemplo**: Considere uma empresa que se espera gerar $10 milhões em fluxo de caixa livre no próximo ano, crescendo a 5% anualmente. Se o WACC for 8%, a valoração DCF envolveria projetar esses fluxos de caixa no futuro,

descontando-os ao seu valor presente e somando-os para determinar o valor intrínseco da empresa.

2. **Análise de Empresas Comparáveis (CCA)**

- **Visão Geral**: A CCA, ou "comps", envolve valorar uma empresa comparando-a com empresas públicas similares, usando múltiplos de valoração como Preço/Lucro (P/L), Valor da Empresa/EBITDA (EV/EBITDA) e Preço/Valor Contábil (P/V).
- **Prós**:
    - **Orientado pelo Mercado**: Reflete os sentimentos e valorações atuais do mercado.
    - **Simplicidade Relativa**: Mais fácil e rápido de realizar em comparação com DCF, dada a disponibilidade de dados de mercado.
    - **Benchmarking**: Permite comparações com pares da indústria, destacando o desempenho relativo.
- **Contras**:
    - **Falta de Consideração Única**: Não leva em conta fatores específicos da empresa que podem justificar um prêmio ou desconto.
    - **Influência da Volatilidade do Mercado**: Sujeito a flutuações de mercado, o que pode levar a supervaloração ou subvaloração durante extremos de mercado.
    - **Dificuldade em Encontrar Comparáveis Verdadeiros**: Identificar empresas verdadeiramente comparáveis pode ser desafiador, especialmente para empresas de nicho ou diversificadas.

- **Exemplo**: Se a relação P/L média de empresas comparáveis for 15x e os lucros da empresa alvo forem $2 milhões, a valoração implícita seria $30 milhões ($2 milhões * 15).

3. **Análise de Transações Precedentes**

- **Visão Geral**: Este método envolve analisar as valorações pagas por empresas similares em transações de fusões e aquisições passadas para estimar o valor de uma empresa.
- **Prós**:
    - **Dados do Mundo Real**: Baseado em preços de transações reais, refletindo o que os compradores estavam dispostos a pagar.
    - **Incorpora Prêmios de Controle**: Leva em conta prêmios pagos pelo controle em aquisições.
    - **Indicador de Sentimento de Mercado**: Fornece insights sobre tendências de mercado e o apetite por negócios dentro de uma indústria.
- **Contras**:
    - **Variabilidade das Condições de Mercado**: Transações passadas podem ter ocorrido sob diferentes condições de mercado, limitando a comparabilidade.
    - **Disponibilidade de Dados**: Informações detalhadas sobre transações privadas podem ser escassas ou não divulgadas.
    - **Não Padronização**: Cada negócio tem termos únicos, tornando comparações diretas desafiadoras.
- **Exemplo**: Se empresas similares foram adquiridas a um múltiplo EV/EBITDA médio de 10x, e o EBITDA da empresa

alvo for $5 milhões, o valor da empresa implícito seria $50 milhões.

4. Valoração Baseada em Ativos

- **Visão Geral**: Esta abordagem calcula o valor de uma empresa com base na soma dos valores de mercado de seus ativos individuais menos quaisquer passivos, essencialmente determinando o valor líquido dos ativos (NAV).
- **Prós**:
    - **Simplicidade**: Cálculo direto com base nas figuras do balanço patrimonial.
    - **Útil para Negócios Intensivos em Ativos**: Particularmente relevante para empresas com ativos tangíveis significativos, como empresas imobiliárias.
    - **Cenários de Liquidação**: Fornece um valor básico em casos de liquidação ou crise.
- **Contras**:
    - **Ignora Intangíveis**: Pode negligenciar ativos intangíveis valiosos, como patrimônio de marca ou propriedade intelectual.
    - **Não Reflete o Potencial de Lucros Futuros**: Foca nos valores atuais dos ativos sem considerar a rentabilidade futura.
    - **Potencial de Obsolescência**: Os valores dos ativos podem estar desatualizados ou não refletir as condições atuais de mercado.
- **Exemplo**: Uma empresa de manufatura com ativos totais avaliados em $100 milhões e passivos de $40 milhões teria um NAV de $60 milhões.

Conclusão: Cada método de valoração de ações oferece insights únicos e é adequado para diferentes cenários:

- **Análise DCF**: Ideal para empresas com fluxos de caixa previsíveis, mas sensível a suposições.
- **Análise de Empresas Comparáveis**: Útil para valorações relativas ao mercado, mas pode negligenciar fatores específicos da empresa.
- **Análise de Transações Precedentes**: Baseada em dados de transações reais, mas dependente da disponibilidade e relevância de negócios passados.
- **Valoração Baseada em Ativos**: Aplicável para empresas com muitos ativos, mas pode ignorar as perspectivas de crescimento futuro.

É crucial reconhecer que todos os métodos de valoração dependem de inúmeras suposições, desde projeções de fluxos de caixa futuros até taxas de desconto apropriadas e seleções comparáveis. Essas suposições introduzem um grau de subjetividade e potencial para erro. Portanto, é prática comum usar múltiplos métodos de valoração em conjunto para calcular uma estimativa mais precisa do valor justo de uma empresa.

Vamos ver como se faz *valuation* de uma ação americana usando os 4 métodos descritos acima?

Como Analistas Fazem Valuation na Prática nos EUA (4 métodos)

Vamos dar um exemplo numérico hipotético simples de ***Valuation*** para uma ação americana usando os quatro métodos diferentes apresentados acima:

- **DCF (Discounted Cash Flow) - Fluxo de Caixa Descontado**

- **CCA (Comparable Company Analysis) - Análise de Empresas Comparáveis**
- **Análise de Transações Precedentes**
- **Valoração Baseada em Ativos (Net Asset Value - NAV)**

Cenário Hipotético: TechNova Inc. (TNV)

TechNova Inc. (TNV) é uma empresa de tecnologia listada na Nasdaq, especializada em inteligência artificial para o setor financeiro.

◆ **Dados Financeiros Hipotéticos da TNV:**

- Receita anual: **$5 bilhões**
- EBITDA: **$1 bilhão**
- Fluxo de Caixa Livre Atual: **$600 milhões**
- Taxa de Crescimento Estimada (Próximos 5 Anos): **15% ao ano**
- Taxa de Desconto (WACC): **9%**
- Número de Ações em Circulação: **100 milhões**

Agora, vamos calcular o valor justo da ação usando os quatro métodos.

1. Valuation pelo Método do Fluxo de Caixa Descontado (DCF)

O método DCF projeta os fluxos de caixa futuros da empresa e os desconta para o presente usando o **WACC** como taxa de desconto.

Passo 1: Projeção do Fluxo de Caixa Livre (FCF)

Usamos um crescimento de **15% ao ano** por 5 anos:

Ano	Fluxo de Caixa Livre ($ Milhões)
1	690
2	794
3	913
4	1.050
5	1.208

Passo 2: Valor Presente dos Fluxos de Caixa

Aplicamos o desconto pelo **WACC de 9%**:

$$\text{PV} = \frac{\text{FCF}}{(1 + WACC)^t}$$

$$PV_1 = \frac{690}{(1.09)^1} = 633.03$$

$$PV_2 = \frac{794}{(1.09)^2} = 669.16$$

$$PV_3 = \frac{913}{(1.09)^3} = 706.27$$

$$PV_4 = \frac{1050}{(1.09)^4} = 744.31$$

$$PV_5 = \frac{1208}{(1.09)^5} = 783.26$$

Total do Valor Presente dos FCFs (soma): **$3.54 bilhões**

Passo 3: Cálculo do Valor Terminal

Usamos o método **Gordon Growth Model**, assumindo um crescimento perpétuo de **4%**:

$$\text{Valor Terminal} = \frac{FCF_6}{WACC - g}$$

$$\text{Valor Terminal} = \frac{1.208 \times 1.04}{0.09 - 0.04} = \frac{1.256}{0.05} = 25.12 \text{ bilhões}$$

Trazendo esse valor para o presente:

$$\text{PV do Valor Terminal} = \frac{25.12}{(1.09)^5} = 16.33 \text{ bilhões}$$

Passo 4: Valor Total da Empresa (Enterprise Value - EV)

EV = Soma dos PVs dos FCFs + PV do Valor Terminal

EV = 3.54 + 16.33 = 19.87 bilhões

Subtraindo a dívida líquida de **$2 bilhões**:

Equity Value = 19.87 − 2.0 = 17.87 bilhões

Dividindo pelo número de ações **(100 milhões)**:

Valor Justo por Ação (DCF) = 17.87 / 100 = $178.7

---

2. Valuation pela Análise de Empresas Comparáveis (CCA)

Comparamos a TechNova com empresas do mesmo setor.

Empresa	EV/EBITDA	P/L
Empresa A	20x	35x
Empresa B	18x	30x
Empresa C	22x	32x
Média	**20x**	**32.3x**

Usamos a média para estimar o valor da TechNova:

$$EV = EBITDA \times EV/EBITDA$$

$$EV = 1 \times 20 = 20 \text{ bilhões}$$

$$\text{Equity Value} = EV - DividaLiquida = 20 - 2 = 18 \text{ bilhões}$$

$$\text{Valor Justo por Ação (CCA)} = \frac{18}{100} = \mathbf{\$180}$$

3. Valuation por Transações Precedentes

Aqui, usamos múltiplos de aquisições recentes no setor.

Transação	EV/EBITDA	P/L
Compra 1	21x	34x
Compra 2	19x	31x
Compra 3	20x	33x
Média	**20x**	**32.7x**

Novamente, aplicamos a média:

$$EV = 1 \times 20 = 20 \text{ bilhões}$$

$$\text{Equity Value} = 20 - 2 = 18 \text{ bilhões}$$

$$\text{Valor Justo por Ação (Transações Precedentes)} = \frac{18}{100} = \mathbf{\$180}$$

4. Valoração Baseada em Ativos (NAV - Net Asset Value)

O NAV se baseia nos ativos líquidos da empresa.

- **Ativos Totais:** $10 bilhões
- **Passivos Totais:** $5 bilhões

$$\text{NAV} = \text{Ativos Totais} - \text{Passivos Totais} = 10 - 5 = 5 \text{ bilhões}$$

$$\text{Valor Justo por Ação (NAV)} = \frac{5}{100} = \mathbf{\$50}$$

Conclusão: Comparação dos Métodos

Método	Valor Justo por Ação
DCF	$178.7
CCA	$180
Transações Precedentes	$180
NAV	$50

Conclusão:

- Os métodos **DCF, CCA e Transações Precedentes** indicam um valor justo próximo a **$180**.
- O NAV (**$50**) sugere que a empresa está sendo precificada acima do valor dos seus ativos líquidos, o que é comum para empresas de tecnologia.
- Se a ação estiver sendo negociada a **$150**, pode ser uma oportunidade de compra.
- Se a ação estiver acima de **$180**, pode estar supervalorizada.

Recomendação: Compra se o preço for **abaixo de $180**.

Entendendo a Relação Preço/Lucro (Relação P/L)

A relação Preço/Lucro (P/L) é uma métrica amplamente utilizada para avaliar o valor relativo de uma ação, setor ou índice de mercado. Ela mede a relação entre o preço da ação de uma empresa e seus lucros por ação (EPS), oferecendo insights sobre as expectativas dos investidores e a valoração da ação.

Fórmula e Como Funciona

- **Fórmula da Relação P/L**:
    - P/L = Preço por Ação / Lucros por Ação (EPS)
- **Nível de Ações**:
    - A relação P/L compara o preço que os investidores estão dispostos a pagar por $1 dos lucros de uma empresa. Por exemplo, uma relação P/L de 20 indica que os investidores estão pagando $20 por cada $1 de lucros.
- **Nível Setorial**:
    - Agregar relações P/L de empresas dentro de um setor ajuda a identificar se o setor está supervalorizado ou subvalorizado em comparação com normas históricas ou outros setores.
- **Nível de Índice de Mercado**:
    - Relações P/L para índices como o S&P 500 fornecem uma visão geral da valoração do mercado, refletindo tendências macroeconômicas e o sentimento dos investidores.

Relação P/L em Termos Históricos

- **Mercados em Alta (Bull Markets)**: Durante os mercados em alta, as relações P/L frequentemente se expandem à medida que os investidores antecipam crescimento futuro e estão dispostos a pagar prêmios pelos lucros.
    - **Exemplo**: O boom tecnológico dos anos 1990 viu a relação P/L do S&P 500 subir acima de 30,

impulsionada pelo otimismo em relação às ações de tecnologia.

- **Mercados em Baixa (Bear Markets)**: Nos mercados em baixa, as relações P/L se contraem à medida que os lucros diminuem ou a confiança dos investidores enfraquece.
    - **Exemplo**: Durante a crise financeira de 2008, a relação P/L do S&P 500 caiu abaixo de 15, dominada pelo medo de um colapso econômico.

Médias Históricas e Desvios:

- Historicamente, a média da relação P/L para o S&P 500 variou entre 15 e 20.

Desvios Extremamente:

- Durante a bolha das pontocom (1999-2000), a relação P/L disparou para acima de 40, superando em muito as normas históricas.
- Por outro lado, durante a recessão de 1982, caiu abaixo de 7, refletindo um pessimismo severo.
- Desvios de mais de 2-3 desvios padrão frequentemente sinalizam supervaloração ou subvaloração extremas, servindo como sinais de alerta para os investidores.

Tipos de Relações P/L

- **P/L Futuro (P/L dos Próximos 12 Meses)**:
    - **Definição**: Usa projeções dos analistas sobre os lucros de uma empresa para os próximos 12 meses.
    - **Vantagens**: Reflete as expectativas dos investidores para o desempenho futuro, oferecendo insights prospectivos.

  - **Limitações**: Altamente dependente da precisão dos analistas e propenso a excesso de otimismo.

- **P/L Histórico (P/L dos Últimos 12 Meses)**:
  - **Definição**: Baseado nos lucros reais dos últimos 12 meses.
  - **Vantagens**: Baseado em dados históricos, tornando-o menos especulativo.
  - **Limitações**: Retrospectivo, potencialmente desatualizado em ambientes de rápida mudança.

- **CAPE (P/L Ajustado Ciclicamente ou P/L de Shiller)**:
  - **Definição**: Usa a média dos lucros ajustados pela inflação dos últimos 10 anos para suavizar flutuações de curto prazo.
  - **Vantagens**: Leva em conta os ciclos econômicos, oferecendo uma perspectiva de longo prazo.
  - **Limitações**: Pode atrasar durante períodos de rápidas mudanças econômicas ou estruturais do mercado.

Aplicação e Avisos As relações P/L são ferramentas poderosas, mas devem ser interpretadas com cautela:

- **Diferenças Setoriais**: Uma alta relação P/L para um setor de crescimento (por exemplo, tecnologia) pode ser justificada, enquanto a mesma para uma indústria madura (por exemplo, utilidades) pode sinalizar supervaloração.
- **Qualidade dos Lucros**: Empresas com lucros voláteis ou em declínio podem ter relações P/L enganosas.

- **Análise Contextual**: Comparar relações P/L em diferentes períodos, indústrias ou geografias exige consideração de fatores macroeconômicos como taxas de juros e inflação.
- Os investidores devem usar as relações P/L como parte de um quadro de valoração mais amplo, combinando-as com outras métricas e insights qualitativos para tomar decisões de investimento bem fundamentadas.

Análise Técnica (Grafista)

- **Definição**: A análise técnica foca em gráficos de preços, dados de volume e tendências históricas para prever movimentos futuros de ações. Assume que padrões de mercado e comportamento dos investidores se repetem ao longo do tempo.
- **Fundamentos Teóricos**:
    - **Hipótese do Mercado Eficiente**: Dados de preços passados contêm informações úteis sobre movimentos futuros de preços, contradizendo a ideia de que os preços são puramente aleatórios.
    - **Finanças Comportamentais**: Os preços das ações são influenciados por fatores psicológicos como medo, ganância e mentalidade de manada, levando a padrões previsíveis.
- **Ferramentas e Indicadores Principais**:
    - **Padrões de Preço**: Cabeça e ombros, triângulos e níveis de suporte/resistência.

- **Indicadores Técnicos**: Médias móveis, índice de força relativa (RSI), Bandas de Bollinger e MACD (convergência/divergência de média móvel).
- **Análise de Volume**: Examina a pressão de compra e venda para confirmar tendências de preço.

Pros:

Ideal para negociação de curto prazo devido ao foco no tempo de entrada e saída.

Ferramentas simples tornam acessível para traders novatos.

Funciona em todos os mercados, incluindo ações, forex e commodities.

Cons:

Ignora o valor fundamental de uma empresa, tornando-o inadequado para investimentos de longo prazo.

Dependência excessiva de padrões que podem não se repetir sempre.

Requer monitoramento contínuo, tornando-o intensivo em recursos para traders ativos.

Principais Diferenças entre Análise Fundamentalista e Análise Técnica

Aspecto	Análise Fundamentalista	Análise Técnica
Foco	Valor intrínseco da empresa.	Tendências de preço e volume de mercado.
Horizonte Temporal	Investimento de longo prazo.	Negociação de curto a médio prazo.
Abordagem	Baseada em dados, usando relatórios financeiros e fatores qualitativos.	Baseada em padrões, dependente de gráficos e indicadores.
Objetivo	Identificar ações subvalorizadas para crescimento sustentado.	Prever movimentos de preços para pontos de entrada e saída lucrativos.

Qual Usar?

- **Análise Fundamentalista**: Mais adequada para investidores de longo prazo que buscam construir riqueza através de investimentos baseados em valor ou crescimento. Ajuda a identificar empresas estáveis com fortes fundamentos financeiros.

- **Análise Técnica**: Ideal para traders ativos, como day traders ou swing traders, que visam lucrar com flutuações de preços de curto prazo.

Conclusão A análise fundamentalista e a análise técnica atendem a diferentes estilos e objetivos de investimento. A análise fundamentalista constrói sua base no valor intrínseco das empresas, tornando-se um marco para investidores de longo prazo. Por outro lado, a análise técnica prospera em padrões de preço e momentum, atraindo traders focados em sincronizar o mercado.

Enquanto cada abordagem tem seus méritos, combinar as duas pode muitas vezes fornecer uma estratégia de investimento mais abrangente. Por exemplo, os investidores podem usar a análise fundamentalista para selecionar ações subvalorizadas e a análise técnica para identificar os melhores pontos de entrada ou saída, mesclando os pontos fortes de ambas as metodologias.

Princípios de Análise Técnica (TA)

A Análise Técnica (TA) envolve avaliar ações e outros instrumentos financeiros usando gráficos de preços, volume e indicadores estatísticos. O objetivo é prever movimentos futuros de preços identificando padrões, tendências e níveis de suporte e resistência.

Abaixo estão os 15 indicadores técnicos mais observados e como são usados:

1. Médias Móveis (MA)

- **O Que É**: Uma linha suavizada que calcula a média dos preços passados ao longo de um período específico (por exemplo, 50 dias, 200 dias).
- **Como É Usada**:
  - **Níveis-Chave**: O preço cruzando acima de uma média móvel sinaliza alta; cruzando abaixo indica baixa.
  - **Exemplo**: A MA de 200 dias é um indicador de tendência de longo prazo crítico.

2. Índice de Força Relativa (RSI)

- **O Que É**: Um oscilador de momentum que mede a velocidade e a mudança dos movimentos de preços em uma escala de 0 a 100.
- **Como É Usada**:
  - **Níveis-Chave**: Condições de sobrecompra (>70) ou sobrevenda (<30) frequentemente sinalizam reversões.

   - **Exemplo**: RSI em 25 sugere potencial para uma recuperação de preço.

3. **Bandas de Bollinger**

- **O Que É**: Bandas plotadas duas desvios padrão acima e abaixo de uma média móvel.
- **Como É Usada**:
   - **Níveis-Chave**: O preço se aproximando da banda superior sinaliza sobrecompra; se aproximando da banda inferior sinaliza sobrevenda.
   - **Exemplo**: Um breakout além das bandas indica alta volatilidade.

4. **Convergência/Divergência de Médias Móveis (MACD)**

- **O Que É**: Um indicador de momentum seguidor de tendência mostrando a relação entre duas médias móveis.
- **Como É Usada**:
   - **Níveis-Chave**: Um cruzamento de alta ocorre quando a linha MACD cruza acima da linha de sinal; um cruzamento de baixa ocorre quando cruza abaixo.
   - **Exemplo**: Divergência do MACD do preço sugere potenciais reversões.

5. **Retração de Fibonacci**

- **O Que É**: Linhas horizontais indicando níveis potenciais de suporte/resistência com base nas proporções de Fibonacci (23,6%, 38,2%, 50%, 61,8%).
- **Como É Usada**:

    - **Níveis-Chave**: O preço frequentemente retorna a esses níveis antes de retomar sua tendência.
    - **Exemplo**: Uma retração para 61,8% é vista como um nível forte para ação.

6. Níveis de Suporte e Resistência

- **O Que É**: Linhas horizontais marcando níveis de preços onde a pressão de compra (suporte) ou venda (resistência) é alta.
- **Como É Usada**:
    - **Níveis-Chave**: O preço rompendo a resistência frequentemente sinaliza alta; rompendo o suporte sinaliza baixa.

7. Volume

- **O Que É**: O número de ações negociadas durante um período específico.
- **Como É Usada**:
    - **Níveis-Chave**: Alto volume durante movimentos de preço confirma força; baixo volume sugere tendências fracas.

8. Oscilador Estocástico

- **O Que É**: Um indicador de momentum comparando o preço de fechamento de uma ação à sua faixa de preço ao longo de um período específico.
- **Como É Usada**:
    - **Níveis-Chave**: Níveis de sobrecompra (>80) e sobrevenda (<20) sinalizam reversões.

9. Média Móvel Exponencial (EMA)

- **O Que É**: Uma média móvel que dá mais peso aos preços recentes.
- **Como É Usada**:
  - **Níveis-Chave**: Cruzamentos de EMA são usados para sinais de tendência, como um cruzamento de alta de 10 dias acima de uma EMA de 50 dias.

10. Faixa Verdadeira Média (ATR)

- **O Que É**: Mede a volatilidade do mercado mostrando a faixa de preços média ao longo de um período especificado.
- **Como É Usada**:
  - **Níveis-Chave**: Alta ATR indica alta volatilidade; baixa ATR indica consolidação.

11. Padrões de Candlestick

- **O Que É**: Padrões visuais em gráficos de candlestick indicando potenciais reversões ou continuidades.
- **Como É Usada**:
  - **Padrões-Chave**: Martelo (alta), Estrela Cadente (baixa), Doji (indecisão).

12. SAR Parabólico (Stop and Reverse)

- **O Que É**: Pontos plotados em um gráfico indicando potenciais reversões.
- **Como É Usada**:
  - **Níveis-Chave**: Pontos abaixo do preço sinalizam alta; acima do preço sinalizam baixa.

13. Nuvem Ichimoku

- **O Que É**: Um indicador abrangente que mostra suporte/resistência, direção da tendência e momentum.
- **Como É Usado**:
    - **Níveis-Chave**: Preço acima da nuvem sinaliza alta; abaixo da nuvem sinaliza baixa.

14. On-Balance Volume (OBV)

- **O Que É**: Acompanha o fluxo de volume cumulativo para confirmar tendências.
- **Como É Usado**:
    - **Níveis-Chave**: OBV crescente confirma tendências de preço ascendentes; OBV decrescente confirma tendências descendentes.

15. Padrões de Gráficos

- **O Que É**: Formas reconhecíveis em gráficos de preços, como triângulos, cabeça e ombros e bandeiras.
- **Como É Usado**:
    - **Níveis-Chave**: Rompimentos de padrões frequentemente sinalizam movimentos fortes na direção do rompimento.

Conclusão Cada um desses indicadores fornece insights valiosos, mas não devem ser usados isoladamente. Combinar múltiplos indicadores e considerar condições mais amplas do mercado pode ajudar os investidores a tomar decisões mais informadas. Além disso, os investidores devem entender que a análise técnica reflete probabilidades, não certezas, e deve sempre incorporar estratégias de gestão de risco.

Indicadores de Momentum e Indicadores de Amplitude/Profundidade de Mercado Além dos 15 principais indicadores discutidos anteriormente, indicadores de momentum e indicadores de amplitude/profundidade de mercado fornecem insights mais profundos sobre tendências de mercado e sentimento dos investidores.

Indicadores de Momentum Indicadores de momentum medem a força ou velocidade dos movimentos de preços, ajudando os investidores a identificar tendências e potenciais reversões.

16. Taxa de Variação (ROC)

- **O Que É**: Mede a variação percentual do preço ao longo de um período específico.
- **Como É Usado**:
  - **Níveis-Chave**: ROC positivo indica momentum ascendente; ROC negativo sinaliza momentum descendente. Valores extremos sugerem condições de sobrecompra ou sobrevenda.
  - **Exemplo**: ROC acima de 10% pode indicar forte momentum de alta.

17. Índice de Canal de Commodities (CCI)

- **O Que É**: Um oscilador baseado em momentum que compara o preço atual à sua média ao longo de um período definido.
- **Como É Usado**:
  - **Níveis-Chave**: Valores acima de +100 indicam condições de sobrecompra; abaixo de -100 indicam sobrevenda.

- **Exemplo**: Um CCI movendo-se de -120 para +110 pode sinalizar uma reversão de alta.

18. Indicador de Momentum

- **O Que É**: Mede a velocidade das mudanças de preço ao longo de um período fixo, mostrando se a tendência está se fortalecendo ou enfraquecendo.
- **Como É Usado**:
  - **Níveis-Chave**: Momentum crescente confirma a direção da tendência; momentum decrescente pode sinalizar uma reversão.

19. Williams %R

- **O Que É**: Um oscilador de momentum que mede níveis de sobrecompra e sobrevenda em uma escala de 0 a -100.
- **Como É Usado**:
  - **Níveis-Chave**: Acima de -20 é sobrecompra; abaixo de -80 é sobrevenda.
  - **Exemplo**: Uma leitura de -85 pode sinalizar uma potencial oportunidade de compra.

20. Oscilador de Aceleração/Desaceleração (AC)

- **O Que É**: Mede a mudança no momentum, identificando mudanças precoces na direção da tendência.
- **Como É Usado**:
  - **Níveis-Chave**: AC positivo indica aceleração; AC negativo sugere desaceleração.

Indicadores de Amplitude de Mercado Indicadores de amplitude de mercado avaliam a direção geral do mercado analisando o número de ações em alta versus em baixa. Eles ajudam a medir a força por trás dos movimentos de preços.

21. Linha Avanço-Declínio (A/D Line)

- **O Que É**: Acompanha a diferença cumulativa entre o número de ações em alta e em baixa.
- **Como É Usado**:
  - **Níveis-Chave**: Uma linha A/D ascendente confirma uma tendência de alta no mercado; uma linha descendente indica enfraquecimento da força do mercado.
  - **Exemplo**: Uma divergência entre a linha A/D (descendente) e os índices de mercado (ascendentes) pode alertar para uma reversão iminente do mercado.

22. Oscilador de McClellan

- **O Que É**: Um indicador de amplitude calculado usando a diferença entre o número de ações em alta e em baixa.
- **Como É Usado**:
  - **Níveis-Chave**: Leituras positivas indicam amplitude de alta; leituras negativas indicam amplitude de baixa.

23. Índice de Novas Altas/Novas Baixas

- **O Que É**: Acompanha o número de ações atingindo novas máximas de 52 semanas versus novas mínimas de 52 semanas.
- **Como É Usado**:
  - **Níveis-Chave**: Um mercado com mais novas altas do que baixas indica força; o oposto sinaliza fraqueza.

24. Índice de Braços (TRIN)

- **O Que É**: Mede a relação entre ações em alta/baixa e seu volume.
- **Como É Usado**:
  - **Níveis-Chave**: Um TRIN abaixo de 1 sinaliza sentimento de alta; acima de 1 sinaliza sentimento de baixa.

25. Percentual de Ações Acima da Média Móvel

- **O Que É**: Acompanha o percentual de ações negociando acima de uma média móvel específica (por exemplo, 50 dias ou 200 dias).
- **Como É Usado**:
  - **Níveis-Chave**: Percentuais altos indicam condições de sobrecompra; percentuais baixos indicam condições de sobrevenda.
  - **Exemplo**: Se 90% das ações estão acima de sua média móvel de 50 dias, o mercado pode estar supervalorizado.

Indicadores de Profundidade de Mercado Indicadores de profundidade de mercado fornecem insights sobre o volume e a dinâmica do livro de ordens, revelando a força das ordens de compra e venda em vários níveis de preço.

26. Perfil de Volume

- **O Que É**: Plota o volume negociado em cada nível de preço, mostrando onde ocorre atividade significativa de compra e venda.

- **Como É Usado**:
    - **Níveis-Chave**: Áreas de alto volume indicam fortes níveis de suporte/resistência; áreas de baixo volume sugerem interesse fraco.

27. Dados do Livro de Ordens

- **O Que É**: Exibe ordens de compra e venda pendentes em diferentes níveis de preço.
- **Como É Usado**:
    - **Níveis-Chave**: Concentrações de ordens de compra sugerem suporte; concentrações de ordens de venda sugerem resistência.

28. Gráfico de Profundidade de Mercado

- **O Que É**: Uma representação visual do livro de ordens, destacando a liquidez e barreiras de preço potenciais.
- **Como É Usado**:
    - **Níveis-Chave**: Curvas acentuadas indicam desequilíbrios, sinalizando potencial volatilidade.

Conclusão Indicadores de momentum ajudam a medir a força e direção das tendências, enquanto indicadores de amplitude e profundidade fornecem uma perspectiva mais ampla do mercado. Combinando essas ferramentas com outras técnicas de análise técnica, os investidores podem entender melhor os movimentos de preços, identificar oportunidades acionáveis e avaliar a saúde do mercado. No entanto, assim como todas as ferramentas de TA, esses indicadores devem ser usados como parte de uma estratégia abrangente, incorporando gestão de risco e contexto macroeconômico.

Estilos de Trading: Trend Following e Contrarian

Investidores e traders adotam diferentes estilos, dependendo de seus objetivos, perspectiva de mercado e tolerância ao risco. Entre as abordagens mais proeminentes estão o seguimento de tendências e a negociação contrária, cada uma oferecendo estratégias únicas para lucrar com os movimentos do mercado.

1. Seguimento de Tendências (*Trend Following*)

Definição: O *Trend Following* envolve identificar e seguir a direção de uma tendência predominante (ascendente ou descendente). Os traders buscam capitalizar movimentos de preços sustentados ao longo do tempo. Características Principais:

- Foco: Momentum e indicadores técnicos (ex.: médias móveis, MACD).
- Pontos de Entrada/Saída: Entrar em posições quando as tendências são confirmadas e sair quando elas enfraquecem ou invertem.

Vantagens:

- Simplicidade: Estratégias de seguimento de tendências são diretas, baseando-se em sinais claros de tendências de preços.
- Potencial para Grandes Ganhos: Captura movimentos significativos em mercados com tendência.
- Amplamente Aplicável: Funciona em vários períodos de tempo e classes de ativos.

Desvantagens:

- Indicadores Atrasados: Sinais frequentemente aparecem após uma tendência já ter começado, levando a entradas e saídas atrasadas.

- Mercados Laterais: Movimentos erráticos em mercados laterais ou voláteis podem resultar em perdas frequentes.
- Dependência Excessiva no Momentum: Ignora fundamentos, o que pode levar a uma superexposição a ativos supervalorizados. Exemplo: Um trader compra uma ação quando ela rompe acima de sua média móvel de 200 dias, esperando que o momentum ascendente continue.

2. Negociação Contrária (*Contrarian*)

Definição: Traders contrários assumem posições opostas ao sentimento predominante do mercado, comprando ativos subvalorizados durante fases pessimistas e vendendo os supervalorizados durante o otimismo. Características Principais:

- Foco: Sentimento do mercado, métricas de avaliação e desvios extremos de preço.
- Pontos de Entrada/Saída: Entrar em posições quando os mercados estão sobrecomprados/sobrevendidos ou divergem significativamente do valor intrínseco.

Vantagens:

- Oportunista: Lucra com ineficiências e precificações erradas do mercado.
- Baixa Competição: Menos participantes assumem posições contrárias, potencialmente levando a maiores recompensas.
- Potencial para Altos Retornos: Capitaliza pontos de virada no mercado, muitas vezes antes dos outros.

Desvantagens:

- Alto Risco: Ir contra as tendências pode levar a perdas se os mercados continuarem na mesma direção por mais tempo do que o esperado.
- Requer Paciência: Negociações contrárias podem levar muito tempo para se tornarem lucrativas.
- Dificuldade em Cronometrar Reversões: Identificar o momento exato da reversão é desafiador. Exemplo: Um trader contrário compra ações em meio a uma venda no mercado, acreditando que o pessimismo é exagerado e que os preços se recuperarão.

Comparação entre *Trend Following* e *Contrarian*

Aspecto	Trend Following	Contrarian
Direção do Mercado	Segue a tendência predominante	Vai contra o sentimento predominante do mercado
Ferramentas Principais	Indicadores técnicos (ex.: médias móveis, MACD)	Métricas de avaliação, indicadores de sentimento e níveis de sobrecompra/sobrevenda
Risco	Menor em mercados com tendência, mas maior em mercados laterais	Maior risco devido à incerteza no timing e tendências prolongadas
Potencial de Retorno	Retornos moderados em tendências sustentadas	Altos retornos durante reversões ou extremos de mercado
Prazo	Funciona em estratégias de curto, médio e longo prazo	Geralmente médio a longo prazo devido ao timing das reversões

---

Conclusão Nenhuma das abordagens, *Trend Following* ou Contrarian, é inerentemente superior; ambas têm pontos fortes e fracos que as tornam adequadas para diferentes cenários:

- ***Trend Following*:** Menos arriscado em mercados estáveis com movimentos direcionais fortes. Beneficia-se do momentum e requer menos precisão no timing.
- ***Contrarian*:** Oferece oportunidades durante condições extremas quando os mercados se desviam significativamente do valor

intrínseco. Pode ser a aposta mais segura durante bolhas ou quedas, contanto que os traders exerçam paciência e disciplina.

Os investidores devem alinhar sua estratégia com sua tolerância ao risco, condições de mercado e objetivos. Combinar elementos de ambos os estilos, como seguir tendências em mercados normais e adotar abordagens contrárias em extremos, pode levar a uma estratégia de investimento equilibrada e adaptativa.

Como Ler Relatórios de Analistas Profissionais de Wall Street

Relatórios de analistas de pesquisa de ações são ferramentas valiosas que fornecem análises aprofundadas de empresas de capital aberto, oferecendo insights sobre sua saúde financeira, posição na indústria e perspectivas de crescimento. No entanto, os investidores devem abordar esses relatórios criticamente, indo além da recomendação do analista para tomar decisões informadas.

Componentes Principais de um Relatório de Pesquisa de Ações:

- **Recomendação do Analista**: Tipicamente rotulada como "comprar", "manter" ou "vender", indicando a posição do analista em relação à ação.
- **Preço-Alvo**: O nível de preço que o analista espera que a ação atinja, com base em sua análise.
- **Tese de Investimento**: A justificativa por trás da recomendação, detalhando os pontos fortes, oportunidades e posição estratégica da empresa.
- **Valoração**: Avaliação do valor da empresa usando métricas como relação Preço/Lucro (P/L), análise de Fluxo de Caixa Descontado (DCF) e comparações com pares da indústria.

- **Riscos**: Desafios ou ameaças potenciais que podem impactar o desempenho da empresa e o preço da ação.
- **Análise Financeira**: Exame detalhado das demonstrações financeiras, incluindo receita, lucros, margens e projeções de fluxo de caixa.

Dicas para Investidores ao Usar Relatórios de Analistas

- **Leia Além da Recomendação**: Embora as etiquetas "comprar", "manter" ou "vender" forneçam uma visão rápida, a análise detalhada oferece o contexto necessário para entender o raciocínio por trás da recomendação. Esse insight mais profundo pode ajudá-lo a avaliar se a perspectiva do analista se alinha com seus objetivos de investimento e tolerância ao risco.
- **Avalie a Tese de Investimento**: Avalie os pontos fortes e oportunidades destacados pelo analista. Eles se alinham com sua própria pesquisa e compreensão da empresa e da indústria? Esse alinhamento é crucial para tomar decisões de investimento que se encaixem em sua estratégia.
- **Examine Criticamente as Métricas de Valoração**: Entenda os métodos de valoração utilizados e compare-os com os padrões da indústria. As suposições são realistas? Esse exame ajuda a determinar se a ação está justamente avaliada, superavaliada ou subavaliada.

Exemplo Prático: Como Ler Relatório de Analistas Além das Recomendações

Imagine que você está interessado em investir na **TechNova Inc. (TNV)**, uma empresa de tecnologia listada na Nasdaq. Você encontra um relatório de análise de uma corretora renomada, que dá a seguinte recomendação:

Recomendação: "COMPRAR"
Preço-alvo: $200
Preço atual: $150

O relatório justifica essa recomendação destacando:

- **Crescimento acelerado** da receita em 20% ao ano.
- **Liderança no setor de inteligência artificial** para fintechs.
- **Melhora nas margens operacionais**, indicando eficiência crescente.
- **Valuation atrativo**, com um múltiplo P/E de 30x, abaixo da média do setor de 35x.

Agora, aplicamos as **dicas para investidores ao usar relatórios de analistas**:

1. Leia Além da Recomendação

Erro comum: Confiar cegamente no "Comprar" sem entender os fundamentos.

O que fazer:

- Leia o relatório **por completo** para entender os **riscos e desafios** citados.
- Pergunte-se: **Por que o analista acredita que a ação subirá?**

Ao examinar o relatório, você percebe que o analista menciona dois riscos:

1. **Dependência de grandes clientes:** Se um contrato-chave for encerrado, o crescimento da empresa pode desacelerar.
2. **Concorrência crescente:** Novas startups estão entrando no mercado.

Conclusão: Mesmo que o analista recomende "Comprar", **você deve avaliar se esses riscos são aceitáveis para seu perfil**.

2. Avalie a Tese de Investimento

Erro comum: Comprar uma ação só porque um analista recomendou, sem verificar se ela se encaixa na sua estratégia.

O que fazer:

- Você investe para **crescimento acelerado ou dividendos estáveis?**
- A TechNova **se encaixa no seu horizonte de tempo de investimento?**

Se você busca **crescimento de longo prazo**, a TechNova pode ser interessante. Mas se você prefere ações defensivas e pagadoras de dividendos, ela pode não ser a melhor opção.

Conclusão: A tese do analista se **alinha com seu objetivo de investir em empresas de crescimento**? Se sim, continue a análise. Se não, talvez seja melhor buscar outra ação.

3. Examine Criticamente as Métricas de Valoração

Erro comum: Assumir que o preço-alvo do analista está correto sem verificar os cálculos.

O que fazer:

- **O analista usou DCF, múltiplos ou transações precedentes para estimar o preço-alvo?**
- **As premissas são realistas?**

No relatório, o analista diz que **o preço-alvo de $200 é baseado em um múltiplo P/E de 35x, igual à média do setor**. No entanto, você descobre que:

- O P/E histórico da TechNova sempre foi **30x ou menos**, então **35x pode estar otimista demais**.
- O setor está enfrentando **possível regulação mais rígida**, o que pode limitar o crescimento.

Conclusão: O preço-alvo pode estar **superestimado**. Você decide ser mais conservador e considerar um preço-alvo de **$180** em vez de $200.

Decisão Final: Comprar ou Não?

Pontos positivos:

- Crescimento forte e liderança no setor.
- Valuation parece razoável comparado ao setor.
- Potencial de valorização se a empresa continuar expandindo.

Pontos de atenção:

- O preço-alvo pode estar otimista.
- A empresa depende muito de grandes clientes.
- O setor enfrenta novas regulações.

Sua escolha: Você decide **comprar**, mas em vez de entrar com todo o capital de uma vez, compra **50% agora a $150** e aguarda novas informações antes de investir mais.

Conclusão: Sempre Faça Sua Própria Análise

Os relatórios de analistas são **um ótimo ponto de partida**, mas **nunca devem ser a única base para decisões de investimento**. Use-os como **um insumo adicional na sua análise**, verificando sempre:

✓ **A tese de investimento faz sentido para mim?**

✓ **As suposições do analista são realistas?**

✓ **Os riscos são aceitáveis para o meu perfil?**

Dica final: Se um analista recomenda "Comprar" mas você identifica falhas na análise, pode ser mais prudente esperar e monitorar a ação antes de investir.

Capítulo 13. [Ativo] Alocação Ativa e Construção de Carteira de Ações

Investir no mercado de ações envolve mais do que simplesmente comprar papéis aleatoriamente. Decisões baseadas no achômetro, ou porque seu primo ou alguém falou num fórum de internet, ou simplesmente por familiaridade com marcas e nomes de empresas não tem espaço nesse livro. Aqui tratamos investimentos quase como uma profissão, com muita seriedade e queremos evitar envolvimento emocional o máximo possível.

Para maximizar retornos e minimizar riscos, os investidores precisam adotar estratégias estruturadas para **selecionar ações, alocar recursos de forma eficiente e gerenciar sua carteira ao longo do tempo**. A alocação ativa de ações se baseia na ideia de que, por meio de análise rigorosa, é possível identificar oportunidades que superem o desempenho do mercado de maneira consistente.

A **alocação ativa de ações** contrasta com a abordagem passiva, que simplesmente replica índices de mercado, como o S&P 500. Enquanto a abordagem passiva busca acompanhar o mercado, a ativa se fundamenta na **seleção criteriosa de ações** que apresentam potencial para gerar retornos acima da média. Essa seleção exige um entendimento profundo de diversos fatores, como:

- **Análise fundamentalista**: Avaliação dos fundamentos financeiros das empresas, incluindo lucratividade, balanço patrimonial e fluxo de caixa.
- **Análise quantitativa**: Uso de métricas e modelos para filtrar empresas com os melhores indicadores financeiros.
- **Análise macro econômica**: Acompanhamento dos principais indicadores econômicos e entendimento de como o contexto macro-econômico afeta a lucratividade das empresas.

- **Análise técnica**: Observação de padrões gráficos e volume de negociação para identificar tendências.
- **Gestão de riscos**: Diversificação da carteira para equilibrar riscos e retornos.

Além disso, os investidores ativos costumam empregar diferentes estratégias de seleção de ações, sendo as duas principais abordagens:

1. **Investimento em ações de crescimento (Growth Investing)** – Foco em empresas com grande potencial de crescimento futuro, mesmo que apresentem valorizações elevadas no curto prazo.
2. **Investimento em ações de valor (Value Investing)** – Busca por ações que estão subvalorizadas pelo mercado, com base em seus fundamentos financeiros.

A seguir, exploraremos em detalhes essas duas abordagens, explicando como os investidores podem utilizar **critérios quantitativos** para filtrar e selecionar as melhores oportunidades de investimento.

Growth Stocks vs. Value Stocks

No universo dos investimentos em ações, investidores ativos que escolhem ações nos Estados Unidos destacam duas abordagens principais: **ações de crescimento** (*growth stocks*) e **ações de valor** (*value stocks*). Cada uma representa uma estratégia distinta, alinhada a diferentes perfis de investidores e objetivos financeiros.

Ações de Crescimento (Growth Stocks)

Ações de crescimento são ações de empresas que se espera que cresçam significativamente mais rápido do que a empresa média no mercado. Essas empresas muitas vezes reinvestem seus lucros para fomentar esse crescimento em vez de pagar dividendos.

Principais Características das Ações de Crescimento:

- **Alto Crescimento dos Lucros:** Essas empresas mostram alto e consistente crescimento de receita e lucros.
- **Inovadoras e Expansivas:** Frequentemente envolvidas em indústrias inovadoras como tecnologia ou biotecnologia e se expandindo para novos mercados.
- **Reinvestimento:** Lucros são frequentemente reinvestidos no negócio para manter ou acelerar o crescimento.
- **Avaliações Mais Altas:** Normalmente têm índices P/L (Preço/Lucro) mais altos, refletindo altas expectativas dos investidores.

Estratégia de Investimento em Ações de Crescimento:

1. **Identificar Potencial:** Procurar empresas com forte potencial de crescimento devido a novos produtos, tecnologias ou expansão de mercado.
2. **Investimento de Longo Prazo:** Esteja preparado para um compromisso de longo prazo, pois o crescimento pode levar tempo para se materializar.
3. **Aceitar Maior Volatilidade:** Entenda que as ações de crescimento podem ser mais voláteis, mas com potencial para retornos maiores.
4. **Diversificar:** Distribuir investimentos em diferentes setores para mitigar riscos.

Ações de Valor (Growth Stocks)

Ações de valor representam empresas que são consideradas subvalorizadas no mercado. Essas ações são normalmente negociadas a preços mais baixos do que seus valores intrínsecos, frequentemente oferecendo dividendos aos acionistas.

Principais Características das Ações de Valor:

- **Sub-precificadas:** Negociadas a um preço mais baixo em relação aos seus fundamentos, como lucros, dividendos ou valor contábil.
- **Empresas Estáveis:** Muitas vezes são empresas estabelecidas com desempenho sólido e confiável.
- **Dividendos:** Muitas ações de valor pagam dividendos, proporcionando renda regular aos investidores.
- **Avaliações Mais Baixas:** Normalmente têm índices P/L (Preço/Lucro) mais baixos em comparação com ações de crescimento.

Estratégia de Investimento em Ações de Valor:

1. **Encontrar Ações Subvalorizadas:** Procurar ações negociadas abaixo de seu valor intrínseco devido a reações exageradas do mercado ou problemas temporários.
2. **Realizar Análise Financeira:** Usar análise fundamentalista para avaliar o valor intrínseco, focando em índices financeiros como P/L, P/V (Preço/Valor Contábil) e rendimento de dividendos.
3. **Considerar Margem de Segurança:** Garantir que haja um desconto significativo no valor intrínseco para se proteger contra riscos potenciais.
4. **Perspectiva de Longo Prazo:** Ser paciente e esperar que o mercado reconheça e corrija a subvalorização da ação.

Compreender essas estratégias ajuda os investidores a tomar decisões mais informadas e a construir um portfólio diversificado que equilibre oportunidades de crescimento e valor.

Como pode notar, o jogo é diferente: você compra growth stocks pelo seu potencial de crescimento porque a empresa provavelmente tem uma vantagem competitiva como uma patente em uma tecnologia nova e disruptiva, ou com potencial de dominar o mercado, por exemplo. E você compra value stocks porque acredita que elas deviam estar valendo mais porque o mercado as estão subestimando e espera que haja uma correção desse valor no futuro. Certamente growth stocks envolvem mais risco mas value stocks podem causar prejuízos também. Neste aspecto, growth stocks geralmente tem maior retorno potencial mas também maior risco que value stocks. Players institucionais como fundos, etc., típicamente têm preferência por growth stocks.

Você já deve ter ouvido falar do Magnificent 7 (ou Mag 7). São as 7 empresas de alta performance e influência do índice S&P 500:

- Alphabet (GOOGL)
- Amazon (AMZN)
- Apple (AAPL)
- Meta Platforms (META)
- Microsoft (MSFT)
- NVIDIA (NVDA)
- Tesla (TSLA).

São exemplos de growth stocks. E essas são alguns exemplos de value stocks famosas:

- General Motors (GM)
- Target (TGT)
- Bank of America (BAC)
- Wallgreens Boots Alliance (WBA)

- Procter & Gamble (PG)
- Berkshire Hathaway (BRK-A, BRK-B)

Alocação Ativa de Ações por Rápida Triagem – "Stock Screening"

Existem por volta de 6.000 ações negociadas em bolsa nos Estados Unidos. São muitas ações no menu para deixar qualquer um tonto só de pensar por onde começar. A melhor forma para rapidamente elencar um sub-conjunto de ações viáveis que valem a pena a se aprofundar em análises começa por fazer uma boa triagem. Existem várias ferramentas na internet – algumas pagas e outra gratuitas – que ajudam investidores comuns a fazer a triagem ("stock screening"). Elencamos algumas para o leitor considerar, lembrando que não temos nenhuma preferência por nenhuma delas em particular:

- Yahoo Finance
- FinViz
- StockFetcher
- ChartMill
- Stock Analysis
- Seeking Alpha
- Quicken
- Morningstar

Apresento abaixo meus parâmetros de triagem e diretrizes que eu uso. Ele serve para mim com meu perfil de risco-retorno pessoal que é moderado (não muito conservador e nem muito agressivo). Você pode usá-los como referência caso você seja iniciante e não tem idéia como começar. Assim te dou um ponto de partida. Com o tempo e experiência, você poderá ajustar tanto nos parâmetros escolhidos (escolha de parâmetros) quanto nas diretrizes (valores dos parâmetros) que reflitam melhor seu próprio estilo de investimento, apetite por risco, e preferências individuais.

Os investidores utilizam vários parâmetros de triagem para identificar ações de valor e crescimento, cada uma com métricas financeiras e características distintas. Abaixo está uma visão geral organizada dos critérios comuns de triagem para ambas as categorias:

Rápida Triagem de Ações de Crescimento (Screening Growth Stocks)

As ações de crescimento estão associadas a empresas que se espera que cresçam os lucros a uma taxa acima da média em comparação com outras empresas. Os investidores focam em métricas que indicam forte potencial de crescimento futuro.

Parâmetros Comuns de Triagem de Ações de Crescimento (Growth Stocks):

1. Capitalização de Mercado

- **Descrição:** Mede o valor total de mercado de uma empresa, calculado multiplicando o preço da ação pelo número total de ações em circulação. Empresas de menor capitalização tendem a ser mais arriscadas.
- **Diretriz:** Definir um mínimo de **$150 milhões** de capitalização de mercado. Investidores mais avessos ao risco devem aumentar esse limite para **$500 milhões** para evitar empresas excessivamente pequenas.

2. Índice Preço/Vendas (P/S Ratio)

- **Descrição:** Indica quantas vezes a receita de uma empresa está refletida no preço da ação. Um P/S baixo sugere ações subvalorizadas, enquanto um P/S alto pode indicar crescimento acelerado ou sobrevalorização.
- **Diretriz:** Especificar um P/S mínimo de **2** e um máximo de **9**. Empresas com P/S abaixo de 2 geralmente são classificadas

como ações de valor, e este é um filtro para ações de crescimento.

3. Crescimento da Receita

- **Descrição:** Mede o crescimento da receita de uma empresa ao longo do tempo, indicando a capacidade de expansão e ganho de participação no mercado.
- **Diretriz:** Definir um mínimo de **15% de crescimento nos últimos 5 anos**, **20% nos últimos 3 anos** e **20% no último ano**.

4. Classificação de Analistas (Consensus Ratings)

- **Descrição:** Média das recomendações de compra, manutenção e venda dos analistas de mercado. Quanto menor o valor, melhor a recomendação.
- **Diretriz:** Definir um valor máximo de **2**, o que equivale a uma recomendação de **compra fraca**.

5. Surpresa nos Lucros do Último Trimestre

- **Descrição:** Mede se os lucros reportados superaram ou ficaram abaixo das expectativas dos analistas.
- **Diretriz:** Exigir um mínimo de **0%**, garantindo que as empresas tenham pelo menos atendido às expectativas dos analistas.

6. Crescimento Estimado dos Lucros para os Próximos 5 Anos

- **Descrição:** Projeção do crescimento médio anual dos lucros para os próximos cinco anos, baseado nas estimativas dos analistas.
- **Diretriz:** Definir um mínimo de **18%**, podendo ser reduzido para **14%** para incluir empresas com crescimento mais moderado.

7. Índice de Liquidez Corrente (Current Ratio)

- **Descrição:** Mede a capacidade da empresa de pagar suas obrigações de curto prazo com seus ativos de curto prazo.
- **Diretriz:** Definir um mínimo de **1,5**, pois um valor inferior a **1** sugere dificuldades financeiras.

8. Relação Dívida de Longo Prazo/Patrimônio Líquido (D/E Ratio)

- **Descrição:** Compara a dívida de longo prazo com o patrimônio líquido dos acionistas. Empresas altamente endividadas correm maior risco financeiro.
- **Diretriz:** Definir um máximo de **0,5**, podendo ser elevado para **1,5** caso seja realizada uma análise financeira mais detalhada.

9. Receita Anual Mínima

- **Descrição:** Mede o faturamento bruto anual da empresa, garantindo que ela tenha porte suficiente para competir no mercado.
- **Diretriz:** Definir um mínimo de **$50 milhões** em receita anual.

10. Retorno sobre Ativos (ROA - Return on Assets)

- **Descrição:** Mede a eficiência da empresa na geração de lucros a partir de seus ativos.
- **Diretriz:** Definir um mínimo de **8%**, evitando empresas com baixa lucratividade. Não é recomendado baixar esse limite para menos de **5%**.

11. Preço Mínimo da Ação

- **Descrição:** O preço da ação pode refletir a percepção do mercado sobre a empresa. Ações abaixo de certos valores podem indicar riscos elevados.
- **Diretriz:** Definir um mínimo de **$5** por ação, evitando empresas com maior risco.

12. Percentual de Propriedade Institucional

- **Descrição:** Mede a porcentagem de ações detidas por investidores institucionais, como fundos de investimento e seguradoras.
- **Diretriz:** Definir um mínimo de **30%**. Baixa propriedade institucional pode indicar falta de confiança dos grandes investidores na empresa.

13. Crescimento da Receita:

- **Descrição**: Mede o aumento das vendas de uma empresa em um período específico.
- **Diretriz**: Uma taxa de crescimento da receita superior a 10% ao ano é típica para ações de crescimento.

14. Crescimento do Lucro por Ação (EPS):

- **Descrição**: Indica a taxa de crescimento anual do lucro por ação.
- **Diretriz**: Crescimento consistente do EPS acima de 10% ao ano é desejável.

15. Retorno sobre o Capital Investido (ROIC):

- **Descrição**: Avalia a eficiência de uma empresa na alocação de capital para investimentos lucrativos.

- **Diretriz**: Um ROIC acima de 10% sugere uso eficaz do capital.

16. Margens de Lucro:

- **Descrição:** Reflete a porcentagem da receita que se transforma em lucro após todas as despesas.
- **Diretriz**: Melhora das margens de lucro ao longo do tempo indica eficiência operacional.

17. Relação Preço/Lucro ao Crescimento (PEG):

- **Descrição**: Avalia a relação P/E em relação à taxa de crescimento dos lucros da empresa.
- **Diretriz**: Uma relação PEG abaixo de 1 pode indicar subvalorização em relação ao crescimento.

18. Força Relativa:

- **Descrição**: Compara o desempenho de uma ação com o mercado geral ou um índice específico.
- **Diretriz**: Uma força relativa acima de 70 indica que a ação está superando o mercado.

19. Capitalização de Mercado:

- **Descrição**: Representa o valor de mercado total das ações em circulação de uma empresa.
- **Diretriz**: Ações de crescimento geralmente têm uma capitalização de mercado acima de $1 bilhão, indicando empresas estabelecidas com potencial de crescimento.

Aplicando esses parâmetros de triagem, os investidores podem identificar sistematicamente potenciais ações de valor e crescimento que se alinhem com suas estratégias de investimento.

Rápida Triagem de Ações de Valor (Screening Value Stocks)

As ações de valor são tipicamente subvalorizadas pelo mercado, negociadas a preços inferiores ao seu valor intrínseco. Os investidores buscam essas ações com base em métricas financeiras específicas que indicam potencial subvalorização.

Parâmetros Comuns de Triagem de Ações de Valor (Value Stocks):

1. Capitalização de Mercado

- **Descrição:** Mede o valor total de mercado de uma empresa, calculado multiplicando o preço da ação pelo número total de ações em circulação. Empresas muito pequenas tendem a ser mais arriscadas e podem não atender aos critérios de valor.
- **Diretriz:** Definir um mínimo de **$250 milhões** de capitalização de mercado, pois estratégias de valor normalmente levam a ações de média e grande capitalização.

2. Índice Preço/Vendas (P/S Ratio)

- **Descrição:** Indica quantas vezes a receita de uma empresa está refletida no preço da ação. Um P/S baixo indica ações potencialmente subvalorizadas.
- **Diretriz:** Definir um P/S máximo de **3,0**, sendo que a maioria dos candidatos viáveis terá P/S abaixo de **2,0**.

3. Classificação de Analistas (Consensus Ratings)

- **Descrição:** Média das recomendações de compra, manutenção e venda dos analistas. Quanto maior o valor, pior a recomendação.
- **Diretriz:** Definir um **mínimo de 2,2**, filtrando ações que estão mal avaliadas por analistas (entre "compra fraca" e "manutenção/venda").

4. Índice de Liquidez Corrente (Current Ratio)

- **Descrição:** Mede a capacidade da empresa de pagar suas obrigações de curto prazo com seus ativos de curto prazo.
- **Diretriz:** Definir um mínimo de **1,5**, garantindo que as empresas selecionadas sejam financeiramente sólidas.

5. Relação Dívida de Longo Prazo/Patrimônio Líquido (D/E Ratio)

- **Descrição:** Compara a dívida de longo prazo com o patrimônio líquido dos acionistas. Empresas com baixa alavancagem financeira são preferidas em estratégias de valor.
- **Diretriz:** Definir um máximo de **0,4**, excluindo empresas excessivamente endividadas.

6. Receita Anual Mínima

- **Descrição:** Mede o faturamento bruto anual da empresa, garantindo que ela tenha operações comerciais legítimas.
- **Diretriz:** Definir um mínimo de **$50 milhões** de receita nos últimos 12 meses (**TTM – Trailing Twelve Months**).

7. Preço Mínimo da Ação

- **Descrição:** Ações com preços muito baixos podem indicar empresas problemáticas ou excessivamente arriscadas.
- **Diretriz:** Definir um mínimo de **$5** por ação, alinhado com a prática de muitos fundos institucionais que evitam ações abaixo desse valor.

8. Índice de Força Relativa (Relative Strength)

- **Descrição:** Mede o desempenho do preço da ação em relação a todas as ações do mercado nos últimos 12 meses. Um valor mais baixo indica uma ação fora de favor, com potencial de valorização futura.

- **Diretriz:** Definir um máximo de **60**, excluindo ações que já apresentam desempenho forte.

9. Percentual de Propriedade Institucional

- **Descrição:** Mede a porcentagem de ações detidas por investidores institucionais, como fundos de investimento. Ações muito fora de favor podem ter pouca ou nenhuma propriedade institucional, o que pode ser um alerta negativo.
- **Diretriz:** Definir um **mínimo de 5% e um máximo de 60%**, garantindo que as empresas tenham alguma participação institucional, mas não estejam em alta demais entre os grandes investidores.

10. Relação Preço-Lucro (P/E):

- **Descrição**: Mede o preço atual das ações de uma empresa em relação aos seus lucros por ação.
- **Diretriz**: Uma relação P/E abaixo de 15 é frequentemente considerada indicativa de uma ação de valor.

11. Relação Preço/Valor Patrimonial (P/B):

- **Descrição**: Compara o valor de mercado de uma empresa com seu valor patrimonial.
- **Diretriz**: Uma relação P/B abaixo de 1 sugere que a ação pode estar subvalorizada.

12. Relação Dívida/Patrimônio (D/E):

- **Descrição**: Avalia a alavancagem financeira de uma empresa comparando passivos totais com patrimônio líquido.

- **Diretriz**: Uma relação D/E abaixo de 0,5 indica menor risco financeiro.

13. Índice de Liquidez Corrente:

- **Descrição**: Avalia a capacidade de uma empresa de cobrir obrigações de curto prazo com ativos de curto prazo.
- **Diretriz**: Um índice de liquidez corrente acima de 1,5 é preferível, indicando boa liquidez.

14. Rendimento de Dividendos:

- **Descrição**: Mostra o pagamento anual de dividendos como um percentual do preço das ações.
- **Diretriz**: Um rendimento de dividendos acima de 1% é frequentemente atraente para investidores de valor.

15. Retorno sobre o Patrimônio (ROE):

- **Descrição**: Mede a lucratividade revelando quanto lucro uma empresa gera com o patrimônio dos acionistas.
- **Diretriz**: Um ROE acima de 10% indica uso eficiente do patrimônio.

16. Crescimento dos Lucros:

- **Descrição**: Acompanha a taxa de crescimento anual dos lucros por ação em um período especificado.
- **Diretriz**: Crescimento positivo dos lucros nos últimos cinco anos é um indicador favorável.

Construção de Carteira de Ações: A Arte de Selecionar e Balancear Investimentos

Investir em ações não se trata apenas de selecionar bons papéis individualmente; o verdadeiro sucesso vem da construção de uma carteira equilibrada e eficiente. Uma carteira bem estruturada busca maximizar retornos ajustados ao risco, diversificar de forma inteligente e alinhar-se aos objetivos e tolerância ao risco do investidor.

Após realizar uma triagem rigorosa e analisar cuidadosamente ações growth e value, é hora de selecionar as melhores candidatas e construir um portfólio sólido. Esse processo envolve diversas decisões estratégicas, incluindo alocação de ativos, diversificação, otimização de risco e reequilíbrio periódico.

Fatores Fundamentais na Construção da Carteira de Ações

Para montar uma carteira eficiente, o investidor deve considerar os seguintes elementos:

1. Diversificação Inteligente: Equilibrando Risco e Retorno

- Uma carteira bem construída não depende de uma única ação ou setor para gerar retornos.
- A diversificação reduz o risco específico de empresas individuais.
- Combinar setores diferentes (tecnologia, saúde, energia, consumo, etc.) pode suavizar a volatilidade.

Exemplo: Um investidor pode escolher um mix de ações **growth** e **value**, combinando setores defensivos (saúde, consumo básico) com setores cíclicos (tecnologia, industrial, financeiro).

2. Tamanho e Número de Ações no Portfólio

- Qual o número ideal de ações em uma carteira?
- **Menos de 10 ações:** Exposição excessiva ao risco específico.
- **Entre 15 e 25 ações:** Diversificação eficaz sem diluir excessivamente os retornos.
- **Acima de 30 ações:** Maior proteção contra riscos específicos, mas pode dificultar a gestão ativa.

Estudos mostram que a diversificação marginal se torna insignificante após **20 a 30 ativos** bem escolhidos.

3. Peso de Cada Ação na Carteira

- **Pesos iguais**: Cada ação recebe a mesma proporção dentro da carteira (exemplo: 5% cada em um portfólio de 20 ações).
- **Pesos proporcionais ao potencial de retorno**: Aloca-se mais capital em ações de maior convicção.
- **Pesos baseados em risco**: Ações mais voláteis recebem menor alocação, enquanto as mais estáveis recebem maior peso.

Exemplo prático: Um investidor pode alocar 40% da carteira em ações growth, 40% em ações value e 20% em ativos defensivos (como REITs ou dividend stocks).

4. Estratégias para Redução de Risco

Além da diversificação, outras técnicas ajudam a controlar riscos:

- **Parâmetros de Stop Loss e Take Profit:** Definir limites de perda e realização de lucro para proteger o capital.

- **Acompanhamento de Correlações:** Monitorar a relação entre ativos para evitar concentração excessiva em um mesmo comportamento de mercado.
- **Hedging:** Uso de ativos descorrelacionados, como ouro, ETFs de renda fixa ou opções, para mitigar riscos.

Técnicas de Otimização de Portfólio

Para construir uma carteira mais eficiente, existem métodos quantitativos que ajudam a maximizar o retorno ajustado ao risco:

1. Teoria Moderna do Portfólio (MPT – Modern Portfolio Theory)

- Criada por Harry Markowitz, sugere que **combinar ativos com diferentes riscos e correlações** pode reduzir a volatilidade geral da carteira sem comprometer o retorno.
- A **fronteira eficiente** mostra quais combinações de ativos oferecem **o melhor retorno para um determinado nível de risco**.

Exemplo: Ao incluir ações **value** que são mais defensivas, um investidor pode balancear ações **growth**, que possuem maior volatilidade.

2. CAPM (Capital Asset Pricing Model)

- Ajuda a definir o retorno esperado de cada ação com base no risco de mercado (Beta).
- Investidores podem calcular se uma ação está oferecendo retorno suficiente para o risco envolvido.

3. Alocação Baseada em Volatilidade

- Em vez de dividir a carteira igualmente entre ações, distribui-se o peso de acordo com a volatilidade de cada ativo.

- **Ações de maior risco** recebem menor alocação, enquanto **ações estáveis** recebem maior proporção.

4. Rebalanceamento Periódico

- Uma carteira precisa ser ajustada periodicamente para manter a estratégia original.
- **Quando rebalancear?**
  - Se uma ação crescer muito e ultrapassar seu peso ideal.
  - Se uma ação cair além do esperado e sua tese de investimento ainda for válida.
  - De forma programada (a cada 6 meses ou anualmente).

Conclusão: Construindo uma Carteira Sólida e Eficiente

A construção de um portfólio de ações é um **processo estratégico**, que vai além da simples compra de boas ações. É necessário equilibrar crescimento, risco e diversificação para criar um portfólio **resiliente e alinhado aos objetivos do investidor**.

Após aprender sobre **stock screening**, agora o investidor tem todas as ferramentas para selecionar os **melhores ativos** e organizá-los de forma a **maximizar retornos e reduzir riscos**. O próximo passo será **monitorar a carteira e ajustar conforme necessário**, garantindo um investimento eficaz a longo prazo.

Capítulo 14. [Ativo] Teoria de Carteiras (Modern Portfolio Theory)

A Teoria Moderna do Portfólio (Modern Portfolio Theory - MPT) é uma estrutura financeira que visa ajudar os investidores a construir portfólios que maximizem os retornos esperados para um determinado nível de risco. Desenvolvida pelo economista Harry Markowitz na década de 1950, a MPT enfatiza a importância da diversificação e das relações entre diferentes ativos para alcançar um equilíbrio ideal entre risco e retorno.

Propósito e Funcionamento da MPT

No cerne da MPT, sugere-se que o risco e o retorno de um investimento individual não devem ser analisados isoladamente, mas sim no contexto de como esse investimento contribui para o risco e retorno do portfólio como um todo. Ao combinar ativos com diferentes graus de correlação, os investidores podem construir um portfólio que ofereça o maior retorno esperado possível para um dado nível de risco. Isso é alcançado por meio da diversificação, que reduz o impacto do desempenho de um único ativo sobre o portfólio global.

Contexto Histórico

Harry Markowitz apresentou a MPT em seu artigo de 1952 intitulado "Portfolio Selection", publicado no *Journal of Finance*. Seu trabalho inovador lançou as bases para estratégias modernas de investimento ao formalizar os benefícios da diversificação e fornecer um método quantitativo para equilibrar risco e retorno. Por suas contribuições, Markowitz foi agraciado com o Prêmio Nobel Memorial de Ciências Econômicas em 1990.

Como Funciona a Otimização de Portfólios na MPT

A otimização de portfólios se baseia em princípios matemáticos para determinar a melhor combinação de ativos. Ela utiliza o retorno esperado, o risco (desvio padrão) e as correlações entre ativos para criar um portfólio que esteja na Fronteira Eficiente — o conjunto de portfólios que oferece o maior retorno esperado para um dado nível de risco.

Para otimizar um portfólio, é necessário:

1. **Definir Retornos Esperados** – Estimar os retornos de cada ativo.
2. **Medir o Risco (Desvio Padrão)** – Avaliar a volatilidade de cada ativo.
3. **Determinar as Correlações** – Compreender como os ativos se movem em relação uns aos outros.
4. **Construir a Fronteira Eficiente** – Identificar combinações ótimas de ativos.
5. **Selecionar o Melhor Portfólio com Base na Tolerância ao Risco** – Escolher um portfólio que esteja alinhado aos objetivos do investidor.

Vamos nos aprofundar em como funciona a otimização.

Exemplo Numérico

Considere um portfólio simples com dois ativos: **Ação A** e **Título B**.

- **Retornos Esperados:**
  - Ação A: 8%
  - Título B: 4%
- **Desvios Padrão (Risco):**
  - Ação A: 10%

- Título B: 5%

- **Coeficiente de Correlação:**
  - Ação A e Título B: 0,2

Nosso objetivo é encontrar os pesos ótimos (**w_1** para Ação A e **w_2** para Título B) que **minimizem a variância do portfólio** para um dado retorno esperado.

Formulação Matemática para Otimização de Portfólios

Para calcular a alocação ótima, utilizamos as seguintes fórmulas principais:

Retorno Esperado do Portfólio

O retorno esperado de um portfólio $E[R\text{p}]$ é a soma ponderada dos retornos esperados de seus ativos:

$$E[R_p] = w_1E[R_1] + w_2E[R_2] + \cdots + w_nE[R_n]$$

Onde:

- w_i = peso do ativo i no portfólio
- $E[R_i]$ = retorno esperado do ativo i

Risco do Portfólio (Variância e Desvio Padrão)

A variância $\sigma_p{}^2$ do portfólio, que mede o risco total, é dada por:

$$\sigma_p^2 = \sum w_i^2 \sigma_i^2 + \sum\sum w_i w_j \sigma_i \sigma_j \rho_{i,j}$$

Onde:

- σ_i^2 = variância do ativo i
- $\rho_{i,j}$ = correlação entre o ativo i e o ativo j
- $\sigma_i \sigma_j \rho_{i,j}$ = contribuição para o risco total do portfólio com base em como os ativos se movimentam juntos

A formula mostra que combinando-se ativos com correlação baixa ou negativa reduz o risco global da carteira. Mas não se assuste com a fórmula, o conceito é simples e podemos dar um exemplo numérico com dois ativos.

Fórmulas

Retorno Esperado do Portfólio ($E[R_p]$):

$$E[R_p] = w_1 \times E[R_1] + w_2 \times E[R_2]$$

Variância do Portfólio (σ_p^2):

$$\sigma_p^2 = (w_1 \times \sigma_1)^2 + (w_2 \times \sigma_2)^2 + 2 \times w_1 \times w_2 \times \sigma_1 \times \sigma_2 \times \rho_{12}$$

Onde:

- $E[R_1]$ e $E[R_2]$: retornos esperados da Ação A e do Título B
- σ_1 e σ_2: desvios padrão (volatilidade) dos dois ativos
- ρ_{12}: correlação entre os dois ativos

Etapas de Cálculo

1. Definir o Retorno Esperado do Portfólio:

Queremos um retorno esperado de 6%.

$$0.06 = w_1 \times 0.08 + (1 - w_1) \times 0.04$$

$$0.06 = 0.08w_1 + 0.04 - 0.04w_1$$

$$0.02 = 0.04w_1 \Rightarrow w_1 = 0.5$$

$$w_2 = 1 - w_1 = 0.5$$

2. Calcular a Variância do Portfólio:

$$\sigma_p^2 = (0.5 \times 0.10)^2 + (0.5 \times 0.05)^2 + 2 \times 0.5 \times 0.5 \times 0.10 \times 0.05 \times 0.2$$

$$\sigma_p^2 = 0.0025 + 0.000625 + 0.00025 = 0.003375$$

3. Calcular o Desvio Padrão do Portfólio:

$$\sigma_p = \sqrt{0.003375} \approx 5.81\%$$

Conclusão do Exemplo

Ao alocar 50% na Ação A e 50% no Título B, o portfólio alcança um retorno esperado de 6% com desvio padrão de aproximadamente 5,81%.

Esse exemplo mostra como a MPT ajuda o investidor a escolher os pesos ideais dos ativos para otimizar o equilíbrio entre risco e retorno.

A Teoria Moderna do Portfólio fornece uma abordagem estruturada para a construção de carteiras, com foco em:

- Diversificação eficiente
- Redução do risco não sistemático
- Otimização baseada em risco-retorno

Essa teoria continua sendo a base de muitas decisões de investimento profissional e institucional até hoje.

Exemplo Passo a Passo de Otimização com Números

Considere um portfólio com três ativos:

Ativo	Retorno Esperado	Desvio Padrão (Risco)	Correlação com os Outros Ativos
Ação A	8%	12%	-
Ação B	6%	10%	0,3 com A
Título C	4%	5%	0,1 com A, 0,2 com B

Queremos determinar a alocação ideal entre esses ativos.

Passo 1: Definir o Objetivo de Retorno-Risco

Suponha que o investidor deseje um portfólio de risco moderado com retorno esperado em torno de 6%.

Passo 2: Atribuir Pesos Iniciais e Calcular o Retorno do Portfólio

Vamos começar com a seguinte alocação:

- 50% em Ação A
- 30% em Ação B
- 20% em Título C

Usando a fórmula do retorno esperado:

$$E[R_p] = (0.50 \times 0.08) + (0.30 \times 0.06) + (0.20 \times 0.04)$$

$$E[R_p] = 0.04 + 0.018 + 0.008 = 0.066 = 6{,}6\%$$

O retorno esperado é de **6,6%**, o que está próximo do nosso objetivo de 6%.

Passo 3: Calcular o Risco do Portfólio (Desvio Padrão)

Usamos a fórmula da variância do portfólio com as correlações fornecidas:

$$\sigma_p^2 = (0.50^2 \times 0.12^2) + (0.30^2 \times 0.10^2) + (0.20^2 \times 0.05^2) +$$
$$2(0.50 \times 0.30 \times 0.12 \times 0.10 \times 0.3) + 2(0.50 \times 0.20 \times 0.12 \times 0.05 \times 0.1) + 2(0.30 \times 0.20 \times 0.10 \times 0.05 \times 0.2)$$

Resolvendo passo a passo:

$$\sigma_p^2 = (0.25 \times 0.0144) + (0.09 \times 0.01) + (0.04 \times 0.0025) +$$
$$2(0.50 \times 0.30 \times 0.12 \times 0.10 \times 0.3) + 2(0.50 \times 0.20 \times 0.12 \times 0.05 \times 0.1) + 2(0.30 \times 0.20 \times 0.10 \times 0.05 \times 0.2)$$
$$\sigma_p^2 = 0.0036 + 0.0009 + 0.0001 + 0.00432 + 0.00024 + 0.00012$$
$$\sigma_p^2 = 0.00928$$
$$\sigma_p = \sqrt{0.00928} \approx 9{,}63\%$$

O risco total do portfólio é de aproximadamente **9,63%**.

Passo 4: Ajustar Pesos para Melhorar a Relação Risco-Retorno

Agora podemos ajustar os pesos para **reduzir o risco** mantendo o retorno próximo a 6%.

Suponha que aumentamos a alocação no Título C para **30%** e reduzimos a Ação A para **40%**.

Novo retorno esperado: 6,2%
Novo desvio padrão: 8,9%

Essa nova alocação apresenta **menor risco com retorno semelhante**, movendo o portfólio mais próximo da **Fronteira Eficiente**, ou seja, entregando um **melhor retorno ajustado ao risco**.

Fronteira Eficiente de Markowitz – Portfólio com 3 Ativos

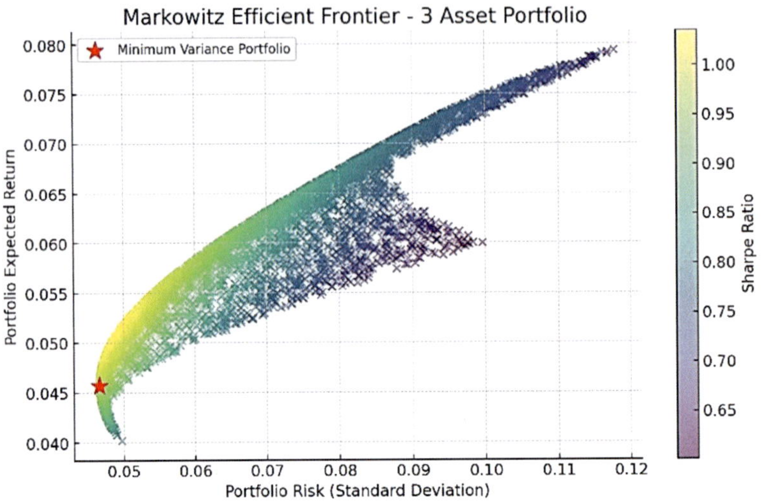

Aqui está a Fronteira Eficiente de Markowitz para o portfólio com 3 ativos (Ação A, Ação B e Título C). O gráfico ilustra diferentes combinações de portfólio, com o Portfólio de Mínima Variância (MVP) destacado em vermelho. Esse MVP representa o portfólio com o menor risco possível para um dado retorno, demonstrando como a diversificação pode ajudar os investidores a otimizar a relação entre risco e retorno.

Por Que a Otimização MPT Funciona

Diversificação Reduz o Risco:

Adicionar títulos (bonds) à carteira reduz a volatilidade sem comprometer muito o retorno.

As Correlações São Cruciais:

Ativos com baixa ou negativa correlação oferecem os melhores benefícios de diversificação.

A Fronteira Eficiente Guia Decisões:

Investidores devem buscar estar na Fronteira Eficiente, onde é possível maximizar o retorno para um dado nível de risco.

Existem Ferramentas de Otimização:

Embora os cálculos manuais ajudem na compreensão, ferramentas como Excel Solver, Python, ou otimizadores online facilitam o processo de encontrar a combinação ideal de ativos.

Conclusão

A **otimização de portfólio com a MPT** é sobre **ajustar os pesos dos ativos** para atingir a melhor combinação entre risco e retorno.

Ao selecionar uma **mistura de ações, títulos e outros ativos**, o investidor pode **reduzir o risco mantendo retornos sólidos**.

A **Fronteira Eficiente** representa as **melhores carteiras possíveis**, e ao ajustar as alocações, o investidor pode se **aproximar do melhor retorno ajustado ao risco**.

Este processo leva a **decisões de investimento mais inteligentes**, equilibrando risco e recompensa de forma científica!

Teoria Pós-Moderna do Portfólio (PMPT)

A Teoria Pós-Moderna do Portfólio (Post-Modern Portfolio Theory - PMPT) surgiu como um aprimoramento da tradicional Teoria Moderna do Portfólio (MPT), abordando algumas de suas limitações ao oferecer uma abordagem mais detalhada para avaliação de risco e otimização de portfólio. A PMPT foi introduzida em 1991 pelos designers de software Brian M. Rom e Kathleen Ferguson, que identificaram limitações no software baseado na MPT e buscaram desenvolver uma estrutura mais abrangente para a otimização de portfólios.

Principais Diferenças Entre MPT e PMPT:

Medição de Risco:

- **MPT:** Utiliza o desvio padrão dos retornos como a principal métrica de risco, tratando toda a volatilidade—tanto ganhos quanto perdas—como iguais.
- **PMPT:** Foca no risco de queda, enfatizando o potencial de perdas abaixo de um determinado limite, alinhando-se mais de perto às preocupações dos investidores.

Suposições Sobre Distribuição de Retornos:

- **MPT:** Assume que os retornos seguem uma distribuição normal, implicando simetria entre ganhos e perdas potenciais.
- **PMPT:** Reconhece que os retornos podem ser assimétricos e apresentar caudas grossas, levando a uma representação mais precisa dos padrões de retorno do mundo real.

Vantagens da PMPT:

- **Avaliação de Risco Aprimorada:** Ao concentrar-se no risco de queda, a PMPT fornece uma visão mais clara das potenciais perdas, o que é frequentemente mais relevante para os investidores.
- **Métricas de Desempenho Melhoradas:** Incorpora medidas como o Índice de Sortino, que refina a avaliação de desempenho ao considerar apenas a volatilidade negativa, oferecendo uma análise mais precisa do que o tradicional Índice de Sharpe.

Ao abordar as limitações da MPT, a Teoria Pós-Moderna do Portfólio oferece aos investidores um conjunto de ferramentas mais refinadas para a construção de portfólios, enfatizando o risco de queda e acomodando as complexidades das distribuições de retornos do mundo real.

Capital Asset Pricing Model (CAPM)

O Modelo de Precificação de Ativos Financeiros (CAPM) é uma extensão da **Teoria Moderna do Portfólio (MPT)**, introduzida por **Harry Markowitz** em 1952. Enquanto a MPT enfatiza a **diversificação** para construir portfólios eficientes que otimizam o retorno para um dado nível de risco, o CAPM amplia essa estrutura ao oferecer um método para avaliar o **retorno esperado de um ativo individual com base no seu risco sistemático** em relação ao mercado como um todo.

Desenvolvido no início dos anos 1960 por economistas como **William Sharpe**, **John Lintner** e **Jan Mossin**, o CAPM estabelece uma **relação linear entre o retorno esperado de um ativo e seu beta** (uma medida de risco relacionado ao mercado).

Objetivo do CAPM

O objetivo do CAPM é determinar a **taxa de retorno exigida** para um ativo, considerando seu risco em relação ao mercado. O modelo ajuda o investidor a **tomar decisões mais embasadas sobre quais ativos incluir no portfólio**, avaliando se o ativo oferece um retorno esperado justo para o nível de risco sistemático que carrega.

Fórmula do CAPM

O retorno esperado de um ativo segundo o CAPM é calculado como:

$$E(R_i) = R_f + \beta_i \times (E(R_m) - R_f)$$

Onde:

- $E(R_i)$: Retorno esperado do ativo i
- R_f: Taxa livre de risco
- β_i: Beta do ativo i
- $E(R_m)$: Retorno esperado do mercado
- $(E(R_m) - R_f)$: Prêmio de risco de mercado

Visualização: Linha do Mercado de Capitais (SML)

A relação descrita pelo CAPM pode ser visualizada através da **Security Market Line (SML)**, que plota o retorno esperado dos ativos em função de seus valores de beta. A **SML** é uma linha reta com:

Intercepto no eixo Y: representa a taxa livre de risco R_f

Inclinação da reta: igual ao prêmio de risco do mercado $(E(R_m)-R_f)$

Ativos **acima da SML** são considerados **subvalorizados** (oferecem retorno superior ao risco que apresentam), enquanto ativos **abaixo da SML** estão **sobrevalorizados**.

Incorporando um Ativo Livre de Risco

Com base no exemplo anterior com três ativos (Ação A, Ação B e Título C), agora introduzimos um **ativo livre de risco** (por exemplo, um título do Tesouro) para ilustrar o CAPM e a SML.

Suposições:

Taxa Livre de Risco (R_f): 3%

Retorno do Mercado (E(R_m)): 10%

Betas dos Ativos:

Ação A: β_A=1,2

Ação B: β_B=0,8

Título C: β_C=0,3

Cálculo dos Retornos Esperados com o CAPM

$$E(R_A) = 3\% + 1{,}2 \times (10\% - 3\%) = 11{,}4\%$$

$$E(R_B) = 3\% + 0{,}8 \times (10\% - 3\%) = 8{,}6\%$$

$$E(R_C) = 3\% + 0{,}3 \times (10\% - 3\%) = 5{,}1\%$$

Construindo o Gráfico da SML

Para visualizar a **SML**:

Plotar o ativo livre de risco: no ponto β=0, com retorno de 3%

Plotar o portfólio de mercado: no ponto β=1, com retorno de 10%

Traçar a SML: ligando esses dois pontos com uma linha reta

Agora, plote os ativos individuais com base em seus betas e retornos esperados:

- Ação A: $\beta = 1{,}2$, $E(R_A) = 11{,}4\%$
- Ação B: $\beta = 0{,}8$, $E(R_B) = 8{,}6\%$
- Título C: $\beta = 0{,}3$, $E(R_C) = 5{,}1\%$

Cada ativo **deve estar alinhado com a SML** se estiver **justamente avaliado** de acordo com o CAPM.

Security Market Line (SML) - CAPM

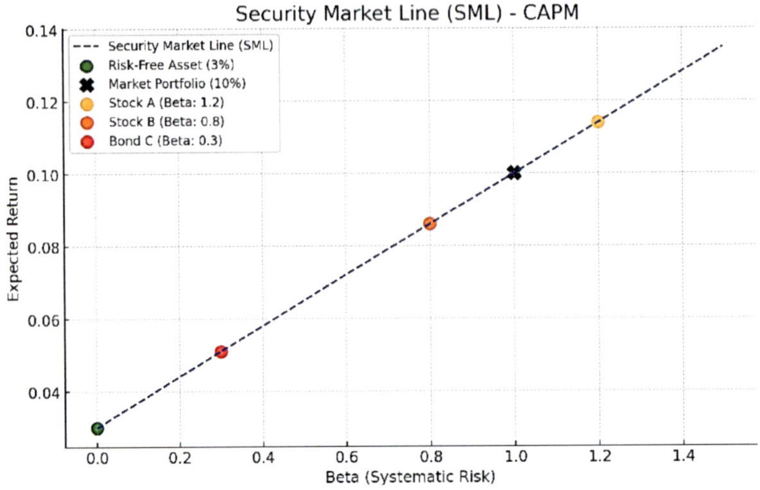

A linha azul tracejada representa a **SML** (Linha do Mercado de Titulos), mostrando a relação entre **Beta** (risco sistemático) e retorno esperado.

- O ponto verde representa o **Ativo Livre de Risco** (3%) com **Beta = 0**.
- O "X" preto marca o **Portfólio de Mercado** (10%) com **Beta = 1**.
- Os ativos individuais (Ação A, Ação B e Título C) estão plotados de acordo com seus valores de **Beta** e retornos esperados.

Essa visualização ilustra como o **CAPM** (Modelo de Precificação de Ativos de Capital) determina o retorno apropriado para diferentes níveis de risco sistemático e ajuda os investidores a avaliar se os ativos estão corretamente precificados.

Amarrando Tudo: Valoração, Risco e Retorno

O CAPM fornece uma estrutura para avaliar se um ativo oferece **retorno adequado ao seu nível de risco sistemático**.

Ao comparar o retorno esperado do ativo com a SML:

Se estiver **acima da SML** → o ativo está **subvalorizado** (ótimo para compra)

Se estiver **abaixo da SML** → o ativo está **supervalorizado** (menos atrativo)

Essa abordagem ajuda os investidores a **tomar decisões informadas**, equilibrando risco e retorno, garantindo que **cada ativo contribua de forma eficiente para o desempenho total do portfólio**.

MPT e CAPM: Conectando a Fronteira Eficiente com a SML

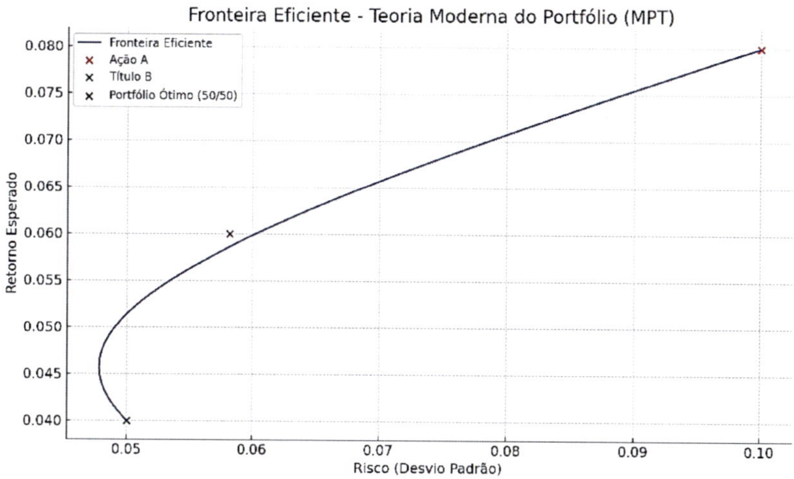

Aqui está o gráfico da **Fronteira Eficiente** com base no exemplo da Teoria Moderna do Portfólio (MPT):

- **Ação A**: Retorno esperado de 8%, risco de 10%
- **Título B**: Retorno esperado de 4%, risco de 5%
- **Portfólio Ótimo 50/50**: Retorno de 6% com risco de aproximadamente 5,81%

A linha azul representa todas as combinações possíveis entre os dois ativos, destacando como a diversificação pode **reduzir o risco para um mesmo retorno**, ou **aumentar o retorno mantendo o risco constante**.

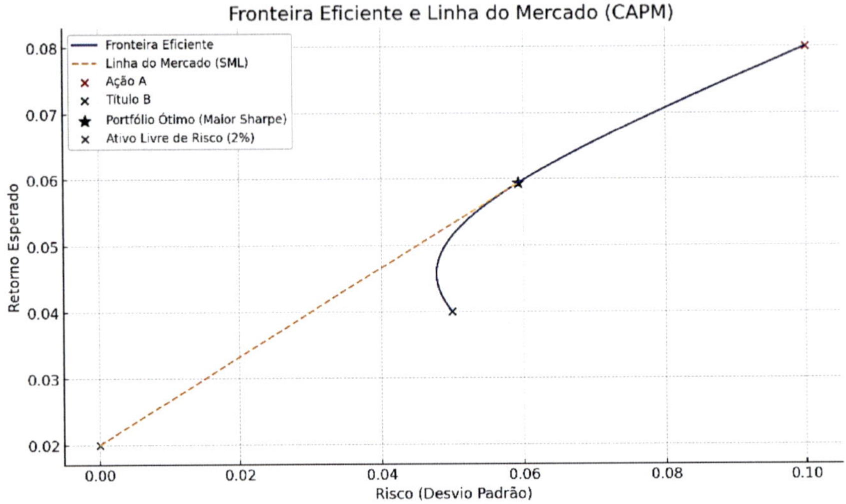

Aqui está o gráfico atualizado com a **Fronteira Eficiente** e a **Linha do Mercado (Security Market Line - SML)** do modelo **CAPM**:

- A **estrela preta** representa o **portfólio ótimo com o maior índice de Sharpe**, ou seja, o melhor equilíbrio entre retorno e risco.
- A **linha laranja tracejada** mostra a **linha do mercado (SML)**, partindo do **ativo livre de risco (2%)** até o portfólio com o maior Sharpe.
- Essa linha representa todas as **combinações eficientes entre ativos de risco e o ativo livre de risco**.

No CAPM, os ativos acima da SML estão **subvalorizados** (ótimos para compra), enquanto os que ficam abaixo estão **supervalorizados** (menos atrativos).

Aqui estão os **retornos esperados pelo modelo CAPM** para os ativos fictícios com base no portfólio ótimo identificado anteriormente:

Ativo	Beta	Retorno Esperado (CAPM)
Ação X	1,2	**6,73%**
Ação Y	0,8	**5,15%**
Ação Z	1,5	**7,91%**

Interpretação:

- **Ação Z**, com beta 1,5, é mais volátil que o mercado e exige um retorno maior como compensação.
- **Ação Y**, com beta 0,8, é mais defensiva, e portanto, seu retorno exigido é menor.
- Esses retornos representam o **mínimo retorno exigido pelo investidor** para assumir o risco de cada ativo, com base no risco de mercado e na taxa livre de risco.

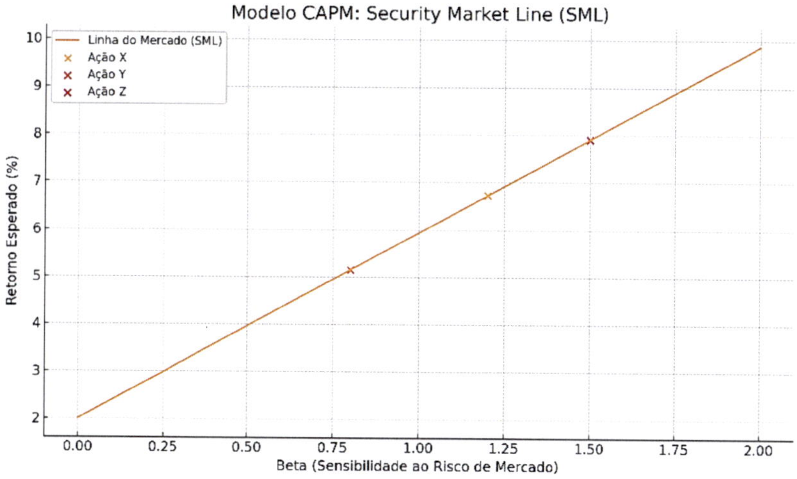

Aqui está o gráfico da **Security Market Line (SML)** do modelo **CAPM**, com os ativos fictícios Ação X, Y e Z posicionados de acordo com seus respectivos **betas** e **retornos esperados**.

Interpretação Visual:

- A **linha laranja** representa a **SML**, que mostra o retorno justo esperado para qualquer ativo, dado seu beta.
- Os **pontos coloridos** mostram onde os ativos estão em relação à linha:
    - Se um ponto estiver **acima da SML**, o ativo pode estar **subvalorizado** (entregando mais retorno do que o risco justificaria).
    - Se estiver **abaixo da SML**, pode estar **supervalorizado** (entregando menos retorno pelo risco assumido).

Exemplo com Ações do Mercado Americano

Se você quiser ver essa análise aplicada na prática, podemos usar ações reais do mercado americano como exemplo. O CAPM nos permite estimar o retorno esperado de um ativo com base no seu nível de risco sistemático (beta), na taxa livre de risco (como os títulos do Tesouro americano) e no prêmio de risco do mercado. Com essas variáveis, conseguimos avaliar se essas ações estão oferecendo um retorno justo em relação ao risco que apresentam.

Vamos aplicar o **Modelo de Precificação de Ativos de Capital (CAPM)** para estimar o retorno esperado das ações da **Apple (AAPL)**, **Microsoft (MSFT)** e **Alphabet (GOOGL)**. O CAPM é uma ferramenta que relaciona o retorno esperado de um ativo ao seu risco sistemático (beta), considerando a taxa livre de risco e o prêmio de risco do mercado.

Fórmula do CAPM:

Fórmula do CAPM:

$$E(R_i) = R_f + \beta_i \times (E(R_m) - R_f)$$

Onde:

- $E(R_i)$: Retorno esperado do ativo i
- R_f: Taxa livre de risco
- β_i: Beta do ativo i
- $E(R_m)$: Retorno esperado do mercado
- $E(R_m) - R_f$: Prêmio de risco do mercado

Passo 1: Coletar os dados necessários

- **Taxa livre de risco (R_f)**: Geralmente, utiliza-se o rendimento dos títulos do Tesouro dos EUA de 10 anos como proxy. Suponhamos que essa taxa seja de **3%**.
- **Retorno esperado do mercado ($E(R_m)$)**: Historicamente, o mercado de ações dos EUA tem um retorno médio anual em torno de **10%**.
- **Prêmio de risco do mercado ($E(R_m) - R_f$)**: Diferença entre o retorno esperado do mercado e a taxa livre de risco. Neste caso, 10% - 3% = 7%.
- **Beta (β)**: Mede a sensibilidade do retorno de uma ação em relação ao mercado. Valores de beta podem ser encontrados em sites financeiros ou relatórios de análise. Para este exemplo, utilizaremos os seguintes betas hipotéticos:
    - Apple (β_{AAPL}): **1,20**
    - Microsoft (β_{MSFT}): **1,05**
    - Alphabet (β_{GOOGL}): **1,10**

Passo 2: Calcular o retorno esperado para cada ação usando o CAPM

1. **Apple (AAPL):**

   $$E(R_{\text{AAPL}}) = 3\% + 1,20 \times 7\% = 3\% + 8,4\% = 11,4\%$$

2. **Microsoft (MSFT):**

   $$E(R_{\text{MSFT}}) = 3\% + 1,05 \times 7\% = 3\% + 7,35\% = 10,35\%$$

3. **Alphabet (GOOGL):**

   $$E(R_{\text{GOOGL}}) = 3\% + 1,10 \times 7\% = 3\% + 7,7\% = 10,7\%$$

Interpretação dos Resultados:

- **Apple (AAPL)**: Com um beta de 1,20, a ação é mais volátil que o mercado. O retorno esperado de 11,4% reflete essa maior sensibilidade às variações do mercado.
- **Microsoft (MSFT)**: Com um beta de 1,05, a ação tem uma volatilidade ligeiramente superior à do mercado. O retorno esperado é de 10,35%.
- **Alphabet (GOOGL)**: Com um beta de 1,10, a ação apresenta uma volatilidade um pouco maior que a do mercado, com um retorno esperado de 10,7%.

Considerações Importantes:

- **Beta**: Um beta maior que 1 indica que a ação tende a amplificar os movimentos do mercado, enquanto um beta menor que 1 sugere menor sensibilidade às oscilações do mercado.
- **Limitações do CAPM**: Embora útil, o CAPM baseia-se em várias suposições, como a eficiência do mercado e a constância do beta ao longo do tempo, o que nem sempre se verifica na prática.

- **Análise Complementar**: É essencial considerar outros fatores, como fundamentos da empresa, condições econômicas e perspectivas do setor, ao tomar decisões de investimento.

Conclusão:

O CAPM fornece uma estimativa do retorno esperado com base no risco sistemático de cada ação. No entanto, decisões de investimento devem ser baseadas em uma análise abrangente que inclua múltiplos fatores além do beta e do retorno esperado.

Capítulo 15. [Passivo] Investimento Passivo com Index ETFs

Investimento Passivo com ETFs de Índice: A Maneira Simples e Eficiente de Investir

No mundo dos investimentos, existem duas abordagens principais para a construção de patrimônio no mercado de ações: **investimento ativo** e **investimento passivo**.

- O **investimento ativo** envolve a escolha seletiva de ações, análise fundamentalista e técnica, e decisões frequentes de compra e venda para tentar superar o mercado. Essa abordagem exige tempo, conhecimento, disciplina e uma compreensão profunda do funcionamento do mercado financeiro.
- O **investimento passivo**, por outro lado, busca acompanhar o desempenho do mercado de forma eficiente e de baixo custo, investindo em índices amplos através de **ETFs (Exchange-Traded Funds)**.

O investimento passivo é uma solução ideal para **pessoas ocupadas, profissionais não financeiros e investidores que desejam uma abordagem simples e de longo prazo**, sem a necessidade de passar horas analisando balanços financeiros ou tentando prever o próximo grande movimento do mercado.

Por Que o Investimento Passivo Com ETFs de Índice?

Investir por meio de ETFs de índice se tornou uma das estratégias mais populares para investidores individuais e institucionais. Essa abordagem é sustentada por estudos acadêmicos que mostram que a maioria dos gestores ativos **não consegue superar consistentemente o desempenho do mercado no longo prazo**, especialmente após contabilizar taxas e custos operacionais.

As vantagens do investimento passivo incluem:

✅ **Baixo Custo:** ETFs de índice possuem taxas de administração muito inferiores às dos fundos de gestão ativa, maximizando os retornos líquidos do investidor.

✅ **Simplicidade:** Não há necessidade de selecionar ações individuais; basta investir no ETF que acompanha um índice amplamente diversificado.

✅ **Diversificação Instantânea:** Com um único ETF, o investidor pode ter exposição a centenas ou até milhares de ações de diferentes setores e países.

✅ **Menor Risco de Erro:** Como o investimento segue um índice, o investidor não corre o risco de escolher ações erradas ou tomar decisões precipitadas com base em emoções.

✅ **Performance Competitiva:** Estudos mostram que, no longo prazo, a maioria dos investidores passivos supera a maioria dos gestores ativos, principalmente devido ao menor custo e menor erro de timing de mercado.

Para Quem o Investimento Passivo é Ideal?

O investimento passivo é altamente recomendado para:

- Profissionais ocupados que não têm tempo para analisar ações.
- Pessoas que querem investir com segurança sem precisar de conhecimento técnico avançado.
- Investidores que buscam uma abordagem de longo prazo e acreditam no crescimento econômico global.

- Aqueles que desejam minimizar custos e maximizar retornos líquidos.

O Papel dos ETFs de Índice na Carteira do Investidor

Os ETFs de índice são projetados para acompanhar o desempenho de índices de referência, como:

- **S&P 500 (SPY, VOO, IVV)** – Representa as 500 maiores empresas dos EUA.
- **Nasdaq 100 (QQQ)** – Exposição às principais empresas de tecnologia e inovação.
- **Russell 2000 (IWM)** – Acompanhamento de empresas de pequena capitalização nos EUA.
- **MSCI World (URTH, VT)** – Diversificação global com ações de vários países.

Conclusão: Investindo de Forma Inteligente e Eficiente

O investimento passivo por meio de ETFs de índice permite que qualquer pessoa tenha **acesso ao crescimento do mercado de ações global de maneira simples, diversificada e eficiente**. Para aqueles que não querem gastar tempo analisando empresas, acompanhando notícias financeiras diariamente ou assumindo riscos desnecessários, os ETFs de índice são uma solução extremamente poderosa.

Nos próximos tópicos, exploraremos **como escolher os melhores ETFs, quais índices seguir, como combinar diferentes ETFs na carteira e como otimizar os retornos passivos ao longo do tempo**. Mas antes disso, vamos comentar também dois grandes problemas do investimento passivo em índices de mercado que você, investidor inteligente, precisa saber.

Os Dois Grandes Problemas do Investimento Passivo em Índices

O investimento passivo através de ETFs de índice revolucionou a forma como os investidores alocam seus recursos. Ele oferece **simplicidade, baixo custo e desempenho superior à maioria dos investidores ativos no longo prazo**. No entanto, apesar de suas vantagens, essa estratégia **possui dois grandes problemas** que muitos investidores ignoram.

A crença popular de que o investimento passivo é **"seguro" ou "livre de riscos"** é **falsa**. Há riscos significativos que podem comprometer seriamente os resultados de longo prazo.

---

1. O Risco Sistêmico Ainda Está Presente – E Ele é Devastador

Um dos grandes atrativos dos ETFs de índice é a diversificação, que reduz o **risco não sistemático** (o risco individual de cada empresa). No entanto, há um risco que **nem a melhor diversificação do mundo pode eliminar**: **o risco sistêmico**.

🔴 **O risco sistêmico afeta o mercado inteiro.** Ele não pode ser reduzido apenas diversificando ativos.

🔴 **Cada crise de mercado destrói trilhões de dólares em patrimônio.** O investidor passivo, que segue a estratégia "buy and hold" (comprar e manter), **fica completamente exposto a essas quedas**.

🔴 **Passividade não significa segurança.** Durante a crise financeira de 2008, o S&P 500 caiu **mais de 50%**, levando anos para se recuperar. Durante o crash da pandemia de 2020, o mercado desabou quase **30% em poucas semanas**.

Embora investir em um ETF de índice **possa parecer menos arriscado do que tentar selecionar ações individuais**, **ele não protege contra crises e quedas severas do mercado**. Esse é um erro clássico dos investidores que acham que o investimento passivo é "livre de riscos" ou que tem risco baixo.

---

2. Retornos Absolutos Relativamente Baixos no Longo Prazo

Os índices de mercado, como o **S&P 500 e o Nasdaq 100**, superam a maioria dos investidores ativos no longo prazo. No entanto, **os retornos absolutos ainda são relativamente baixos** em comparação com investimento ativo extremamente bem feito (e com uma boa pitada de sorte).

📉 **O S&P 500 tem uma média de retorno anual em torno de 10% a 12% no longo prazo**. Embora seja superior ao retorno de muitos fundos e investidores ativos, **há maneiras de otimizar essa rentabilidade** sem aumentar significativamente o risco.

📉 **Para investidores que desejam acelerar seu crescimento patrimonial**, depender exclusivamente da estratégia passiva **pode não ser suficiente**.

A Solução: O Método SMIGRM

Para resolver esses dois grandes problemas do investimento passivo, **desenvolvi o método SMIGRM**, que foi apresentado no **Capítulo 10**.

O SMIGRM introduz **duas inovações fundamentais** que fazem o investimento passivo se tornar **muito mais poderoso, seguro e eficiente**:

1. SMIGRM Funciona Como Um Detector de Crashes do Mercado

- O SMIGRM usa um modelo quantitativo avançado para detectar **sinais antecipados de quedas severas no mercado**.
- Quando um colapso se aproxima, o sistema alerta o investidor para **reduzir sua exposição ao mercado e buscar segurança em ativos mais estáveis**.
- Isso protege o patrimônio do investidor de quedas devastadoras e acelera a recuperação do capital.

2. SMIGRM Maximiza Retornos Ajustados ao Risco

- O SMIGRM emprega a **alocação dinâmica dependente do contexto (Context-Dependent Dynamic Asset Allocation)** para garantir que o investidor **tome risco apenas quando for vantajoso**.
- Em vez de apenas aceitar os retornos médios dos índices, **o SMIGRM ajusta dinamicamente a alocação da carteira** para capturar retornos mais elevados **sem aumentar desproporcionalmente o risco**.
- O resultado? **Retornos significativamente maiores sem comprometer a segurança do investidor**.

O método SMIGRM **transforma o investimento passivo em um modelo mais sofisticado, seguro e altamente lucrativo**. Ele resolve os dois principais problemas do investimento passivo e coloca o investidor **no controle do seu futuro financeiro**.

Os 10 Principais Índices Para Investidores Passivos

Para investidores que desejam seguir a estratégia de investimento passivo com ETFs de índice, abaixo estão os **10 principais índices** disponíveis para investidores de varejo.

Índice	Código do ETF Principal	AUM (Ativos sob Gestão - Aproximado)
S&P 500	**SPY** (também VOO, IVV)	**+US$ 450 bilhões**
Nasdaq 100	**QQQ**	**+US$ 200 bilhões**
Dow Jones Industrial Average	**DIA**	**+US$ 30 bilhões**
Russell 2000 (Pequenas Empresas)	**IWM**	**+US$ 50 bilhões**
MSCI World (Mercado Global)	**URTH**	**+US$ 10 bilhões**
FTSE Emerging Markets (Mercados Emergentes)	**VWO**	**+US$ 80 bilhões**
S&P 400 (Médias Empresas)	**MDY**	**+US$ 15 bilhões**
S&P 600 (Pequenas Empresas)	**IJR**	**+US$ 10 bilhões**
MSCI EAFE (Europa, Ásia e Pacífico, excluindo EUA e Canadá)	**EFA**	**+US$ 50 bilhões**
Total Stock Market (Mercado de Ações dos EUA)	**VTI**	**+US$ 300 bilhões**

Nota: Existem vários ETFs que rastreiam o mesmo índice. Para o **S&P 500**, por exemplo, o maior ETF é o **SPY**, mas há também o **VOO (Vanguard) e IVV (iShares)**, que possuem taxas mais baixas.

Esses índices são **perfeitos para compor uma carteira passiva**, garantindo **exposição a diferentes setores e mercados globais**.

Conclusão: Investimento Passivo é Poderoso, Mas Pode Ser Ainda Melhor

O investimento passivo em índices é **uma das estratégias mais inteligentes e eficazes para investidores de longo prazo**. No entanto, como visto neste capítulo, **ele não é perfeito**.

✅ **O risco sistêmico continua presente e pode causar grandes perdas durante crises do mercado.**

✅ **Os retornos de longo prazo são relativamente baixos** para quem busca crescimento acelerado do patrimônio.

A **boa notícia** é que o **SMIGRM resolve esses problemas, oferecendo proteção contra crashes e otimizando os retornos ajustados ao risco.**

Aprendendo a **implementar o SMIGRM na prática** resultará n**uma carteira passiva mais eficiente, segura e lucrativa.**

Capítulo 16. Indicadores de Performance

Relação Retorno-Risco: Entendendo a Eficiência do Investimento

A relação retorno-risco é uma métrica crítica para avaliar quão eficazmente um investimento compensa pelo nível de risco assumido. Muitos investidores ignoram esse conceito, frequentemente perseguindo retornos sem considerar se o risco associado é justificado. Entender essas relações permite uma tomada de decisão informada e a otimização do portfólio.

1. Índice de Sharpe

Definição:

O Índice de Sharpe mede o retorno excedente por unidade de risco total, onde o risco é quantificado pelo **desvio padrão**. Ele avalia o quanto um investimento compensa pela volatilidade que apresenta.

Fórmula:

$$\text{Índice de Sharpe} = \frac{\text{Retorno do Portfólio} - \text{Taxa Livre de Risco}}{\text{Desvio Padrão do Portfólio}}$$

Interpretação:

- Um Índice de Sharpe mais alto indica **melhores retornos ajustados ao risco**.
- Valores acima de 1 são considerados bons, acima de 2 excelentes e acima de 3 excepcionais.

Vantagens:

- Fácil de calcular e amplamente utilizado.
- Leva em conta tanto o retorno quanto o risco total do investimento.

Desvantagens:

- Penaliza igualmente a volatilidade positiva e negativa, o que pode não refletir a realidade das preferências dos investidores.

---

2. Índice de Sortino

Definição:

O Índice de Sortino é uma versão ajustada do Índice de Sharpe, que considera apenas o **risco de queda** (volatilidade negativa), sendo mais adequado para investidores avessos ao risco.

Fórmula:

$$\text{Índice de Sortino} = \frac{\text{Retorno do Portfólio} - \text{Taxa Livre de Risco}}{\text{Desvio Padrão das Quedas (Downside Deviation)}}$$

Interpretação:

- Mede o retorno por unidade de risco negativo, oferecendo uma avaliação mais realista para quem se preocupa com perdas.
- Quanto maior o índice, melhor a proteção contra quedas.

Vantagens:

- Considera apenas a volatilidade negativa (quedas).
- Mais alinhado com a análise de risco ajustado ao retorno.

Desvantagens:

- Exige o cálculo do **desvio padrão das quedas**, que é mais complexo.

---

3. Retorno sobre o Máximo Drawdown (RoMaD)

Definição:

O RoMaD mede o retorno obtido em relação à **maior queda acumulada** do portfólio (do pico ao fundo).

Fórmula:

$$\text{RoMaD} = \frac{\text{Retorno do Portfólio}}{\text{Máximo Drawdown}}$$

Interpretação:

- Indica a capacidade de um investimento de **resistir a grandes perdas**.
- Quanto maior o RoMaD, melhor o desempenho frente a períodos de grande volatilidade negativa.

Vantagens:

- Foco na resiliência do portfólio em momentos de crise.
- Reflete o **pior cenário** possível.

Desvantagens:

- Ignora pequenas oscilações, que ainda podem impactar o investidor.

---

4. Índice de Ulcer (Ulcer Index)

Definição:

O Índice de Ulcer mede a **profundidade e a duração** das quedas (drawdowns) no portfólio, sendo uma métrica eficaz de risco de longo prazo.

Fórmula (conceitual):
Calcula-se o quadrado da porcentagem de drawdown diário em relação ao pico anterior e depois tira-se a média dos valores ao longo do tempo.

$$\text{Ulcer Index} = \sqrt{\frac{1}{N}\sum_{i=1}^{N}(\text{Drawdown}_i)^2}$$

Interpretação:

- Um valor mais baixo indica quedas menos severas e de menor duração.
- Muito útil para **investidores de longo prazo** que buscam estabilidade.

Vantagens:

- Avalia não apenas a profundidade, mas também o tempo de recuperação das quedas.
- Mostra a estabilidade do portfólio em períodos turbulentos.

Desvantagens:

- Mais complexo de calcular em relação a outros índices.

---

5. Índice de Informação (Information Ratio)

Definição:
O Índice de Informação mede o retorno excedente de um investimento sobre um benchmark, ajustado pelo **tracking error** (desvio padrão da diferença entre os retornos do portfólio e do benchmark).

Fórmula:

$$\text{Índice de Informação} = \frac{\text{Retorno do Portfólio} - \text{Retorno do Benchmark}}{\text{Erro de Rastreio (Tracking Error)}}$$

Interpretação:

- Avalia o quão bem o gestor superou o benchmark, considerando a **consistência do desempenho**.
- Quanto maior o índice, melhor a performance ajustada ao benchmark.

Vantagens:

- Muito útil para avaliar **gestores ativos**.
- Foca na **consistência da performance** em relação ao mercado.

Desvantagens:

- Requer um benchmark claro e bem definido para ser eficaz.

Em resumo:

Resumo Dos Principais Índices De Retorno Vs Risco

	Índice	Fórmula (Traduzida)	Interpretação	Vantagens	Desvantagens
1	Índice de Sharpe	Sharpe = (Retorno do Portfólio - Taxa Livre de Risco) / Desvio Padrão do Portfólio	Quanto maior, melhor o retorno ajustado ao risco total.	Fácil de calcular e amplamente usado.	Trata volatilidade positiva e negativa da mesma forma.
2	Índice de Sortino	Sortino = (Retorno do Portfólio - Taxa Livre de Risco) / Desvio Padrão das Quedas	Quanto maior, melhor a proteção contra quedas.	Foca apenas no risco de queda, mais relevante para investidores cautelosos.	Exige cálculo da volatilidade negativa (downside deviation).
3	RoMaD (Retorno sobre Máximo Drawdown)	RoMaD = Retorno do Portfólio / Máximo Drawdown	Quanto maior, melhor a resiliência frente a grandes perdas.	Avalia o desempenho em cenários de perdas severas.	Não considera flutuações menores.
4	Índice de Ulcer	Ulcer Index = Raiz Quadrada da Média dos (Drawdowns Diários ao Quadrado)	Quanto menor, menor a profundidade e duração das quedas.	Inclui profundidade e duração das quedas, útil para longo prazo.	Cálculo mais complexo que os outros índices.
5	Índice de Informação	Índice de Informação = (Retorno do Portfólio - Retorno do Benchmark) /	Quanto maior, melhor o desempenho frente ao benchmark com consistência.	Bom para avaliar gestores ativos e sua consistência de desempenho.	Requer um benchmark bem definido para ser preciso.

Por que as Relações Retorno-Risco Importam

- Avaliação Objetiva: Permitem que os investidores comparem investimentos em uma base padronizada, independentemente dos níveis de retorno.
- Foco na Eficiência: Essas métricas enfatizam não apenas os retornos, mas como eles são alcançados de forma eficiente em relação ao risco.
- Consciência de Risco: Ajudam os investidores a identificar se estão assumindo risco excessivo para uma recompensa insuficiente, prevenindo decisões imprudentes.

Relações retorno-risco como o Índice de Sharpe, Índice de Sortino, RoMaD, Índice de Ulcer e Índice de Informação oferecem insights valiosos sobre o desempenho dos investimentos. Cada um tem suas forças únicas e é adequado a diferentes objetivos e preferências de risco dos investidores. Ao incorporar essas métricas, os investidores podem tomar decisões mais informadas, alinhar portfólios com sua tolerância ao risco e alcançar um sucesso mais consistente a longo prazo.

Exemplo Numérico Ilustrativo

Veja um **gráfico ilustrativo** comparando cinco métricas de retorno ajustado ao risco com valores hipotéticos. Ele mostra como diferentes índices, como **Sharpe**, **Sortino**, **RoMaD**, **Ulcer Index** e **Information Ratio**, podem ser usados para avaliar a performance de um portfólio.

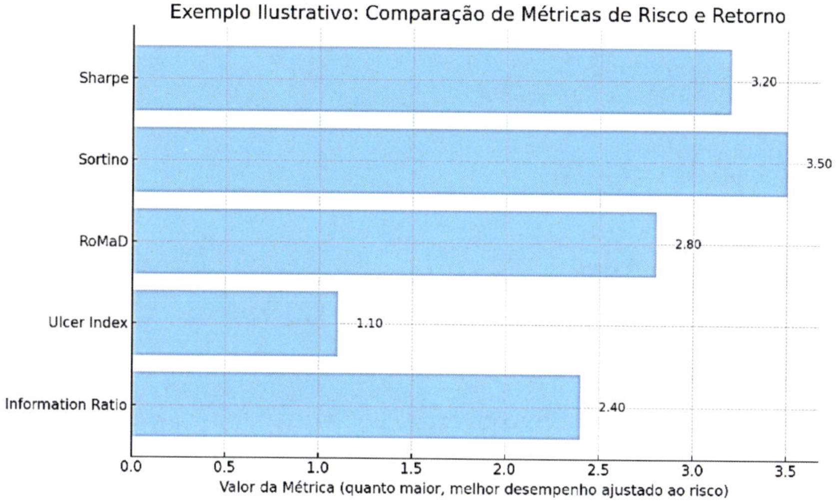

Vamos analisar cada uma das **principais métricas de retorno ajustado ao risco** com base em boas práticas de mercado e benchmarks amplamente aceitos por analistas e gestores profissionais. A ideia aqui é te ajudar a interpretar os valores como:

- ✅ **Nível Ideal**: Excelente performance ajustada ao risco
- 🟡 **Faixa Aceitável**: Performance boa ou razoável
- 🔴 **Faixa Inaceitável**: Performance insatisfatória, requer atenção

1. Índice de Sharpe

Faixas de interpretação:

- ✅ **> 2,0** — Excelente: o investimento compensa muito bem o risco assumido
- 🟡 **1,0 a 2,0** — Aceitável: bom equilíbrio entre risco e retorno
- 🔴 **< 1,0** — Fraco: o risco pode estar elevado demais em relação ao retorno

📊 **Valor do gráfico:** 3.2

➡️ Interpretação: Excelente desempenho ajustado ao risco total

---

2. Índice de Sortino

Faixas de interpretação:

- ✅ **> 2,0** — Excelente proteção contra riscos de queda
- 🟡 **1,0 a 2,0** — Boa proteção, mas com alguma exposição
- 🔴 **< 1,0** — Retorno não compensa adequadamente os riscos negativos

📊 **Valor do gráfico:** 3.5

➡️ Interpretação: Excelente retorno ajustado ao risco negativo (queda)

---

3. RoMaD (Retorno sobre Máximo Drawdown)

Faixas de interpretação:

- ✅ **> 2,0** — Ótima relação retorno vs. pior queda histórica
- 🟡 **1,0 a 2,0** — Razoável: tolerável, mas pode ser otimizado
- 🔴 **< 1,0** — Insuficiente: drawdown foi alto demais em relação ao retorno

📊 **Valor do gráfico:** 2.8
➡️ Interpretação: Muito bom — alto retorno relativo à maior perda

---

4. Índice de Ulcer (Ulcer Index)

Observação: Neste caso, **quanto menor**, melhor!

Faixas de interpretação:

- ✅ **< 5** — Pouco estresse: quedas leves e recuperação rápida
- 🟡 **5 a 10** — Volatilidade moderada: tolerável, mas deve ser monitorada
- 🔴 **> 10** — Estressante: drawdowns profundos e demorados

📊 **Valor do gráfico:** 1.1
➡️ Interpretação: Excelente — drawdowns suaves e de curta duração

---

5. Índice de Informação (Information Ratio)

Faixas de interpretação:

- ✅ **> 1,0** — Excelente desempenho superior ao benchmark
- 🟡 **0,4 a 1,0** — Razoável: algum alfa gerado, com consistência
- 🔴 **< 0,4** — Fraco: pouca consistência ou performance inferior ao benchmark

📊 **Valor do gráfico:** 2.4
➡️ Interpretação: Excelente consistência e superação do benchmark

---

✅ Resumo Geral dos Resultados do Gráfico:

Com base nos valores ilustrativos:

- O portfólio analisado teria excelente desempenho ajustado ao risco, tanto em métricas de risco total quanto de risco negativo.
- As quedas históricas (drawdowns) foram pouco severas, e o portfólio demonstrou resiliência.
- O gestor ou estratégia conseguiu superar o benchmark de forma consistente.

A Maior Vantagem Trazida por SMIGRM: A Relação Retorno-Risco e Performance

No Capítulo 10, descrevemos o Método SMIGRM. Ao evitar correções sérias e crashes, SMIGRM permite que o capital seja melhor preservado quando riscos sobem rapidamente e demasiadamente no mercado. Uma das maiores consequências no resultado de longo-prazo de investimento é a relação retorno-risco. O risco do investimento é claramente reduzido com SMIGRM e é facilmente visualizado nos Drawdowns drasticamente reduzidos com o uso do método.

Por que Drawdowns é tão importante? A razão é simples. Os planos de investimentos dos investidores geralmente falham e são jogados pela janela quando Drawdowns se tornam insuportáveis. Até o investidor mais agressivo começa a jogar a toalha quando as perdas acumuladas começam a passar de 20, 30, 40, ou 50%! É humano e em algum momento, ele tem que dar o stop. E ele está certo em dar o stop. Chega a passar de estupidez à loucura continuar insistindo.

Mas com SMIGRM, esse cenário não chega nem perto de se materializar porque SMIGRM já teria guiado o investidor a sair do mercado e da exposição ao risco muito cedo.

RoMaD (Return over Maximum Drawdown) é nossa métrica de performance preferida por essa razão.

Comprovamos na prática continuamente, dia após dia, mês após mês, e ano após ano, que SMIGRM turbina o RoMaD dos investimentos, fazendo-os muito mais eficientes. Em outras palavras, **SMIGRM faz com que na relação retorno-risco, o retorno seja maximizado e o risco seja minimizado**. E é exatamente isso que todo investido têm que almejar.

Capítulo 17. Home Trading: Acesse os mercados globais de sua casa

Investir na era digital atual oferece uma conveniência inigualável, permitindo que as pessoas acessem mercados financeiros globais do conforto de suas casas. Com apenas alguns toques no teclado e cliques do mouse, você pode negociar ações, fundos negociados em bolsa (ETFs), fundos mútuos e opções.

Há muitas plataformas de trading no mercado e geralmente são providenciadas pelas corretoras americanas onde você abre as contas. Só para efeitos de ilustração (sem recomendar nem uma ou outra), vamos dar um exemplo da plataforma que a Charles Schwab provê, que é a plataforma de trading thinkorswim® fornecem ferramentas abrangentes para facilitar essas transações. O thinkorswim® é muito popular nos Estados Unidos.

Guia Passo a Passo para Negociar com Charles Schwab e thinkorswim®:

1. **Abra e Financie Sua Conta de Corretagem:**
    - Inscrição: Visite o site da Charles Schwab para abrir uma conta de corretagem.
    - Financiamento: Vincule sua conta bancária para depositar fundos na sua conta de corretagem.
2. **Acesse a Plataforma de Negociação:**
    - Site da Charles Schwab: Faça login na sua conta em schwab.com.
    - Plataforma thinkorswim®: Baixe e instale a plataforma thinkorswim®, agora disponível para clientes Schwab.
3. **Negociação de Ações e ETFs:**

- **Usando o site da Schwab:**
  - Navegue até a aba "Trade" e selecione "All-In-One Trade Ticket."
  - Insira o símbolo da ação ou ETF que deseja negociar.
  - Escolha "Comprar" ou "Vender," especifique a quantidade, selecione o tipo de ordem (por exemplo, de mercado ou limite) e defina o tempo.
  - Revise sua ordem e confirme para executar a negociação.
- **Usando a thinkorswim®:**
  - Abra a plataforma e navegue até a aba "Trade."
  - Insira o símbolo da ação ou ETF desejado.
  - Configure os detalhes da ordem: ação (comprar/vender), quantidade, tipo de ordem e tempo de validade.
  - Revise e envie a ordem.

4. **Negociação de Fundos Mútuos:**
   - **Usando o site da Schwab:**
     - Vá para a aba "Trade" e selecione "Mutual Funds."
     - Insira o símbolo do fundo mútuo ou procure pelo nome.
     - Especifique o valor do investimento, revise a ordem e envie.

5. **Negociação de Opções:**
    - **Aprovação:** Certifique-se de que sua conta esteja aprovada para negociação de opções. Você pode solicitar aprovação para opções através da sua conta Schwab.
    - **Usando o site da Schwab:**
        - Navegue até a aba "Trade" e selecione "Options."
        - Insira o símbolo da ação subjacente e escolha a estratégia de opções desejada.
        - Selecione o contrato de opções, incluindo a data de expiração e o preço de exercício.
        - Especifique a ação (comprar/vender), quantidade, tipo de ordem e tempo.
        - Revise e envie a ordem.
    - **Usando a thinkorswim®:**
        - Abra a plataforma e vá para a aba "Trade."
        - Insira o símbolo do ativo subjacente e acesse a cadeia de opções.
        - Selecione a opção desejada, configure os detalhes da ordem, revise e envie.
6. **Monitoramento e Gerenciamento de Negociações:**
    - **Revisão de Portfólio:** Use a aba "Accounts" no site da Schwab ou a aba "Monitor" na thinkorswim® para acompanhar suas posições e desempenho.

- **Status da Ordem:** Verifique o status de suas ordens e faça modificações ou cancelamentos conforme necessário.

Recursos Adicionais:

- **Materiais Educacionais:** Tanto a Schwab quanto a thinkorswim® oferecem conteúdos educacionais extensivos para aprimorar seu conhecimento de negociação.
- **Suporte ao Cliente:** Acesse suporte 24/7 para quaisquer dúvidas relacionadas à plataforma.

Abraçando essas plataformas, você pode participar ativamente dos mercados financeiros, tomando decisões de investimento informadas com facilidade e confiança.

Capítulo 18. Dividend Aristocrats: Ações para Renda de Dividendos

Os **Dividend Aristocrats** são um seleto grupo de ações que **têm um histórico consistente de pagamento e aumento de dividendos ao longo de décadas**. Essas empresas pertencem ao **S&P 500** e possuem um histórico de **aumentar seus dividendos anualmente por pelo menos 25 anos consecutivos**. Isso demonstra **resiliência financeira, forte geração de caixa e compromisso com os acionistas**.

💡 **Critérios para ser um Dividend Aristocrat:**

✅ Deve fazer parte do **S&P 500**.

✅ Ter aumentado os dividendos **por pelo menos 25 anos consecutivos**.

✅ Manter um **valor de mercado mínimo** (geralmente acima de US$ 3 bilhões).

✅ Ter liquidez suficiente para ser negociada regularmente.

Empresas que atendem a esses critérios são frequentemente **empresas maduras e consolidadas**, operando em setores defensivos como **consumo básico, saúde e utilidades públicas**.

Por Que Investir em Dividend Aristocrats?

Para o investidor focado em **renda passiva**, os Dividend Aristocrats são **ativos estratégicos**, pois oferecem:

✔ **Fluxo de Renda Estável** – Como essas empresas **aumentam os dividendos anualmente**, os investidores podem contar com um fluxo de caixa previsível.

✔ **Proteção Contra Inflação** – Com os dividendos crescendo ao longo do tempo, a renda gerada acompanha o aumento do custo de vida.

✓ **Menor Volatilidade** – Dividend Aristocrats tendem a ser **menos voláteis**, pois são empresas sólidas e lucrativas.
✓ **Reinvestimento de Dividendos** – Reinvestir dividendos aumenta o poder dos **juros compostos**, acelerando o crescimento do capital.
✓ **Resistência a Crises** – Durante crises de mercado, muitas dessas empresas continuam a pagar dividendos, protegendo o investidor.

Desvantagens e Riscos dos Dividend Aristocrats

❌ **Crescimento limitado** – São empresas **maturas**, que não crescem tão rapidamente quanto ações **growth**.
❌ **Sensibilidade às Taxas de Juros** – Quando os juros sobem, investidores podem preferir **títulos de renda fixa** em vez de ações de dividendos.
❌ **Cortes de Dividendos** – Embora raros entre os aristocratas, **cortes nos dividendos** podem ocorrer em momentos de crise extrema.
❌ **Rendimento Variável** – Algumas empresas **têm yields mais baixos** e podem não ser as melhores opções para quem busca altos retornos imediatos.

Exemplos de Dividend Aristocrats

Aqui estão **10 Dividend Aristocrats** de diferentes setores, com seus rendimentos aproximados de dividendos (**dividend yield**) e o tempo em que vêm pagando dividendos sem interrupção:

Empresa	Setor	Dividend Yield Aproximado	Anos Aumentando Dividendos
Procter & Gamble (PG)	Consumo Básico	2,4%	+65 anos
Coca-Cola (KO)	Consumo Básico	3,1%	+60 anos
Johnson & Johnson (JNJ)	Saúde	2,8%	+60 anos
McDonald's (MCD)	Restaurantes	2,2%	+45 anos
PepsiCo (PEP)	Consumo Básico	2,7%	+50 anos
3M Company (MMM)	Indústria	5,7%	+60 anos
Colgate-Palmolive (CL)	Consumo Básico	2,5%	+60 anos
ExxonMobil (XOM)	Energia	3,5%	+40 anos
Walgreens Boots Alliance (WBA)	Varejo Farmacêutico	6,5%	+45 anos
Caterpillar (CAT)	Industrial	2,0%	+30 anos

Nota: Os dividend yields são aproximados e variam com base no preço da ação e nas decisões de pagamento da empresa.

Conclusão: Dividend Aristocrats São Uma Estratégia Inteligente para Renda Passiva

Os **Dividend Aristocrats** são uma escolha poderosa para **investidores que buscam uma fonte de renda confiável e crescente ao longo do tempo**. Com um histórico de crescimento estável, resistência a crises e forte reputação no mercado, essas ações podem ser **o pilar de uma carteira de investimentos baseada em dividendos**.

No entanto, **é fundamental avaliar não apenas o dividend yield, mas a sustentabilidade dos pagamentos**, garantindo que as empresas escolhidas continuarão a crescer e gerar lucros no longo prazo.

S&P 500 Dividend Aristocrats Index

Sabia que existe um índice chamado **S&P 500 Dividend Aristocrats Index?** Publicado pela S&P Global, o índice acompanha o desempenho das empresas do S&P 500 que subiram os dividendos todos os anos durante os últimos 25 anos consecutivos. O Índice trata cada constituinte como ativo componente distinto, independentemente do seu tamanho, ponderando igualmente cada empresa.

Existe ETFs que replicam o índice como o **ProShares S&P 500 Dividend Aristocrats ETF (NOBL)**.

Atualmente, há **69 Dividend Aristocrats no S&P 500**, mas existem mais de **100 empresas americanas** com um histórico de aumento de dividendos de 25 anos ou mais. No entanto, algumas não fazem parte do índice porque não são componentes do **S&P 500**, como a **Enterprise Products Partners (EPD)**, uma MLP (Master Limited Partnership) com **26 anos de aumentos consecutivos de dividendos**.

O artigo de **David Harrell**, publicado na **Morningstar** em 11 de fevereiro de 2025, explora as características e benefícios do **S&P 500 Dividend Aristocrats Index**, bem como suas limitações. Abaixo está um resumo dos principais pontos abordados:

Características Únicas do Índice S&P 500 Dividend Aristocrats

O artigo destaca algumas particularidades desse índice:

📌 **O cálculo de dividendos leva em conta o total anual pago** – Ou seja, uma empresa pode manter sua sequência de aumentos mesmo que não eleve o dividendo trimestralmente, desde que aumente o pagamento em algum momento do ano.

📌 **Empresas com menos de 25 anos de existência podem entrar no índice** – Se forem listadas no S&P 500 e cumprirem os critérios de dividendos ao longo de sua existência, podem se tornar aristocratas antes de completarem 25 anos como companhia.

Benefícios dos Dividend Aristocrats

Os Dividend Aristocrats são compostos por empresas **maduras e financeiramente sólidas**, que possuem lucros robustos para financiar e aumentar os dividendos regularmente. Além disso, seu longo histórico de crescimento de dividendos indica uma **gestão focada na valorização do acionista**, mesmo em períodos de crise econômica.

Um exemplo é a **ExxonMobil (XOM)**, que em 2020 aumentou sua dívida para manter e elevar modestamente seu dividendo durante a crise gerada pela pandemia.

Setores com Maior Representatividade

O setor de **consumo defensivo** tem a maior presença no índice, com **16 empresas** aristocratas, incluindo **Coca-Cola (KO), PepsiCo (PEP) e Procter & Gamble (PG)**. Outros setores bem representados incluem:

- **Indústria**: 14 empresas.
- **Serviços financeiros**: 9 empresas.
- **Materiais básicos e saúde**: 7 empresas cada.
- **Utilities (serviços públicos)**: Apenas **4 empresas** entre as 32 do S&P 500.

Esse dado surpreende, pois empresas de utilities tradicionalmente pagam dividendos elevados, mas poucas se qualificam para o status de **aristocratas**.

Os Dividend Yields Podem Ser Modestos

Apesar do histórico consistente de crescimento dos dividendos, **nem todas as empresas aristocratas oferecem altos dividend yields**. O aristocrata com maior rendimento atual é a **Franklin Resources (BEN)**, com um **yield de 6,3%**, mas **25 empresas do índice têm yields abaixo de 2%**, e **nove delas pagam menos de 1%**, como a **West Pharmaceutical Services (WST), que tem apenas 0,3% de yield**.

📊 **Média de Dividend Yield dos Dividend Aristocrats:**
✅ **Yield médio dos 69 aristocratas: 2,5%**
✅ **Yield médio dos últimos 5 anos (excluindo Kenvue): 2,3%**
✅ **Yield do ETF NOBL (ProShares S&P 500 Dividend Aristocrats): 2,0%**

Isso indica que **nem sempre o status de aristocrata significa altos retornos em dividendos**, tornando essencial a avaliação individual de cada empresa.

Os Dividend Aristocrats Não São Imunes a Riscos de Mercado

Embora as empresas aristocratas sejam mais resilientes e tenham um compromisso histórico com o pagamento de dividendos, **nenhuma empresa está isenta de risco**.

📉 **Cortes e suspensões de dividendos podem acontecer** – Um longo histórico de aumento de dividendos **não garante** que uma empresa continuará a pagá-los indefinidamente.

📉 **Teste de resistência: A crise de 2020** – Durante a pandemia, **66 empresas do S&P 500 reduziram ou suspenderam seus dividendos** devido à queda da demanda e ao impacto econômico global. Algumas fizeram isso de forma preventiva, enquanto outras foram obrigadas a reduzir dividendos após aceitarem estímulos financeiros do governo.

📉 **O perigo de ignorar outras oportunidades** – Embora os Dividend Aristocrats sejam investimentos sólidos para renda passiva,

restringir uma carteira apenas a eles pode significar perder empresas jovens com maior potencial de crescimento de dividendos e valorização.

Conclusão: Dividend Aristocrats São Uma Opção Forte, Mas Não Exclusiva

O artigo conclui que os **Dividend Aristocrats são uma excelente opção para investidores que desejam renda passiva e estabilidade,** mas que eles **não são perfeitos.**

✅ **São empresas maduras e resilientes, com forte compromisso com os acionistas.**
✅ **Apresentam um histórico robusto de pagamento e aumento de dividendos, mesmo em crises.**
✅ **Podem ser usados como base para uma carteira de dividendos sólida.**

❌ **Não garantem altos yields** – Algumas ações aristocratas têm dividendos **abaixo de 2%**, o que pode não ser suficiente para quem busca retornos imediatos.
❌ **Não estão imunes a crises** – Empresas podem cortar dividendos mesmo com um longo histórico de crescimento.
❌ **Podem excluir empresas emergentes com alto potencial de crescimento** – Focar apenas em aristocratas pode fazer com que investidores percam boas oportunidades em empresas novas e promissoras.

Para maximizar os retornos, **o investidor deve equilibrar aristocratas com outras ações de dividendos crescentes e ativos com forte potencial de valorização.**

Capítulo 19. Estratégias Avançadas de Opções de Ações

Neste capítulo, discutiremos um tópico bastante avançado, que requer um conhecimento e ensino mais detalhado para seu entendimento. Não se preocupe se sentir muita dificuldade aqui pois é natural para a maioria das pessoas. Esse não é um conhecimento imprescindível para se ter sucesso em Wall Street. Mas é um aditivo importante para quem domina opções. Se a leitura for difícil, você pode se inscrever em nossos cursos de opções, onde iremos ensinar esse tópico fascinante com muito mais detalhe passo a passo para que você possa usufruir desse instrumento fenomenal em seu arsenal para acelerar ainda mais sua formação de patrimônio.

As **opções de ações** são ferramentas realmente poderosas para investidores e traders que desejam **proteger riscos, gerar renda e potencializar retornos**. Diferente da simples compra e venda de ações, as opções oferecem maior flexibilidade em diversos cenários, permitindo ganhos tanto em mercados de alta, baixa ou até mesmo lateralizados.

Neste capítulo, exploraremos as **estratégias mais populares e avançadas de opções de ações**, explicando **como funcionam, seus perfis de payoff, riscos envolvidos e os melhores momentos para utilizá-las.**

As Estratégias Mais Populares com Opções de Ações

1. Venda Coberta de Call (Covered Call): Gerando Renda com Ações que Você Já Possui

Como Funciona:

A **venda coberta de call** envolve **vender uma opção de compra sobre ações que você já possui**. Em troca, você recebe um **prêmio**, o que adiciona um fluxo de renda extra.

Perfil de Payoff:

- **Lucro limitado:** Se o preço da ação subir acima do preço de exercício, as ações podem ser chamadas e você perde ganhos adicionais.
- **Proteção parcial contra quedas:** O prêmio recebido reduz parcialmente as perdas se a ação cair.

Riscos:

- Suas ações podem ser **vendidas ao preço de exercício**, limitando seu potencial de alta.
- O prêmio recebido **não protege contra quedas significativas no preço da ação**.

Melhor Momento para Usar:

- Quando você **possui ações e quer gerar renda passiva**.
- Quando está **neutro ou moderadamente otimista** sobre a ação e não espera uma valorização significativa.

Exemplo Numérico:

João tem 100 ações da **Apple (AAPL)**, atualmente cotadas a **US$ 180,00**. Ele quer gerar renda sem vender suas ações. Ele então **vende uma opção de compra (call) com strike de US$ 190,00 e vencimento para daqui a um mês**, recebendo **US$ 4,00 por ação** em prêmio.

Resultados Possíveis:

Se a AAPL permanecer abaixo de US$ 190,00:

- João **fica com o prêmio de US$ 400 (US$ 4,00 × 100 ações)** e mantém suas ações.

Se a AAPL subir acima de US$ 190,00:

- As ações serão **vendidas a US$ 190,00**, e João obtém um **ganho total de US$ 1.400 (US$ 10,00 × 100 ações de valorização + US$ 400 do prêmio da opção).**

Se a AAPL cair para US$ 170,00:

- João ainda mantém as ações, mas o prêmio recebido **reduz o prejuízo líquido para US$ 6,00 por ação, ao invés de US$ 10,00**.

✅ **Melhor uso:** Quando o investidor está **neutro a moderadamente otimista** e deseja gerar **renda passiva**.

2. Venda de Put Garantida em Caixa (Cash-Secured Put): Comprando Ações com Desconto

Como Funciona:
A estratégia de **venda de put garantida** envolve **vender uma opção de venda sobre uma ação que você deseja comprar** enquanto mantém dinheiro suficiente na conta para adquiri-la caso a opção seja exercida.

Perfil de Payoff:

- Se a ação permanecer acima do preço de exercício, **você fica com o prêmio recebido**.
- Se cair abaixo do preço de exercício, **você comprará a ação por um valor líquido menor (preço de exercício menos prêmio recebido).**

Riscos:

- Se o preço da ação cair muito, você **poderá ser forçado a comprá-la acima do preço de mercado**.

Melhor Momento para Usar:

- Quando você **deseja comprar uma ação com desconto**.
- Quando está **neutro a moderadamente otimista** sobre a ação.

Exemplo Numérico:

Carla quer comprar ações da **Tesla (TSLA)**, que atualmente está cotada a **US$ 220,00**. Ao invés de comprar agora, ela vende uma opção de venda (put) com strike **US$ 210,00**, recebendo **US$ 5,00 por ação** de prêmio.

Resultados Possíveis:

Se a TSLA permanecer acima de US$ 210,00:

- A opção **expira sem valor**, e Carla **fica com os US$ 500 (US$ 5,00 × 100 ações) como lucro**.

Se a TSLA cair abaixo de US$ 210,00:

- Carla **é obrigada a comprar a ação a US$ 210,00**, mas como recebeu US$ 5,00 de prêmio, **seu custo efetivo foi de US$ 205,00 por ação**.

✅ **Melhor uso:** Para quem deseja **comprar ações com desconto**, mas quer ser pago enquanto espera.

3. Put de Proteção (Protective Put): Protegendo-se Contra Perdas

Como Funciona:

A estratégia de **put de proteção** envolve **comprar uma opção de venda sobre uma ação que você já possui** para se proteger contra quedas no preço do ativo.

Perfil de Payoff:

- Se o preço da ação cair abaixo do preço de exercício, **a opção limita sua perda máxima**.
- Se a ação subir, **você mantém os ganhos, menos o custo do prêmio da opção.**

Riscos:

- O principal custo é o **prêmio pago**, que pode reduzir os lucros se a ação não cair.

Melhor Momento para Usar:

- Quando você quer **proteger um investimento contra quedas**.
- Quando está **otimista no longo prazo, mas preocupado com riscos de curto prazo**.

Exemplo Numérico:

Lucas tem 100 ações da **Microsoft (MSFT)**, atualmente cotadas a **US$ 330,00**. Ele teme uma correção no mercado e compra uma opção de venda (put) com strike **US$ 320,00** pagando um prêmio de **US$ 6,00 por ação**.

Resultados Possíveis:

Se a MSFT permanecer acima de US$ 320,00:

- A opção **expira sem valor**, e Lucas **perde apenas os US$ 600 (US$ 6,00 × 100 ações) pagos no prêmio**.

Se a MSFT cair para US$ 300,00:

- Lucas pode exercer sua opção de venda e **vender suas ações a US$ 320,00**, limitando sua perda a **apenas US$ 10,00 por ação, ao invés de US$ 30,00**.

✅ **Melhor uso:** Para **proteger posições** contra quedas severas sem precisar vender as ações.

4. Long Straddle: Lucrando com Grandes Movimentos (Aposta na Volatilidade)

Como Funciona:

Um **long straddle** envolve **comprar uma opção de compra e uma opção de venda no mesmo preço de exercício e vencimento**. O lucro ocorre se a ação se movimentar fortemente para qualquer lado.

Perfil de Payoff:

- Se a ação tiver uma grande alta ou queda, **uma das opções compensará as perdas da outra e gerará lucro**.
- Se a ação ficar estável, **ambas as opções perdem valor e a estratégia gera prejuízo**.

Riscos:

- **Decadência do tempo (Theta):** Se a ação não se mover o suficiente, as opções perderão valor.
- **Custo alto:** Os prêmios são caros, especialmente quando a volatilidade implícita é alta.

Melhor Momento para Usar:

- Quando você espera um **grande movimento, mas não sabe para qual lado** (exemplo: antes de balanços ou eventos macroeconômicos).
- Quando a volatilidade **ainda está baixa**, tornando os prêmios mais baratos.

Exemplo Numérico:

Marcos espera que as ações da **NVIDIA (NVDA)** tenham um grande movimento após o próximo balanço. A ação está cotada a **US$ 500,00**, então ele compra:

- **Uma opção de compra (call) com strike de US$ 500,00** pagando **US$ 20,00**.
- **Uma opção de venda (put) com strike de US$ 500,00** pagando **US$ 18,00**.

Custo total: **US$ 38,00 por ação (US$ 3.800 para 100 ações).**

Resultados Possíveis:

Se a NVDA subir para US$ 550,00:

- A opção de compra **vale US$ 50,00**, a de venda **vira pó**, e Marcos tem um lucro líquido de **US$ 12,00 por ação (US$ 1.200 no total).**

Se a NVDA cair para US$ 450,00:

- A opção de venda **vale US$ 50,00**, a de compra **vira pó**, e Marcos tem o mesmo lucro de **US$ 12,00 por ação**.

Se a NVDA ficar perto de US$ 500,00:

- Ambas as opções perdem valor e Marcos **fica no prejuízo**.

✅ **Melhor uso:** Quando se espera **forte volatilidade** sem saber a direção.

5. Iron Condor: Gerando Renda em Mercados Estáveis

Como Funciona:

O **iron condor** combina **uma venda de spread de put e uma venda de spread de call**, lucrando quando o ativo permanece dentro de uma faixa de preço.

Perfil de Payoff:

- Se o preço do ativo permanecer entre os preços de exercício, **todas as opções expiram sem valor e você fica com o prêmio recebido**.
- Se houver uma grande movimentação, **pode ocorrer prejuízo**.

Riscos:

- Se o ativo sair da zona de conforto, você **pode perder a diferença entre os preços de exercício menos o prêmio recebido**.

Melhor Momento para Usar:

- Quando você **espera baixa volatilidade** e que o ativo permaneça dentro de uma faixa de preços.
- Quando deseja **gerar renda recorrente com risco limitado**.

Exemplo Numérico:

Fernanda acredita que as ações do **S&P 500 ETF (SPY)** ficarão entre **US$ 420,00 e US$ 440,00** no próximo mês. Então, ela monta um **Iron Condor**:

- **Vende um call com strike US$ 440,00 e compra um call com strike US$ 445,00.**
- **Vende um put com strike US$ 420,00 e compra um put com strike US$ 415,00.**
- Ela recebe um **prêmio líquido de US$ 2,00 por ação (US$ 200 para 100 ações).**

Resultados Possíveis:

Se o SPY permanecer entre US$ 420 e US$ 440:

- Todas as opções **expiram sem valor** e Fernanda **fica com os US$ 200 do prêmio recebido**.

Se o SPY ultrapassar US$ 440 ou cair abaixo de US$ 420:

- Ela pode **sofrer uma perda limitada**, no máximo de **US$ 300,00**.

✅ **Melhor uso:** Quando se espera **baixa volatilidade e um mercado lateralizado**.

6. Butterfly Spread: Aposta Precisa em Estabilidade

Como Funciona:

Um **butterfly spread** consiste em **comprar uma call a um preço de exercício inferior, vender duas calls em um preço médio e comprar uma call a um preço superior**.

Perfil de Payoff:

- O **máximo lucro** ocorre se o ativo fechar exatamente no preço de exercício do meio.
- O **risco máximo** é limitado ao custo da entrada da operação.

Riscos:

- Se o ativo se mover muito em qualquer direção, **o custo da operação pode ser perdido**.

Melhor Momento para Usar:

- Quando você espera **baixa volatilidade** e quer apostar que o preço permanecerá em uma faixa específica.

📌 **Considerações Finais: Escolhendo a Melhor Estratégia**

As **opções de ações** oferecem inúmeras formas de otimizar investimentos, **mas cada estratégia tem um propósito específico**.

- Se você **quer gerar renda passiva**, use **covered calls ou iron condors**.
- Se deseja **proteger seu portfólio**, opte por **protective puts**.
- Se espera **movimentos bruscos**, adote **long straddles**.
- Se acredita em **baixa volatilidade**, tente **iron condors ou butterfly spreads**.

Dominar essas **estratégias avançadas** permitirá que você **invista com mais precisão, reduza riscos e maximize seus retornos**. No entanto, é essencial entender os **trade-offs entre risco e recompensa** antes de implementá-las.

Combinando Estratégias de Opções para um Portfólio Ainda Mais Eficiente

Agora que você domina as **principais estratégias avançadas de opções**, é hora de dar um passo além. **E se pudéssemos combinar essas estratégias para otimizar ainda mais o retorno do portfólio, reduzindo riscos e maximizando ganhos?**

O segredo de um **portfólio eficiente** não está apenas em **escolher boas ações**, mas em utilizar **diferentes estratégias de opções** para se beneficiar de **diversas condições de mercado**. Neste capítulo, exploraremos como essas estratégias podem ser combinadas para criar um **sistema robusto de investimentos com maior controle de risco e alta previsibilidade de retornos**.

Estratégia 1: Gerando Renda Passiva com Segurança

🎯 **Objetivo:** Maximizar **rendimentos passivos** sem comprometer significativamente o potencial de valorização do portfólio.

Como Implementar?

✅ **1. Venda Coberta de Call em Ações que Você Possui**

- Venda calls out-of-the-money (OTM) sobre ações de **baixa volatilidade** que você já tem no portfólio.
- Exemplo: Se você possui **100 ações da Apple (AAPL) a US$ 180**, pode vender uma call **com strike US$ 195,00** e vencimento em um mês.

✅ **2. Venda de Puts para Comprar Ações com Desconto**

- Escolha **ações de alta qualidade** que deseja adicionar ao portfólio e **venda puts a preços atrativos**.
- Exemplo: Se deseja comprar **Tesla (TSLA) a US$ 210,00**, venda puts **com strike de US$ 205,00**, garantindo um desconto adicional.

🎯 **Resultados Esperados:**

- **Fluxo de caixa constante** com prêmios recebidos.

- **Compra de ações abaixo do preço de mercado**, aumentando a eficiência do capital.

🔥 **Melhor para:** Investidores que querem **aumentar a renda passiva enquanto mantêm exposição ao mercado de ações**.

Estratégia 2: Protegendo o Portfólio Contra Crises

🎯 **Objetivo:** Criar um sistema de **proteção automática** contra crashes sem precisar sair completamente do mercado.

Como Implementar?

✅ **1. Comprar Puts de Proteção em Momentos de Alta Valorização**

- Após fortes altas no mercado, compre puts para proteger lucros.
- Exemplo: O S&P 500 (SPY) subiu de **US$ 410 para US$ 440** em três meses? **Compre puts com strike US$ 430,00** para proteger contra uma possível correção.

✅ **2. Financiar a Proteção com Venda de Calls (Collar Strategy)**

- Para **reduzir o custo da put de proteção**, venda calls no mesmo ativo, criando um **Collar Trade**.
- Exemplo: Se compra uma put de **proteção por US$ 5,00**, pode vender uma call OTM por **US$ 3,00**, reduzindo o custo líquido da proteção.

🎯 **Resultados Esperados:**

- **Redução do impacto de crashes**, garantindo que grandes quedas não comprometam o portfólio.

- **Proteção de lucros em momentos de alta volatilidade**.

🔥 **Melhor para:** Investidores **conservadores** que desejam proteção contra quedas do mercado.

Estratégia 3: Apostando na Volatilidade Sem Escolher Direção

🎯 **Objetivo:** Lucrar com grandes movimentos sem precisar prever se o mercado subirá ou cairá.

Como Implementar?

✅ **1. Long Straddle em Eventos-Chave**

- Compre **um call e um put no mesmo strike price** antes de eventos de grande impacto (ex: balanços, decisões do Fed).
- Exemplo: Nvidia (NVDA) **antes do balanço** → compra de **call e put no strike US$ 500,00**.

✅ **2. Conversão para Iron Condor Após o Evento**

- Se o preço do ativo não moveu tanto, converta o **Long Straddle** em um **Iron Condor**, vendendo calls e puts adicionais para recuperar prêmio.

🎯 **Resultados Esperados:**

- **Lucro alto se o mercado se mover muito em qualquer direção**.
- **Minimização de perdas se a volatilidade diminuir** com a conversão para Iron Condor.

🔥 **Melhor para:** Traders que buscam **lucrar com volatilidade sem precisar prever o lado certo do mercado**.

Estratégia 4: Criando um "Fundo de Hedge" Pessoal

🎯 **Objetivo:** Implementar uma **estrutura de proteção semelhante a um hedge fund**, aproveitando táticas avançadas de opções.

Como Implementar?

✅ **1. Utilizar Iron Condors para Capturar Renda de Baixa Volatilidade**

- Escolher ativos que operam em **faixas de preço previsíveis** e operar iron condors mensalmente.
- Exemplo: O SPY oscila entre **US$ 420 e US$ 440 → venda um Iron Condor com strikes US$ 415 e US$ 445**.

✅ **2. Usar Butterfly Spreads para Ganhar com Pequenas Movimentações**

- Para ações de grande estabilidade, **estratégias de Butterfly podem gerar lucros bem definidos**.
- Exemplo: Se **Microsoft (MSFT) está consolidando em US$ 320,00**, configure uma **Butterfly em US$ 320,00**.

✅ **3. Financiar Proteção com Venda de Opções de Curto Prazo**

- Para garantir proteção contínua sem custos elevados, use **receita de vendas de opções curtas para financiar proteções de longo prazo**.

🎯 **Resultados Esperados:**

- **Estrutura de proteção ativa contra crises**, semelhante a grandes hedge funds.

- **Geração de renda com operações estruturadas**, minimizando risco direcional.

🔥 **Melhor para:** Investidores avançados que querem **gerenciar risco de maneira profissional**.

📌 Conclusão: Montando um Portfólio Otimizado com Opções

Ao combinar diferentes estratégias de opções, você pode construir um **portfólio mais eficiente, resiliente e lucrativo**. Aqui está um **resumo de qual estratégia usar para cada objetivo**:

Objetivo	Melhor Estratégia
Geração de Renda Passiva	Venda Coberta de Calls + Venda de Puts Garantidas
Proteção Contra Crashes	Protective Puts + Collar Strategy
Aproveitar Volatilidade	Long Straddle + Conversão para Iron Condor
Criar um Hedge Fund Pessoal	Iron Condors + Butterfly Spreads + Venda de Opções para financiar proteção

Com essas combinações, seu portfólio **se tornará mais estável e eficiente**, **maximizando retornos enquanto controla riscos**.

Gestão de Risco em Opções: Princípios Essenciais e Análise das "Greeks"

As opções são ferramentas poderosas para os investidores, mas também podem ser **altamente sensíveis a diversos fatores de mercado**, tornando a **gestão de risco** um componente essencial para o sucesso.

Um dos aspectos mais críticos na precificação e gestão de risco de opções é a **volatilidade**, e os traders usam um conjunto de métricas chamadas **"Greeks"** para medir e controlar os riscos de suas posições.

Neste capítulo, vamos entender como esses elementos influenciam as estratégias e decisões de negociação.

A Importância da Volatilidade na Precificação e Gestão de Risco de Opções

A **volatilidade** é um dos fatores mais críticos na precificação de opções, pois determina a **probabilidade de o preço do ativo subjacente atingir determinados níveis antes do vencimento da opção**.

Tipos de Volatilidade e Seus Impactos

✅ **Volatilidade Histórica:** Mede as flutuações passadas do preço do ativo. Quanto maior a volatilidade histórica, mais provável é que o ativo continue apresentando grandes variações.

✅ **Volatilidade Implícita (IV - Implied Volatility):** Mede as expectativas futuras do mercado sobre a volatilidade do ativo. Quanto **maior a IV, mais caras são as opções**, pois o mercado espera grandes movimentações.

🎯 **Conclusão:**

- Se a **volatilidade implícita subir**, as opções **se tornam mais caras**.
- Se a **volatilidade implícita cair**, as opções **ficam mais baratas**.
- Estratégias que **vendem opções (como Iron Condors e Covered Calls)** se beneficiam quando a volatilidade **cai**.
- Estratégias que **compram opções (como Straddles e Strangles)** lucram quando a volatilidade **sobe**.

Agora que entendemos a volatilidade, vamos explorar **as "Greeks"**, que ajudam os investidores a gerenciar suas posições de forma eficaz.

As "Greeks" e Seu Papel na Gestão de Risco de Opções

As **"Greeks"** são métricas usadas para medir o impacto de diferentes variáveis na precificação das opções. Elas ajudam os traders a entender como seus contratos podem se comportar diante de mudanças no preço do ativo, no tempo e nas condições do mercado.

Vamos detalhar cada uma delas:

Delta (Δ) – Medindo a Sensibilidade ao Preço do Ativo

📌 **O que é?**

O **Delta** mede **o quanto o preço de uma opção muda em relação a uma variação de US$ 1,00 no ativo subjacente**.

📌 **Como funciona?**

- Um **Delta de 0,50** significa que, se o ativo subir **US$ 1,00**, a opção aumentará **US$ 0,50** em valor.
- Calls têm **Delta positivo** (de 0 a 1).
- Puts têm **Delta negativo** (de -1 a 0).

📌 **Interpretação prática:**

- Se uma **call tem Delta de 0,80**, ela se comporta **como se você possuísse 80 ações do ativo subjacente**.
- Se uma **put tem Delta de -0,30**, significa que **ela se move como -30 ações do ativo subjacente**.

✅ **Usado para:**

- Medir a exposição direcional de uma posição.
- Ajustar estratégias com hedge.

Gamma (Γ) – Medindo a Aceleração do Delta

📌 **O que é?**

O **Gamma** mede **o quanto o Delta muda quando o preço do ativo sobe ou cai US$ 1,00**.

📌 **Como funciona?**

- Se um Delta aumenta **de 0,50 para 0,60** conforme a ação sobe US$ 1,00, então o **Gamma é 0,10**.
- Quanto **maior o Gamma**, mais rápido o Delta muda.

📌 **Interpretação prática:**

- Opções **at-the-money (ATM)** têm **Gamma mais alto**, pois estão perto do ponto de decisão.
- Opções **deep-in-the-money (ITM) ou deep-out-of-the-money (OTM)** têm **Gamma mais baixo**.

✅ **Usado para:**

- Avaliar **o risco de movimentos bruscos do ativo subjacente**.
- Ajustar estratégias em mercados voláteis.

Theta (Θ) – O Efeito do Tempo no Valor da Opção

📌 **O que é?**
O **Theta** mede **a perda de valor da opção ao longo do tempo (decadência temporal)**.

📌 **Como funciona?**

- Um Theta de **-0,05** significa que a opção perde **US$ 0,05 por dia**, tudo o mais constante.
- Opções ATM perdem valor **mais rápido** do que opções ITM ou OTM.

📌 **Interpretação prática:**

- **Vendedores de opções (ex: Iron Condors, Credit Spreads)** lucram com **Theta alto**.
- **Compradores de opções (ex: Long Calls, Straddles)** perdem dinheiro com **Theta alto**.

✅ **Usado para:**

- Escolher **o melhor momento para vender ou comprar opções**.
- Maximizar a exposição ao tempo em estratégias de crédito.

Vega (ν) – Sensibilidade à Volatilidade

📌 **O que é?**
O **Vega** mede **o impacto de mudanças na volatilidade implícita sobre o preço da opção**.

📌 **Como funciona?**

- Se o Vega for **0,10**, então, para cada aumento de 1% na volatilidade implícita, a opção ganhará **US$ 0,10** em valor.

📌 **Interpretação prática:**

- Opções **de vencimentos longos** têm **Vega alto**.
- **Volatilidade alta → opções mais caras**.
- **Volatilidade baixa → opções mais baratas**.

✅ **Usado para:**

- Ajustar posições em mercados de alta volatilidade.
- Escolher o melhor momento para entrar ou sair de negociações.

Rho (ρ) – Sensibilidade às Taxas de Juros

📌 **O que é?**

O **Rho** mede **o impacto de mudanças nas taxas de juros sobre o preço da opção**.

📌 **Como funciona?**

- Se o Rho for **0,05**, então um aumento de **1% na taxa de juros** fará com que a opção suba **US$ 0,05**.

📌 **Interpretação prática:**

- Calls têm **Rho positivo** (beneficiam-se de altas nas taxas).
- Puts têm **Rho negativo** (perdem valor com altas nas taxas).

✅ **Usado para:**

- Ajustar portfólios em ambientes de taxas de juros variáveis.

Omega (Ω) – Elasticidade das Opções

📌 **O que é?**
O **Omega** mede **a porcentagem de variação no preço da opção para cada 1% de variação no ativo subjacente**.

📌 **Como funciona?**

- Se uma opção tem Omega de **2,5**, significa que um aumento de **1% no preço do ativo** resulta em um aumento de **2,5% no preço da opção**.

✅ **Usado para:**

- Determinar **oportunidades de alavancagem nas opções**.

📌 **Conclusão: Usando as Greeks para Gerenciar Risco**

🎯 **Resumo das Funções das Greeks:**

Greek	**Função Principal**
Delta (Δ)	Sensibilidade ao preço do ativo
Gamma (Γ)	Mudança na taxa de Delta
Theta (Θ)	Decadência temporal da opção
Vega (ν)	Sensibilidade à volatilidade
Rho (ρ)	Sensibilidade às taxas de juros

Greek	Função Principal
Omega (Ω)	Elasticidade da opção

Entender essas métricas permite **um controle mais preciso das estratégias com opções, reduzindo riscos e maximizando retornos**.

Capítulo 20. Planos de Previdência e Seguros de Vida nos EUA

1. Planos 401(k) - Um 401(k) é um plano de aposentadoria patrocinado pelo empregador, permitindo que os funcionários contribuam com renda antes de impostos, reduzindo a renda tributável do ano. Os empregadores costumam igualar um percentual das contribuições, proporcionando um impulso adicional de poupança. Os fundos crescem com diferimento de impostos até a retirada. As retiradas após os 59½ anos são tributadas como renda comum, enquanto retiradas antecipadas podem incorrer em uma penalidade de 10% mais impostos. O limite de contribuição para 2024 é de $23.000 ($30.500 para aqueles com 50 anos ou mais com contribuições adicionais). Os empregadores podem oferecer opções Roth 401(k), onde as contribuições são feitas após a tributação, mas retiradas qualificadas são isentas de impostos.

Vantagens:

- Crescimento com diferimento de impostos.
- Contribuição do empregador aumenta a poupança.

Desvantagens:

- Opções de investimento limitadas.
- Distribuições mínimas obrigatórias (RMDs) começam aos 73 anos.

Ideal para funcionários que buscam crescimento com diferimento de impostos e poupança para aposentadoria patrocinada pelo empregador.

2. IRA Tradicional - Uma Conta de Aposentadoria Individual (IRA) permite que os indivíduos contribuam com renda antes de impostos, reduzindo a renda tributável do ano, com crescimento diferido de impostos. As contribuições para 2024 são limitadas a $7.000 ($8.000

para aqueles com 50 anos ou mais). As retiradas após os 59½ anos são tributadas como renda comum, enquanto retiradas antecipadas enfrentam uma penalidade de 10% e impostos. Como os 401(k)s, os IRAs exigem RMDs a partir dos 73 anos.

Vantagens:

- Crescimento com diferimento de impostos.
- Ampla gama de opções de investimento.

Desvantagens:

- Limites de contribuição são menores do que os planos 401(k).
- Limites de renda para contribuições dedutíveis de impostos.

Ideal para indivíduos sem acesso a planos patrocinados pelo empregador.

3. Roth IRA - Uma IRA Roth é financiada com renda pós-impostos, oferecendo retiradas isentas de impostos na aposentadoria. As contribuições para 2024 são limitadas a $7.000 ($8.000 para aqueles com 50 anos ou mais). Ao contrário dos IRAs Tradicionais, as IRAs Roth não têm RMDs, permitindo que os fundos cresçam indefinidamente. Contribuições (mas não ganhos) podem ser retiradas sem impostos e sem penalidades a qualquer momento.

Vantagens:

- Crescimento e retiradas isentas de impostos.
- Sem RMDs.

Desvantagens:

- Limites de renda para elegibilidade.

- Contribuições não são dedutíveis de impostos.

Ideal para indivíduos que antecipam impostos mais altos na aposentadoria ou que buscam opções de retirada flexíveis.

4. IRA Self-Directed - Uma IRA Autodirigida permite que investidores incluam ativos não tradicionais, como imóveis, capital privado e metais preciosos em seu portfólio de aposentadoria. Opções Tradicionais e Roth estão disponíveis, com os mesmos limites de contribuição e vantagens fiscais.

Vantagens:

- Diversificação com ativos não tradicionais.
- Crescimento diferido de impostos ou isento de impostos.

Desvantagens:

- Requer conformidade cuidadosa com as regras do IRS.
- Taxas administrativas e riscos mais altos.

Ideal para investidores experientes que buscam mais controle e variedade de ativos.

5. Planos de Poupança Universitária 529 Os planos 529 são contas patrocinadas pelo estado para economizar para despesas educacionais. As contribuições crescem com diferimento de impostos, e as retiradas para despesas qualificadas (ex.: mensalidades, livros) são isentas de impostos.

Vantagens:

- Crescimento e retiradas isentas de impostos para educação.
- Altos limites de contribuição.

Desvantagens:

- Penalidades para retiradas não qualificadas.
- Opções de investimento limitadas variam por estado.

Ideal para pais que economizam para a educação de um filho.

6. ABLE Account - Contas ABLE (Achieving a Better Life Experience) são planos de poupança com vantagens fiscais para indivíduos com deficiência. As contribuições crescem com diferimento de impostos, e as retiradas para despesas relacionadas à deficiência são isentas de impostos.

Vantagens:

- Crescimento isento de impostos para despesas relacionadas à deficiência.
- Fundos não afetam a elegibilidade para benefícios baseados em necessidade.

Desvantagens:

- Limite de contribuição de $17.000 anualmente.
- As despesas qualificadas devem estar alinhadas com as diretrizes do IRS.

Ideal para indivíduos com deficiência que desejam poupar mantendo a elegibilidade para assistência governamental.

Seguros de Vida

1. Seguro de Vida Temporário

Visão Geral: O seguro de vida temporário fornece cobertura por um período específico (ex.: 10, 20 ou 30 anos). Se o titular da apólice falecer durante o prazo, os beneficiários recebem o benefício por morte. É o tipo mais acessível de seguro de vida porque não possui valor em dinheiro e expira se o prazo terminar sem que o titular da apólice tenha falecido.

Vantagens:

- Prêmios acessíveis.
- Simples e fácil de entender.
- Adequado para necessidades de curto prazo, como cobrir uma hipoteca ou substituição de renda.

Desvantagens:

- Sem valor em dinheiro ou componente de poupança.
- A cobertura expira no final do prazo, exigindo renovação com prêmios potencialmente mais altos.

Ideal Para: Indivíduos que buscam cobertura temporária para proteger sua família de dificuldades financeiras durante períodos específicos.

2. Seguro de Vida Inteira

Visão Geral: O seguro de vida inteira oferece cobertura vitalícia com prêmios fixos. Inclui um componente de valor em dinheiro que cresce com diferimento de impostos ao longo do tempo, que o titular da apólice pode acessar por meio de empréstimos ou retiradas.

Valor em Dinheiro e Empréstimos da Apólice: Os titulares de apólices podem pedir empréstimos com base no valor em dinheiro da apólice, muitas vezes com condições favoráveis. Os empréstimos não requerem verificação de crédito e podem ser reembolsados em um cronograma flexível. Se não forem pagos, o valor do empréstimo mais juros é deduzido do benefício por morte.

Usando Empréstimos para Aposentadoria ou Emergências:

- Renda de Aposentadoria: Os empréstimos da apólice podem complementar a aposentadoria, fornecendo renda isenta de impostos. Como os empréstimos não são considerados distribuições tributáveis, podem servir como uma fonte de renda confiável.
- Emergências: Os empréstimos da apólice são uma maneira rápida e eficiente de acessar dinheiro durante emergências sem vender outros investimentos. No entanto, o excesso de empréstimos pode esgotar o benefício por morte ou causar o cancelamento da apólice.

Vantagens:

- Cobertura vitalícia.
- Crescimento do valor em dinheiro com retornos mínimos garantidos.
- Flexibilidade de empréstimos sem implicações fiscais imediatas.

Desvantagens:

- Prêmios mais altos em comparação com o seguro temporário.
- Retornos mais baixos em comparação com outras opções de investimento.

3. Seguro de Vida Universal

Visão Geral: O seguro de vida universal oferece cobertura vitalícia com prêmios e benefícios por morte flexíveis. Também possui um componente de valor em dinheiro que gera juros com base em um índice de mercado ou um mínimo garantido.

Vantagens:

- Pagamentos de prêmios e benefícios por morte flexíveis.
- Potencial para retornos mais altos no valor em dinheiro.

Desvantagens:

- Estrutura complexa que requer gestão ativa.
- O valor em dinheiro depende do desempenho, o que pode levar ao subfinanciamento da apólice.

Ideal Para: Titulares de apólices que desejam cobertura vitalícia com flexibilidade nos pagamentos de prêmios e potencial de acumulação de dinheiro.

Seguros de Vida Indexados a Taxa Variável

Os seguros de vida indexados a taxa variável (VUL ou IUL) vinculam o crescimento do valor em dinheiro a um índice de mercado de ações (ex.: S&P 500). O valor em dinheiro cresce com base no desempenho do índice, com limites e pisos protegendo contra flutuações extremas do mercado.

Como Funciona: Os titulares de apólices ganham juros com base no desempenho do índice, mas são protegidos por uma taxa mínima garantida (piso). Se o índice tiver um bom desempenho, o valor em dinheiro cresce, mas os ganhos são limitados a um percentual predeterminado.

Vantagens:

- Potencial para retornos mais altos em comparação com as apólices de vida inteira tradicionais.
- Proteção contra quedas devido à taxa mínima garantida.

Desvantagens:

- Os limites limitam o crescimento máximo.
- Estruturas de taxas complexas.

As apólices de seguro de vida indexadas a taxa variável são ideais para indivíduos que buscam um equilíbrio entre potencial de crescimento e proteção contra quedas.

Capítulo 21. Outros Tipos de Investimentos nos EUA (Imóveis, Seguros, Private Equity)

Investindo em Imóveis nos Estados Unidos – Uma Abordagem Estratégica para Acelerar sua Riqueza

Introdução ao Investimento Imobiliário nos EUA

Investir em imóveis é uma das formas mais poderosas de **acelerar a construção de patrimônio**, proporcionando **fluxo de caixa passivo, valorização patrimonial e benefícios fiscais**. No entanto, para realmente **maximizar retornos e minimizar riscos**, é fundamental **abandonar a mentalidade amadora** e adotar uma **abordagem profissional**.

Muitos brasileiros cometem o erro clássico de **comprar imóveis em mercados superlotados, como Miami e Orlando**, apenas porque são cidades populares e turísticas. Esse tipo de investimento, além de estar sujeito a **altíssima concorrência e margens de lucro reduzidas**, muitas vezes **não representa a melhor relação risco-retorno**. **Investir como um profissional significa identificar oportunidades menos óbvias, mas muito mais rentáveis.**

Tipos de Investimentos Imobiliários

O mercado imobiliário nos EUA oferece diversas **classes de ativos** para investidores:

✅ **Imóveis Residenciais**

- **Single Family (Casas Unifamiliares):** Menos burocracia, alta liquidez, boas para fluxo de caixa.

- **Multifamily (Prédios com várias unidades para aluguel):** Maior estabilidade de renda, escala, e valorização no longo prazo.

✅ **Imóveis Comerciais**

- **Escritórios, galpões industriais, lojas e shopping centers.**
- **Self-storage, lares para idosos, estacionamentos e residências estudantis:** Nichos com retornos elevados.

Cada tipo de imóvel tem **vantagens e desafios**, e a **chave para investir corretamente é fazer uma análise detalhada de mercado**.

Como Avaliar e Escolher o Melhor Investimento Imobiliário

Antes de investir, é essencial realizar uma **pesquisa aprofundada** sobre:

- **Demografia local:** População em crescimento e demanda por moradia.
- **Empregabilidade:** Mercado de trabalho forte sustenta o setor imobiliário.
- **Infraestrutura e desenvolvimento:** Expansão de rodovias, centros logísticos e comércio aumentam o valor dos imóveis.
- **Rentabilidade do investimento:** Uso de **Cap Rate (Taxa de Capitalização)** para avaliar retornos.

Como Funciona o Cap Rate?

O **Cap Rate (Capitalization Rate)** mede o retorno esperado de um imóvel e é calculado como:

📌 **Cap Rate = (Renda Líquida Operacional / Valor do Imóvel) × 100**

- Exemplo: Se um imóvel gera US$ 50.000 de renda líquida ao ano e vale US$ 1 milhão, seu Cap Rate é 5%.
- **Cap Rates baixos** indicam mercados mais seguros e valorizados.
- **Cap Rates altos** podem indicar **maior risco ou oportunidades mal precificadas**.

O Ciclo Imobiliário nos EUA: Quando e Onde Investir?

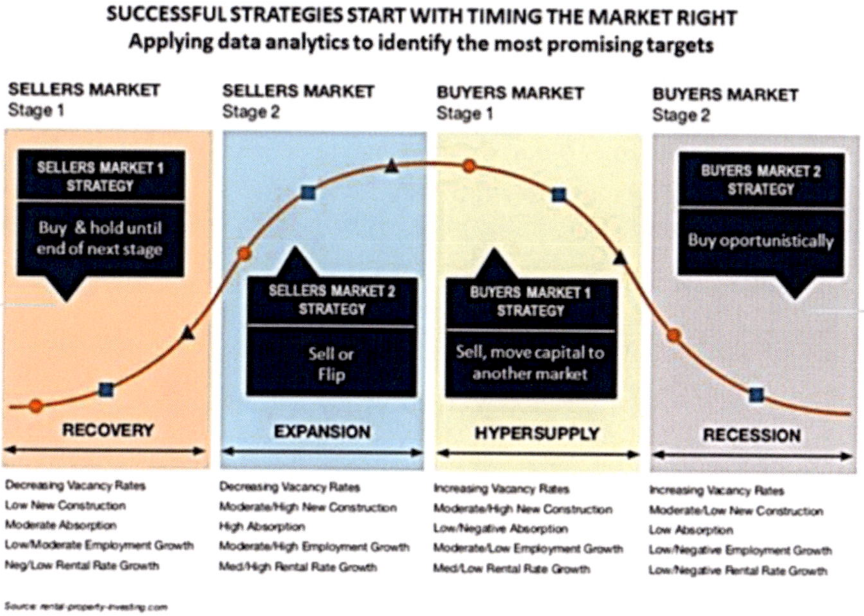

O mercado imobiliário passa por **4 fases cíclicas**:

1. **Expansão:** Crescimento econômico, demanda crescente e valorização dos preços. Melhor fase para comprar.
2. **Peaking (Topo de Mercado):** Preços elevados, crédito fácil, risco de bolha. Hora de vender e lucrar.
3. **Recessão:** Crise, queda nos preços e execução de hipotecas. Melhores oportunidades para comprar com desconto.

4. **Recuperação:** Estabilização do mercado, início de nova fase de crescimento.

◆ **Mercados costeiros dos EUA (Nova York, Califórnia, Miami) têm ciclos mais curtos**, com maior volatilidade.

◆ **Estados do interior (Texas, Tennessee, Arizona) apresentam ciclos mais longos e estáveis.**

Entender **em que fase do ciclo está um mercado** é **crucial para comprar no momento certo e evitar perdas desnecessárias**.

Outras Formas de Investir em Imóveis nos EUA

Se você não quer lidar diretamente com a compra e gestão de propriedades, há **formas alternativas** de investir:

✅ **Real Estate Syndication**

- Investimento **em grupo** para aquisição de grandes empreendimentos.
- Você pode **participar como investidor passivo**, sem precisar gerenciar o imóvel.

✅ **Crowdfunding Imobiliário**

- Plataformas que permitem investir em projetos imobiliários com **pequeno capital inicial**.
- Diversificação e menor barreira de entrada.

✅ **Note Investing (Investimento em Notas Hipotecárias)**

- Compra de **dívidas hipotecárias** com descontos.

- Permite ao investidor receber pagamentos de juros sem ser proprietário direto do imóvel.

Essas estratégias permitem exposição ao setor imobiliário **sem a necessidade de comprar e administrar imóveis diretamente**.

Conclusão: Construindo uma Estratégia Sólida

O investimento imobiliário nos EUA **pode ser uma das formas mais eficazes de aceleração patrimonial**, mas é necessário conhecimento e estratégia.

Este livro é apenas o começo! Vamos produzir conteúdos exclusivos sobre **investimentos imobiliários nos EUA**, ensinando **estratégias detalhadas, estudos de caso reais e um passo a passo prático** para ajudar você a tomar **as melhores decisões de investimento**.

Quer sair da abordagem amadora e investir como um profissional? Fique ligado no nosso conteúdo e descubra como transformar imóveis em **ativos poderosos para sua independência financeira!**

Investindo com Whole Life Insurance – A Estratégia Pouco Conhecida para Acelerar seu Patrimônio

Introdução ao Whole Life Insurance

Quando falamos em seguros de vida, a maioria das pessoas pensa apenas em proteção financeira para os entes queridos após sua morte. Mas o **Whole Life Insurance (Seguro de Vida Integral)** é **muito mais do que uma apólice de seguro – ele é um ativo financeiro poderoso** que pode ser utilizado para **acelerar a construção de patrimônio com eficiência tributária e acesso a capital barato**.

Diferente dos seguros de vida temporários (term life insurance), que simplesmente expiram após um período determinado, **o Whole Life Insurance tem um componente de valor acumulado, conhecido como Cash Value (Valor em Caixa)**, que cresce ao longo do tempo **de forma segura, previsível e livre de impostos**.

Como Funciona o Whole Life Insurance?

Quando você paga o prêmio mensal ou anual de uma **apólice de Whole Life Insurance bem estruturada**, parte desse valor vai para cobrir o custo do seguro e outra parte é acumulada como **Cash Value**. Esse **Cash Value cresce com o tempo**, podendo ser utilizado de diversas formas, como:

- **Retiradas parciais no futuro** (livres de imposto, se feitas corretamente)
- **Empréstimos contra o Cash Value** para financiar investimentos.
- **Renda passiva na aposentadoria**, funcionando como uma espécie de "pensão privada".

📌 **O que torna isso tão poderoso?**

- **Crescimento garantido e previsível do patrimônio** ao longo dos anos.
- **Diferimento tributário:** o dinheiro cresce sem tributação enquanto está dentro da apólice.
- **Acesso a capital através de Policy Loans (Empréstimos da Apólice).**

O Poder dos Policy Loans: Transformando Seguro de Vida em Capital para Investimentos

Uma das características mais interessantes do Whole Life Insurance é que **você pode pegar empréstimos contra o Cash Value acumulado na apólice, sem precisar vender nada e sem gerar tributação**.

Como funciona?

- O **Cash Value serve como garantia** para o empréstimo, que é concedido pela seguradora.
- O dinheiro pode ser usado **para qualquer fim** – inclusive para investir em ativos de alto retorno.
- **O mais importante: o Cash Value continua crescendo**, mesmo com o dinheiro emprestado!

Isso significa que você pode:

- **Usar o Policy Loan para financiar um investimento imobiliário** e ainda manter os juros compostos crescendo dentro da apólice.
- **Aproveitar uma oportunidade de mercado em ações ou private equity**, sem precisar liquidar seus ativos existentes.
- **Criar um ciclo contínuo de alavancagem**, multiplicando os ganhos e acelerando a construção de riqueza.

Essa estratégia tem sido usada por grandes empresários e investidores ao longo da história.

Casos Reais de Famosos Usando Whole Life Insurance para Criar Grandes Empresas

Walt Disney – Financiando a Disneylândia

Na década de 1950, Walt Disney enfrentava dificuldades para obter financiamento para o projeto da Disneyland. Bancos recusavam-se a conceder crédito, considerando a ideia muito arriscada. **O que ele fez?** Pegou um **Policy Loan** de sua apólice de Whole Life Insurance e usou os recursos para financiar o parque temático. O resto é história – um império bilionário nasceu dessa decisão estratégica.

Ray Kroc – Expandindo o McDonald's

Ray Kroc, fundador da rede McDonald's, usou o mesmo princípio para expandir sua empresa. **Ele utilizou empréstimos contra sua apólice de seguro de vida para financiar novas franquias**, acelerando o crescimento do negócio antes de receber financiamento de terceiros.

J.C. Penney – Sobrevivendo à Grande Depressão

Durante a crise da Grande Depressão nos EUA, a rede de lojas J.C. Penney enfrentava dificuldades financeiras. **Seu fundador utilizou um Policy Loan de seu Whole Life Insurance para pagar salários e manter a empresa funcionando**, garantindo a sobrevivência do negócio até a recuperação econômica.

Esses exemplos mostram **como os mais visionários empreendedores utilizaram essa ferramenta para criar fortunas**.

Combinando Whole Life Insurance com Outros Ativos – Estratégias Avançadas

O verdadeiro poder do Whole Life Insurance surge quando ele é **combinado estrategicamente com outros ativos**. Algumas combinações extremamente eficazes incluem:

✅ **Whole Life Insurance + Imóveis**

- O investidor pode utilizar um **Policy Loan para comprar imóveis**, gerando renda passiva enquanto o Cash Value continua crescendo.
- O retorno do aluguel pode ser **utilizado para pagar os juros do empréstimo**, tornando a estratégia autossustentável.

✅ **Whole Life Insurance + Bolsa de Valores**

- Quando o mercado está **em queda**, em vez de vender ações no pior momento, o investidor pode pegar um Policy Loan e comprar mais ações a preços baixos.
- Quando o mercado se recupera, ele pode **quitar o empréstimo e lucrar ainda mais**.

✅ **Whole Life Insurance + Private Equity e Startups**

- Investidores qualificados podem utilizar **seu Cash Value para investir em negócios emergentes**, aproveitando o crescimento exponencial de startups sem risco de liquidez.

Essas estratégias são apenas a **ponta do iceberg** do que pode ser feito com um **Whole Life Insurance bem estruturado**.

Conclusão: Uma Nova Abordagem para Construção de Riqueza

A maioria das pessoas vê o seguro de vida apenas como um instrumento de proteção financeira. Mas, quando estruturado corretamente, **o Whole Life Insurance pode ser uma ferramenta incrivelmente poderosa para acumular e alavancar patrimônio com eficiência tributária**.

O autor deste livro **é especialista em criar estratégias avançadas** combinando Whole Life Insurance com investimentos imobiliários, ações, private equity e muito mais. **Cursos e mentorias serão disponibilizados para ensinar investidores como utilizar essa ferramenta para acelerar sua independência financeira.**

Se você quer descobrir **como os milionários e bilionários utilizam o Whole Life Insurance para aumentar sua fortuna sem riscos desnecessários**, fique atento às próximas publicações. **O segredo da criação de riqueza está em entender como usar os instrumentos certos da maneira certa.**

Investindo em Private Equity e Venture Capital nos EUA – O Caminho para Grandes Retornos

Introdução ao Investimento em Private Equity e Venture Capital

Muitos investidores brasileiros já estão familiarizados com o conceito de **investir em startups como anjos investidores** (angel investors), apostando em empresas promissoras ainda em estágios iniciais. Mas **você sabia que essa mesma estratégia pode ser aplicada no maior e mais inovador mercado do mundo?**

Nos Estados Unidos, o setor de **Private Equity (PE) e Venture Capital (VC)** oferece **oportunidades extraordinárias de crescimento** para quem sabe onde procurar. Empresas como **Uber, Airbnb, Tesla e Facebook** foram, em algum momento, **startups buscando investidores dispostos a acreditar no seu potencial**. Aqueles que investiram cedo multiplicaram seu capital muitas vezes – às vezes por um fator de 100x ou mais!

O segredo? **Acesso, diversificação e estratégia.** Vamos entender **como os investidores brasileiros podem entrar nesse jogo e quais são as melhores práticas para minimizar riscos e maximizar retornos.**

Como Funcionam os Investimentos em Private Equity e Venture Capital?

Os investimentos em **empresas privadas** funcionam de forma diferente dos investimentos tradicionais na bolsa de valores. **Aqui, você investe diretamente em empresas que ainda não abriram capital (IPOs), esperando lucrar com o crescimento delas ao longo do tempo.**

Os principais estágios de investimento são:

✅ *Angel Investing (Investimento Anjo)*

- Investimentos em startups **ainda em estágio inicial**, muitas vezes antes de terem receita significativa.
- O risco é altíssimo, mas **se der certo, os retornos podem ser exponenciais**.
- Exemplo: Um investidor que comprou **1% de participação no Airbnb em 2009** teria transformado um investimento de **US$ 50 mil em mais de US$ 100 milhões**.

✅ *Venture Capital (VC)*

- Capital investido **por fundos especializados** em startups já validadas, mas ainda em fase de crescimento.
- O risco ainda é alto, mas **essas empresas já passaram por testes iniciais no mercado**.
- Exemplo: Fundos de VC investiram no Facebook antes do IPO e lucraram bilhões.

✅ *Private Equity (PE)*

- Compra de participação em empresas **já maduras**, mas que ainda não abriram capital.
- Muitas vezes, essas empresas são **reestruturadas para aumentar seu valor antes de uma venda ou IPO**.
- Exemplo: A compra da Dunkin' Donuts por um fundo de PE, que depois vendeu a empresa por um lucro astronômico.

🔹 **Diferença entre VC e PE:** Venture Capital foca em **startups de tecnologia e inovação**, enquanto Private Equity busca **empresas mais estabelecidas, mas com alto potencial de valorização.**

Como Brasileiros Podem Acessar o Mercado de Venture Capital nos EUA?

Mesmo para quem não mora nos EUA, **há formas de acessar essas oportunidades**:

Investindo Diretamente em Startups (Angel Investing)

Plataformas especializadas permitem que investidores brasileiros **invistam diretamente em startups americanas** com aportes menores. Algumas opções incluem:

- **AngelList** (angel.co) – conecta investidores a startups promissoras.
- **SeedInvest** (seedinvest.com) – plataforma de crowdfunding de startups.
- **Republic** (republic.com) – permite aportes pequenos em empresas privadas.

✅ **Vantagem:** Acesso direto a startups inovadoras sem necessidade de ser um investidor qualificado.

⚠️ **Desafio:** Exige análise criteriosa das oportunidades.

Investindo via Fundos de Venture Capital e Private Equity

Outra forma de entrar nesse mercado é **investindo em fundos especializados de VC e PE**, que fazem a gestão dos aportes e selecionam as melhores oportunidades.

- **Fundos de VC conhecidos:** Andreessen Horowitz, Sequoia Capital, Tiger Global.
- **Fundos de PE conhecidos:** Blackstone, KKR, Carlyle Group.

Vantagem: Profissionais experientes fazem a gestão do capital.

Desafio: Normalmente requer um investimento mínimo alto (US$ 100 mil a US$ 1 milhão).

Crowdfunding e Syndicates (Investimentos Coletivos)

Para investidores que não querem comprometer grandes quantias, **participar de um syndicate (grupo de investidores que divide os aportes)** pode ser uma ótima opção.

- **AngelList Syndicates** permitem investir com valores menores junto a investidores experientes.
- **Crowdfunding de startups** através de plataformas como Wefunder e Republic.

Vantagem: Risco diluído e participação em rodadas exclusivas.

Desafio: Pode ser difícil escolher as melhores startups sem experiência prévia.

Riscos e Como Proteger seu Capital

Investir em Private Equity e Venture Capital **não é para qualquer um**. O risco é elevado, pois a **maioria das startups falha**.

Como os investidores profissionais reduzem o risco?

✅ **1. Diversificação extrema**

- Em vez de apostar tudo em uma única startup, **invista em 10, 20 ou 50 startups diferentes**.
- Os fundos de VC fazem isso esperando que **1 ou 2 startups tragam retornos de 10x ou mais**, compensando as perdas.

✅ **2. Investir junto com investidores experientes**

- Participar de **Syndicates ou fundos de VC** para se beneficiar da expertise de especialistas.

✅ **3. Apostar em empresas com "Product-Market Fit"**

- Antes de investir, avalie **se a startup já tem clientes e receita**. Quanto mais validado for o negócio, menor o risco.

✅ **4. Analisar a equipe fundadora**

- **Startups com fundadores experientes** e histórico de sucesso têm mais chance de dar certo.

✅ **5. Investir apenas o que pode perder**

- Nunca comprometa mais do que **5% a 10% do seu portfólio total** nesse tipo de investimento.

Melhores Práticas para Investidores Brasileiros no Mercado de Venture Capital nos EUA

🎯 **Quer entrar no mundo do Venture Capital? Aqui estão algumas dicas essenciais:**

- **Aprenda antes de investir** – Estude casos de sucesso e fracasso.
- **Comece pequeno** – Faça aportes menores para ganhar experiência.
- **Participe de comunidades** – Junte-se a grupos de investidores anjos.
- **Diversifique sempre** – Nunca aposte tudo em uma única startup.
- **Tenha paciência** – O retorno pode levar anos para acontecer.

Conclusão: Vale a Pena Investir em Startups nos EUA?

Se feito corretamente, investir em **Private Equity e Venture Capital** pode ser **uma das formas mais lucrativas de acelerar a formação de patrimônio**. Os investidores que apostaram cedo em empresas como Tesla, Google ou Amazon multiplicaram seu capital inúmeras vezes.

Mas **não se trata de um jogo de sorte – é um jogo de estatísticas e estratégia**. O sucesso vem **ao investir com critério, diversificar e aprender com os melhores.**

Nosso objetivo é **ensinar estratégias avançadas para que você possa entrar nesse mercado de forma inteligente e segura**. Fique atento às próximas publicações, pois **vamos explorar esse tema ainda mais a fundo com conteúdos exclusivos, cursos e mentorias!**

Capítulo 22. Aspectos Tributários e Regulatórios para Brasileiros

IMPORTANTE: *Cabe ressaltar que* ***não somos especialistas em tributação*** *e que todas informações referentes a aspectos tributários e regulatórios estão sendo providenciados em caráter puramente informativo e como cortesia para facilitar a vida do leitor para que possa ter uma idéia básica e um ponto de partida para começar a se aprofundar mais no tema.*

Abordaremos os temos de forma genérica portanto cada pessoa precisa consultar seus próprios especialistas tributários para que examine suas próprias circunstâncias individuais antes de tomar decisões importantes. Cabe lembrar também que legislação tributária tanto dos Estados Unidos quanto do Brasil estão sujeitos a alterações (às vezes bastante profundas) com uma certa frequência, muitas vezes refletindo mudanças de cunho político.

Investir no mercado financeiro dos EUA é uma excelente estratégia para diversificação e crescimento patrimonial. No entanto, compreender **as regras tributárias aplicáveis** é essencial para evitar surpresas e garantir a **eficiência fiscal**.

Este guia consolidado **resumimos informações relevantes** sobre a tributação de investimentos nos EUA para **brasileiros não residentes fiscais nos Estados Unidos**, abordando **ações, renda fixa, dividendos, ganhos de capital e herança.**

Residência Fiscal

O país de residência do investidor é o primeiro divisor de águas pois será determinante quanto à forma de sua tributação. Se você for residente no Brasil ou se você for residente nos EUA fará uma grande diferença, o que iremos mostrar a seguir. Residentes nos EUA geralmente só tem que se preocupar com as regras do IRS (a "Receita Federal" americana) ao passo que residentes no Brasil ou outro país terão que se preocupar com as regras do IRS específicas para não-residentes assim com as regras da Receita Federal brasileira (ou do país onde reside caso não seja nem Brasil nem EUA).

Cabe ressaltar a diferença entre residência no senso comum da palavra e "residência fiscal". Geralmente são o mesmo lugar ou endereço, mas um brasileiro que mora no Brasil pode virar residente fiscal nos EUA, mesmo sem intenção e sem saber, e nem mesmo tendo green card ou cidadania americana. Basta que venha e fique nos EUA com muita frequência a ponto do IRS considerar a pessoa se comporte como um residente no país. O IRS tem uma formulinha para determinar o status de residência fiscal de estrangeiros em um determinado ano calendário. Sim, ele pode ser considerado residente fiscal em um ano e não ser em outro. Um estrangeiro pode ser considerado residente fiscal nos EUA se atender aos critérios do Teste de Presença Substancial. Para isso, ele deve estar fisicamente presente nos EUA nas seguintes condições:

1. **31 dias consecutivos ou mais durante o ano em questão**.
2. **183 dias durante um período de 3 anos**, que inclui o ano em curso e os dois exercícios anteriores, calculados da seguinte forma:
    - Todos os dias presentes nos EUA durante o ano em curso.
    - 1/3 dos dias presentes no primeiro ano anterior ao ano em curso.
    - 1/6 dos dias presentes no segundo ano anterior ao ano em curso.

Se o estrangeiro atender a esses critérios, ele será considerado residente fiscal nos EUA.

Muito cuidado com isso: se for considerada residente fiscal, a pessoa deverá **declarar sua renda global** no país, além de cumprir outras obrigações fiscais, como o preenchimento de formulários específicos (por exemplo, FBAR e FATCA). Via de regra, é importante **monitorar dias de presença nos EUA para evitar essa situação**, se você costuma passar muito tempo aqui. No entanto, existem exceções ao Teste de Presença Substancial, como a Closer Connection Exception, que permite que um estrangeiro que tenha passado no teste de presença física possa pleitear uma exceção, desde que atenda a certos requisitos.

Tributação Por Produto de Investimento nos Estados Unidos

Quando se faz investimentos financeiros nos EUA, a fonte pagadora de juros, dividendos, e outros ganhos pede ao investidor preencher um formulário do **IRS** (***Internal Revenue Service***, a Receita Federal Americana). Residentes nos EUA preenchem o formulário W9 onde colocam o ***Social Security Number* (SSN)** que funciona como um "CPF" nos EUA. (Dica: Se você tiver um SSN, mantenha-o em sigilo o máximo possível. Só revele o SSN em caso de real necessidade. Por exemplo, consultórios médicos pedem, mas você não é obrigado a fornecer). Caso você viva nos EUA com um visto, dificilmente terá um SSN, mas poderá obter o ***Individual Tax Identification Number* (ITIN**, um tipo de CPF alternativo para quem não é elegível ao SSN). Não-residentes nos EUA preenchem outro formulário, o W8-BEN. É dessa forma que o leão americano sabe como irá taxar você baseado em seu status de residência fiscal no país.

De maneira geral, **renda** nos EUA (oriunda de salários, aluguéis, dividendos, juros, *royalties*, etc.) é taxada como renda comum (*ordinary income*) na tabela progressiva. As alíquotas da tabela progressiva (*marginal rates*) variam de 10% a 37%. As faixas de renda para cada alíquota da tabela depende se você faz declaração individual ou como casal. Também via de regra, **ganho de capital** é taxado de forma diferente (com alíquotas próprias semelhante à tributação exclusiva no Brasil). As alíquotas são geralmente mais favoráveis ao investidor. Geralmente, investimentos em ativos mantidos por menos de 1 ano são taxados como renda comum (tabela progressiva). Ativos mantidos por mais de 1 ano são taxados às alíquotas de 0%, 15%, ou 20% dependendo de sua faixa de renda geral que é determinado na declaração anual da pessoa-física.

Para estrangeiros não-residentes nos EUA, geralmente o leão americano impõe uma cobrança de 30% na fonte (*withholding tax*) para garantir recebimento do imposto. No entanto, o investidor estrangeiro poderá fazer a declaração anual de imposto de renda e recuperar a maior parte do imposto retido. O IRS obriga as fontes pagadoras como seus agentes para reter 30%, uma alíquota muito superior à alíquota real justamente para evitar evasão fiscal, mas você poderá ajustar isso na declaração para pagar só a taxa justa e restituir o excesso.

Nota: A tributação nos EUA é um tema muito político, portanto sujeito a mudança todos os anos. Convém sempre se atualizar. Buscas na internet ou por ferramentas de IA podem te atualizar rapidamente, mas saiba que tributação nos EUA é um monstro de complicado, bem mais que código tributário brasileiro! Cada caso é um caso. É importante consultar sempre um contador qualificado. As informações nesse livro não podem ser consideradas aconselhamento tributário, pois são fornecidas apenas de caráter informativo e genérico.

Aqui está uma visão geral de como vários produtos de investimento são tributados nos Estados Unidos para residentes e não-residentes:

Certificados de Depósito (CDs)

Os Certificados de Depósito (CDs) são contas de depósito com prazo determinado oferecidas por bancos, proporcionando uma taxa de juros fixa durante um período especificado. A tributação dos juros recebidos dos CDs varia com base no status de residência do investidor:

• **Residentes nos EUA**: A renda de juros de CDs é considerada renda comum (*ordinary income*) e está sujeita ao imposto de renda federal à taxa marginal do indivíduo (tabela progressiva). Além disso, impostos estaduais e locais podem ser aplicáveis, dependendo do local de residência do investidor. É importante notar que os juros recebidos em CDs são tributáveis no ano em que são acumulados, independentemente de terem sido resgatados ou não.

• **Não-Residentes nos EUA**: A renda de juros de CDs de bancos dos EUA geralmente está sujeita a uma taxa de retenção de 30% na fonte, que pode ser parcialmente restituída e compensada na declaração de ajuste anual. Os não-residentes geralmente não estão sujeitos a impostos estaduais ou locais sobre essa renda. É recomendável que investidores não-residentes consultem as diretrizes do IRS ou um profissional tributário para entender as implicações fiscais específicas com base no tratado tributário de seu país com os EUA. O Brasil não possui tratado tributário com os EUA mas existe um acordo de reciprocidade para evitar bi-tributação.

Contas do Mercado Monetário (Money Market Account)

As Contas do Mercado Monetário (MMAs) são contas de depósito que oferecem taxas de juros mais altas do que contas poupança regulares, frequentemente exigindo saldos mínimos mais altos. A tributação dos juros recebidos das MMAs depende do status de residência do investidor:

• **Residentes nos EUA**: A renda de juros das MMAs é tributada como renda comum a nível federal, sujeita à taxa marginal do indivíduo (tabela progressiva). Impostos estaduais e locais também podem ser aplicáveis, dependendo do local de residência do investidor. Semelhante aos CDs, os juros recebidos em MMAs são tributáveis no ano em que são acumulados, independentemente de serem resgatados ou não.

• **Não-Residentes nos EUA**: A renda de juros das MMAs geralmente está sujeita a uma taxa de retenção de 30% na fonte para estrangeiros não-residentes. mas poderá ser parcialmente restituída e compensada na declaração de ajuste anual.. Os não-residentes geralmente não estão sujeitos a impostos estaduais ou locais sobre essa renda. Investidores não-residentes devem consultar o IRS ou um profissional tributário para entender as implicações fiscais específicas. O Brasil não possui tratado tributário com os EUA mas existe um acordo de reciprocidade para evitar bi-tributação.

Fundos Mútuos (Mutual Funds)

Os fundos mútuos reúnem dinheiro de vários investidores para investir em uma carteira diversificada de bonds. A tributação da renda e dos ganhos de capital dos fundos mútuos varia com base no status de residência do investidor:

• **Residentes nos EUA**: As distribuições dos fundos mútuos podem incluir dividendos de renda comum, dividendos qualificados e ganhos de capital. Os dividendos de renda comum são tributados à taxa marginal do indivíduo (tabela progressiva), enquanto os dividendos qualificados são tributados à taxa de ganhos de capital de longo prazo (tributação exclusiva), que geralmente é mais baixa. As distribuições de ganhos de capital são tributadas à taxa de ganhos de capital de longo prazo se o fundo manteve os bonds subjacentes (papéis ou ativos do fundo) por mais de um ano. É importante notar que os fundos mútuos podem distribuir ganhos de capital aos investidores, mesmo que o investidor não tenha vendido nenhuma cota, o que pode levar a passivos fiscais inesperados.

• **Não-Residentes nos EUA**: As distribuições para estrangeiros não-residentes geralmente estão sujeitas a uma retenção de 30% na fonte, mas poderá ser parcialmente restituída e compensada na declaração de ajuste anual. Os não residentes geralmente não estão sujeitos ao imposto sobre ganhos de capital dos EUA na venda de ações de fundos mútuos, a menos que o fundo seja considerado uma corporação de propriedade imobiliária dos EUA. Investidores não residentes devem consultar o IRS ou um profissional tributário para entender as implicações fiscais específicas. O

Brasil não possui tratado tributário com os EUA mas existe um acordo de reciprocidade para evitar bi-tributação.

Fundos de Índice (Index ETFs)

Os Fundos de Índice (ETFs) são fundos de investimento cujas cotas são negociadas em bolsas de valores, semelhantes a ações individuais. A tributação da renda e dos ganhos de capital dos ETFs depende do status de residência do investidor:

- **Residentes nos EUA**: Os ETFs distribuem renda na forma de dividendos e juros, que são tributados como renda comum a nível federal. Os dividendos qualificados são tributados à taxa de ganhos de capital de longo prazo. Os ganhos de capital da venda de ações de ETFs são tributados à taxa de ganhos de capital de longo prazo se as cotas foram mantidas por mais de um ano. Os ETFs geralmente são mais eficientes em termos fiscais do que os fundos mútuos devido à sua estrutura, que permite aos investidores evitar distribuições de ganhos de capital.

- **Não-Residentes nos EUA**: As distribuições para estrangeiros não-residentes geralmente estão sujeitas a uma retenção de 30% na fonte, mas poderá ser parcialmente restituída e compensada na declaração de ajuste anual. Os não-residentes geralmente não estão sujeitos ao imposto sobre ganhos de capital dos EUA na venda de ações de ETFs, a menos que o ETF seja considerado uma corporação de propriedade imobiliária dos EUA. Investidores não-residentes devem consultar o IRS ou um profissional tributário para entender as implicações fiscais específicas. O Brasil não possui tratado tributário com os EUA mas existe um acordo de reciprocidade para evitar bi-tributação.

Títulos de Renda Fixa

Os títulos de renda fixa são valores mobiliários de dívida emitidos por corporações, municípios ou pelo governo federal. A tributação da renda de juros e dos ganhos de capital dos títulos de renda fixa varia com base no status de residência do investidor:

• **Residentes nos EUA**: A renda de juros dos títulos geralmente é tributada como renda comum a nível federal. No entanto, os juros de títulos municipais muitas vezes são isentos do imposto de renda federal e podem também ser isentos de impostos estaduais e locais se os títulos forem emitidos pelo estado de residência do investidor. Os ganhos de capital da venda de títulos são tributados à taxa de ganhos de capital de longo prazo se os títulos foram mantidos por mais de um ano.

• **Não-Residentes nos EUA**: A renda de juros de títulos dos EUA geralmente está sujeita a uma retenção de 30%, mas poderá ser parcialmente restituída e compensada na declaração de ajuste anual. Os ganhos de capital da venda de títulos dos EUA por estrangeiros não residentes geralmente não estão sujeitos ao imposto dos EUA, desde que o investidor não passe uma quantidade significativa de tempo nos EUA durante o ano.

Ações

• **Residentes nos EUA**: Os dividendos de ações são tributados como qualificados (a taxas reduzidas) ou não qualificados (como renda comum). Os ganhos de capital das vendas de ações são tributados a taxas de longo ou curto prazo, dependendo do período de posse.

• **Não-Residentes nos EUA**: Os dividendos pagos por empresas dos EUA a estrangeiros não-residentes geralmente estão sujeitos a uma retenção de 30%, mas poderá ser parcialmente restituída e compensada na declaração de ajuste anual. Os ganhos de capital da venda de ações dos EUA por estrangeiros não-residentes geralmente não estão sujeitos ao imposto dos EUA, desde que o investidor não passe uma quantidade significativa de tempo nos EUA durante o ano.

Nota: As leis tributárias são complexas e estão sujeitas a mudanças. É aconselhável consultar um profissional tributário ou referir-se às publicações oficiais do IRS para orientação personalizada.

Tributação Por Tipo de Ganho: Renda, Ganho de Capital, e Herança

Às vezes, a mesma informação apresentada de outra forma pode ser de mais fácil compreensão. Então decidimos prover a informação sob uma perspectiva diferente. Todo instrumento financeiro gera um retorno na forma de renda ou ganho de capital (ou ambos). Se você for um **residente nos EUA**, é mais fácil porque você terá que somente seguir as orientações acima (seção anterior) para residentes nos EUA.

Mas para os investidores estrangeiros (não-residentes nos EUA), esses **são tributados de forma diferente** dos residentes nos EUA. Nessa seção, vamos discutir como renda e ganho de capital são tributados nos EUA e no Brasil do **ponto de vista de um investidor residente no Brasil** por ser mais complexo envolvendo dois países.

Imposto sobre Dividendos nos EUA

- Alíquota fixa de 30% de retenção na fonte sobre dividendos pagos por empresas dos EUA.
- Esse imposto é retido automaticamente pela corretora americana, sem necessidade de envio de declaração ao IRS.
- Não há isenção nem deduções para investidores estrangeiros.

Imposto sobre Ganhos de Capital (Capital Gains Tax) nos EUA

- Brasileiros não residentes fiscais nos EUA não pagam imposto sobre ganhos de capital na venda de ações.

- Exemplo: Se você comprou ações da Microsoft por US$ 100 e vendeu por US$ 150, o lucro de US$ 50 não será tributado nos EUA.
- Exceção: Estrangeiros que passam muitos dias no ano nos EUA podem ser considerados "U.S. Tax Residents" e ter tributação semelhante à de cidadãos americanos.

Imposto sobre Juros de Renda Fixa (Bonds e Treasuries) nos EUA

- Títulos públicos dos EUA (U.S. Treasuries) são isentos de imposto para não-residentes.
- Juros de bonds corporativos são tributados com 30% de retenção na fonte.

Necessidade de Declaração de Imposto nos EUA

- Brasileiros que investem nos EUA normalmente não precisam declarar imposto ao IRS.
- A corretora já retém os impostos devidos sobre dividendos e juros.

Tributação no Brasil para Investidores com Ações e Renda Fixa nos EUA

Embora os EUA não cobrem imposto sobre ganhos de capital de estrangeiros, o Brasil tributa rendimentos e ganhos no exterior.

Tributação de Dividendos Recebidos no Brasil

- No Brasil, dividendos recebidos de ações americanas são tributáveis, diferentemente dos dividendos de empresas brasileiras (que são isentos).

- O Brasil não permite compensação do imposto pago nos EUA (retenção de 30%).
- O investidor deve declarar os dividendos na ficha "Rendimentos Tributáveis Recebidos de Pessoa Jurídica do Exterior" na Declaração de IRPF.

Tributação sobre Ganhos de Capital no Brasil

- Desde 2024, a alíquota é fixa em 15% sobre o lucro obtido na venda de ações e títulos de renda fixa.
- O imposto deve ser apurado e pago até o último dia útil do mês seguinte à venda pelo programa GCAP (Ganho de Capital no Exterior) da Receita Federal.

Tributação sobre Juros de Bonds Corporativos no Brasil

- Os juros pagos por bonds corporativos americanos são tributados exatamente como dividendos.
- O Brasil não permite compensação do imposto pago nos EUA (30%), mas o investidor precisa declarar esses rendimentos.

Como Declarar no Brasil?

O investidor brasileiro deve incluir os investimentos no exterior em sua declaração de Imposto de Renda da seguinte forma:

1. Posições em ações, ETFs e renda fixa: Declarar na ficha "Bens e Direitos", informando valor de aquisição em reais.
2. Dividendos: Informar na ficha "Rendimentos Tributáveis Recebidos de Pessoa Jurídica do Exterior".
3. Ganho de Capital: Utilizar o GCAP, pagar o imposto e importar os dados para a declaração anual.

Tributação sobre Herança e Sucessão nos EUA

Os EUA possuem um dos impostos sobre herança mais agressivos do mundo, conhecido como Estate Tax.

Como Funciona o Imposto Sobre Herança nos EUA?

- A isenção para cidadãos americanos é de US$ 13 milhões por pessoa em 2024.
- Para estrangeiros, a isenção é apenas de US$ 60 mil.
- Valores acima desse limite são tributados com alíquotas de até 40%.
- Além disso, alguns estados americanos possuem impostos sucessórios adicionais.

Como Evitar a Tributação de Herança nos EUA?

1. Transfer on Death (TOD)

- Permite nomear beneficiários para os ativos sem precisar passar pelo inventário americano (probate).

2. Estruturas Offshore

- Criar uma empresa offshore para deter ativos nos EUA pode evitar a tributação de herança e facilitar a sucessão.

Como Reduzir a Tributação e Melhorar a Eficiência Fiscal?

Estratégias para Reduzir Impactos Tributários

Evitar ativos com alta retenção na fonte nos EUA:

- Prefira ações que pagam poucos ou nenhum dividendo, focando em valorização.

- ETFs acumulativos podem ser mais eficientes do ponto de vista tributário.

Aproveitar o diferimento de impostos sobre ganhos de capital:

- Como o Brasil tributa apenas quando há venda, você pode manter ativos crescendo sem pagar imposto até a realização do lucro. No entanto, lembre-se que diante de uma queda importante de preço de seu ativo no mercado, é geralmente é muito mais inteligente vender o ativo e pagar o imposto que perder dinheiro com o investimento só para economizar no imposto. É como meu pai costuma se referir a isso "salvar o pequeno para perder o grande".

Usar veículos estruturados para minimizar impacto fiscal:

- Fundos de investimento internacionais podem ter regras tributárias diferentes, dependendo da estrutura. Existem muitas estratégias de estruturação tributária que minimizam impostos (ou até zeram em certos casos), que fogem do escopo desse livro, mas se for de seu interesse, siga-nos em nosso canal www.engineering-finance.com que iremos lançar cursos e workshops a esse respeito.

Mitos e Verdades sobre Tributação de Investimentos nos EUA-Brasil

Investir nos EUA gera dupla tributação?

- Geralmente não! Os EUA retêm imposto apenas sobre dividendos e juros, enquanto o Brasil tributa ganhos de capital.
- Brasil e EUA têm um acordo de reciprocidade, permitindo que muitos dos impostos pagos nos EUA sejam compensados na declaração brasileira.

Brasileiros precisam abrir empresa nos EUA para investir?

- Não, qualquer brasileiro pode investir diretamente por meio de corretoras americanas sem precisar abrir uma empresa nos EUA.

  No entanto, se você estiver investindo um montante substancial (da ordem de milhões de dólares ou mais), convém montar estruturas jurídicas que sejam eficientes do ponto de vista tributário. Discutiremos algumas estratégias em nossos cursos e workshops, porém existem escritórios de advogados de tributação e proteção patrimonial internacionais que podem ajudar a formar essas estruturas.

Há isenção de imposto para pequenos investidores?

- Não mais! A isenção para vendas abaixo de R$ 35.000/mês foi revogada em 2024.

Preciso pagar imposto todo mês no Brasil?

- Somente se houver ganho de capital. Caso contrário, basta declarar os investimentos anualmente.

Conclusão: O Que o Investidor Brasileiro Deve Fazer?

Investir nos EUA é uma excelente estratégia, mas exige planejamento tributário. Para evitar problemas, siga estas recomendações:

Conheça as regras fiscais tanto nos EUA quanto no Brasil. Mantenha registros detalhados de todas as operações e impostos pagos no exterior. Utilize corretoras americanas confiáveis que fornecem relatórios detalhados. Acompanhe mudanças na legislação tributária brasileira. Considere consultar um contador especializado em tributação internacional.

Investir nos EUA é uma excelente forma de diversificação e proteção patrimonial – desde que feito com conhecimento e estratégia!

Para finalizar, vamos fazer um apanhado geral com um FAQ de perguntas e respostas diretas, caso a discussão acima não tenha ficado clara.

FAQ

1. Como o Investidor Brasileiro é Tributado nos EUA e no Brasil?

O investidor brasileiro (não-residente nos EUA) que investe em ações, renda fixa e outros ativos financeiros nos EUA é tributado diferentemente em cada país:

Nos EUA

- Ganho de Capital: ISENTO para não residentes. Se o investidor vender ações com lucro, ele não paga imposto nos EUA.
- Dividendos: Retenção fixa de 30% na fonte (descontado automaticamente pela corretora).
- Juros de Bonds Corporativos: Retenção de 30% na fonte.
- Juros de Títulos do Tesouro Americano (Treasuries): ISENTO para não residentes.
- Herança: Tributação pesada acima de US$ 60 mil (até 40% sobre o valor excedente).

No Brasil

- Ganho de Capital: Tributado a 15% sobre o lucro da venda de ativos financeiros no exterior (Lei nº 14.754/2023).

- Dividendos: Tributáveis na tabela progressiva de IRPF, mas sem compensação do imposto pago nos EUA.
- Juros de Bonds: Tributáveis no Brasil (mesma regra dos dividendos).
- Herança: Sujeita ao ITCMD (Imposto sobre Transmissão Causa Mortis e Doação) estadual, dependendo do estado de residência do investidor.

---

2. Quanto o Investidor Paga de Imposto para os EUA e para o Brasil?

Tipo de Rendimento	Imposto nos EUA	Imposto no Brasil
Ganho de Capital (Ações, ETFs, Bonds)	ISENTO	15% sobre o lucro
Dividendos de Ações	30% retido na fonte*	Tributável na tabela progressiva (27,5% máx.) sem compensação
Juros de Bonds Corporativos	30% retido na fonte*	Tributável na tabela progressiva (sem compensação)
Juros de Títulos do Tesouro (Treasuries)	ISENTO	Tributável na tabela progressiva
Herança	Acima de US$ 60 mil = Até 40%	Sujeito ao ITCMD estadual

** Parcialmente restituível com declaração de ajuste anual nos EUA*

3. Como Fazer as Declarações nos Dois Países?

Nos EUA

- Não precisa declarar imposto nos EUA se não tiver outras fontes de renda no país.
- A corretora americana já retém e paga os impostos devidos (30% sobre dividendos e juros).

No Brasil

- Bens e Direitos: Declarar na ficha "Bens e Direitos" os investimentos no exterior (ações, ETFs, bonds) pelo custo de aquisição.
- Dividendos e Juros: Declarar na ficha "Rendimentos Tributáveis Recebidos de Pessoa Jurídica do Exterior".
- Ganho de Capital: Apurar no GCAP (Programa de Apuração de Ganhos de Capital) e pagar o imposto até o último dia útil do mês seguinte à venda.
- Conta no Exterior: Se o saldo for superior a US$ 1 milhão, deve ser informado ao Banco Central do Brasil na Declaração de Capitais Brasileiros no Exterior (CBE).

---

4. Existe Acordo de Compensação entre Brasil e EUA?

Sim, mas apenas para Ganhos de Capital e Juros.

- Ganhos de capital não são tributados nos EUA, então são pagos integralmente no Brasil (15%).
- Dividendos: Não há compensação, ou seja, o investidor paga 30% nos EUA e ainda tributa no Brasil.
- Juros: A retenção de 30% nos EUA pode ser usada como crédito tributário no Brasil, mas o limite é o imposto brasileiro devido.

---

5. O Investidor Pode Declarar nos EUA para Restituir os 30% Retidos na Fonte?

Sim, os investidores estrangeiros podem potencialmente obter parte do imposto retido na fonte reembolsado ao apresentar uma declaração de imposto (tax return 1040NR) ao IRS (a "Receita Federal" americana). Os Estados Unidos impõem um imposto de retenção de 30% sobre dividendos ou juros pagos a estrangeiros não residentes. A razão porque fazem isso é que temem que estrangeiros nunca paguem o imposto e eles não tem como cobrar depois, então impõem a obrigação de coleta de impostos à fonte pagadora em um montante "mais que razoável" (os 30%) por precaução. Essa é a lógica por detrás dos 30% de imposto retido na fonte.

No entanto, os investidores estrangeiros podem ser elegíveis para uma taxa de imposto reduzida ou um reembolso sob tratados fiscais entre os EUA e seus países de origem. Além disso, se tiverem outros negócios nos EUA que tiveram despesas ou perdas, a alíquota final a ser determinada no cálculo dentro da declaração de ajuste anual (1040NR) poderá ser menor, e portanto a diferença entre essa alíquota e os 30% poderá ser restituída.

Para solicitar um reembolso, os investidores estrangeiros precisam preencher o Formulário 1040NR (Declaração de Imposto de Renda de Estrangeiro Não Residente nos EUA) e anexar o Formulário 8833 (Divulgação de Posição Baseada em Tratado) se estiverem reivindicando benefícios do tratado. Outros formulários tipicamente envolvidos são o 8804 e 8805. É essencial consultar um profissional de contabilidade para garantir a conformidade com todos os requisitos e maximizar potenciais reembolsos.

---

6. Há Obrigação de Declarar Movimentação de Capitais ao Banco Central do Brasil?

Sim, mas apenas em alguns casos.

- O Banco Central exige a Declaração de Capitais Brasileiros no Exterior (CBE) para quem tem mais de US$ 1 milhão no exterior.
- Prazos:
  - Declaração Anual: Para valores acima de US$ 1 milhão em 31 de dezembro.
  - Declaração Trimestral: Para valores acima de US$ 100 milhões.

📌 Como Fazer a Declaração no Banco Central?

1. Acesse o site do Banco Central do Brasil (https://www.bcb.gov.br).
2. Entre na área da Declaração de Capitais Brasileiros no Exterior (CBE).
3. Informe ativos financeiros, contas bancárias no exterior, ações, bonds e fundos.
4. O prazo anual geralmente é até abril do ano seguinte.

IMPORTANTE: *Cabe ressaltar que* ***não somos especialistas em tributação*** *e que todas informações referentes a aspectos tributários e regulatórios estão sendo providenciados em caráter puramente informativo e como cortesia para facilitar a vida do leitor para que possa ter uma idéia básica e um ponto de partida para começar a se aprofundar mais no tema.*

Abordaremos os temos de forma genérica portanto cada pessoa precisa consultar seus próprios especialistas tributários para que

Capítulo 23 – De 1900 a 2025: A Economia dos EUA e seu Impacto no Mercado de Ações

(Um Breve Histórico Até os Dias Atuais)

Os Estados Unidos construíram a maior economia do mundo ao longo dos últimos 120 anos, passando por **guerras, crises, booms econômicos, revoluções tecnológicas e mudanças estruturais** que moldaram sua trajetória. Para compreender a dinâmica da economia americana e seu reflexo no mercado financeiro, é essencial analisar os **principais ciclos econômicos**, a evolução da **inflação e dos juros**, e o impacto no **mercado de ações, especialmente no índice S&P 500**.

A seguir, exploramos os principais períodos econômicos dos EUA, divididos por décadas e presidências.

1900-1919: Crescimento Industrial e Primeira Guerra Mundial

Presidentes: William McKinley (1897-1901), Theodore Roosevelt (1901-1909), William Taft (1909-1913), Woodrow Wilson (1913-1921)

- **Expansão da Revolução Industrial:** O início do século XX foi marcado por forte industrialização e crescimento populacional. As empresas ferroviárias, siderúrgicas e petrolíferas cresceram exponencialmente.
- **Criação do Federal Reserve (Fed) em 1913:** O banco central dos EUA foi estabelecido para estabilizar o sistema financeiro.
- **Primeira Guerra Mundial (1914-1918):** Os EUA entraram na guerra em 1917, impulsionando o setor industrial e militar.

- **Inflação e Boom Econômico Pós-Guerra:** Com o fim da guerra, a economia expandiu rapidamente, mas a inflação subiu para **20% em 1919**.

Impacto no mercado de ações: O mercado acionário cresceu no início do século, mas sofreu com crises bancárias e alta inflação após a guerra.

1920-1929: Os Loucos Anos 20 e o Crash da Bolsa

Presidentes: Warren Harding (1921-1923), Calvin Coolidge (1923-1929), Herbert Hoover (1929-1933)

- **Década de crescimento acelerado:** O PIB cresceu, e os EUA se tornaram a maior potência econômica global.
- **Euforia no mercado financeiro:** A especulação levou à formação de uma bolha no mercado de ações.
- **Crash de 1929:** A quebra da bolsa de valores iniciou a **Grande Depressão**.

Impacto no mercado: O S&P 500 perdeu quase 90% de seu valor entre 1929 e 1932.

1930-1945: A Grande Depressão e a Segunda Guerra Mundial

Presidentes: Franklin D. Roosevelt (1933-1945), Harry Truman (1945-1953)

- **Grande Depressão (1930-1939):** O PIB caiu 30%, o desemprego atingiu 25%, e a deflação dominou o período.
- **New Deal:** O governo de Roosevelt interveio com grandes programas de estímulo.

- **Segunda Guerra Mundial (1939-1945):** Os EUA entraram na guerra em 1941, impulsionando a economia com gastos militares.

Impacto no mercado: Após a crise dos anos 1930, a guerra ajudou a recuperar a economia e a bolsa.

1946-1970: Expansão Pós-Guerra e Crise do Petróleo

Presidentes: Dwight Eisenhower (1953-1961), John F. Kennedy (1961-1963), Lyndon Johnson (1963-1969), Richard Nixon (1969-1974)

- **Maior crescimento da história:** O período pós-guerra foi de grande expansão do PIB e da classe média.
- **Inflação começa a subir nos anos 1970:** A Guerra do Vietnã e os gastos sociais pressionaram os preços.
- **Crise do petróleo (1973):** O embargo da OPEP fez os preços do petróleo quadruplicarem, levando à estagflação.

Impacto no mercado: O S&P 500 cresceu fortemente nos anos 1950 e 1960, mas teve dificuldades nos anos 1970 devido à inflação alta.

1980-1999: Reaganomics, Globalização e a Bolha da Internet

Presidentes: Ronald Reagan (1981-1989), George H.W. Bush (1989-1993), Bill Clinton (1993-2001)

- **Desregulamentação e cortes de impostos:** O governo Reagan promoveu livre mercado e combateu a inflação com juros altos.

- **Globalização e crescimento da tecnologia:** Empresas como Microsoft surgiram e transformaram a economia.
- **Bolha da Internet (1999):** A euforia com startups levou a uma valorização excessiva das ações de tecnologia.

Impacto no mercado: O S&P 500 cresceu 1.300% de 1980 a 2000.

2000-2019: Bolha da Internet, Crise de 2008 e Expansão Pós-Crise

Presidentes: George W. Bush (2001-2009), Barack Obama (2009-2017), Donald Trump (2017-2021)

- **Crash do Dot-Com (2000-2002):** A bolha da internet estourou, derrubando o mercado.
- **Crise de 2008:** O colapso do setor imobiliário e dos bancos levou à maior crise financeira desde 1929.
- **Expansão econômica pós-2008:** O S&P 500 cresceu mais de **400% entre 2009 e 2019**.

Impacto no mercado: A recuperação da crise de 2008 resultou no **bull market mais longo da história**.

2020-2024: Pandemia, Inflação e Aumento dos Juros

Presidentes: Joe Biden (2021-2024)

- **Pandemia de Covid-19 (2020):** A economia colapsou, e o PIB caiu 9% no segundo trimestre de 2020.
- **Estímulos massivos:** O Fed cortou juros a 0% e injetou trilhões na economia.

- **Inflação recorde em 2022:** O excesso de dinheiro na economia fez a inflação subir para **9%**.
- **Aumento dos juros:** O Fed elevou os juros para conter a inflação, impactando ações e imóveis.

Impacto no mercado: O S&P 500 teve forte volatilidade, mas continuou resiliente.

2025-Atual: Segundo Mandato de Donald Trump

Presidente: Donald Trump (2025-atual)

- **Hereditariedade de uma Economia Sólida:** Ao assumir o cargo em janeiro de 2025, Trump encontrou uma economia robusta, caracterizada por crescimento econômico consistente, baixa taxa de desemprego em 4% e inflação controlada entre 2,2% e 2,4%.
- **Políticas Econômicas e Comerciais:**
  - **Cortes de Impostos:** Propostas para reduzir ainda mais os impostos corporativos, visando estimular o crescimento econômico.
  - **Aumento de Tarifas:** Implementação de tarifas sobre importações, especialmente da China, com o objetivo de proteger indústrias domésticas.
- **Impacto nas Empresas e Investimentos:**
  - **Incerteza Política:** As políticas comerciais e migratórias geraram um ambiente de cautela entre as empresas, levando a uma postura mais conservadora em investimentos e expansões.

    - **Revisão de Iniciativas de Sustentabilidade:** Algumas empresas reconsideraram suas estratégias de investimento sustentável devido às mudanças nas políticas ambientais e sociais.

- **Mercado Financeiro e Inflação:**
    - **Volatilidade nos Mercados:** As políticas fiscais e comerciais contribuíram para a volatilidade nos mercados financeiros, com investidores ajustando suas estratégias diante das novas diretrizes econômicas.
    - **Pressões Inflacionárias:** As tarifas sobre importações e o aumento dos gastos governamentais elevaram as preocupações com a inflação, levando o Federal Reserve a considerar ajustes na política monetária.
- **Dívida Nacional e Déficit Fiscal:**
    - **Crescimento da Dívida:** A combinação de cortes de impostos e aumento nos gastos resultou em um déficit fiscal crescente, com a dívida nacional ultrapassando US$ 36 trilhões.
    - **Sustentabilidade Fiscal:** Debates sobre a necessidade de medidas para conter o aumento da dívida, incluindo possíveis cortes em programas sociais e ajustes fiscais.
- **Relações Internacionais e Comércio:**
    - **Reaproximação com a Rússia:** Mudanças na política externa, incluindo a reconfiguração das negociações relacionadas ao conflito Rússia-Ucrânia, afetaram as alianças tradicionais e a dinâmica geopolítica.
    - **Tensões Comerciais:** A imposição de tarifas e a renegociação de acordos comerciais influenciaram as

relações com parceiros comerciais e impactaram as cadeias globais de suprimentos.

Este período é marcado por políticas econômicas assertivas que buscam fortalecer a economia doméstica, mas que também introduzem desafios relacionados à inflação, volatilidade do mercado e relações internacionais.

O Dólar Americano como Moeda Hegemônica

- **Adoção do dólar como moeda global:** O Acordo de Bretton Woods (1944) consolidou o dólar como reserva de valor.
- **Petrodólar:** Desde os anos 1970, o petróleo é negociado em dólares, fortalecendo sua hegemonia.
- **Crises globais aumentam a demanda por dólar:** Durante crises, investidores correm para ativos denominados em dólares, como Treasuries.

Impacto no mercado: O dólar forte influencia empresas exportadoras e impacta os lucros das multinacionais do S&P 500.

📌 Conclusão: Como os Ciclos Econômicos Afetam as Ações?

- **Períodos de crescimento econômico** tendem a impulsionar as ações, pois empresas lucram mais.
- **Recessões e crises** geram quedas no mercado, mas são seguidas de fortes recuperações.
- **Inflação alta e juros elevados** tendem a pressionar o mercado de ações.

- **Períodos de estímulo econômico** geram booms nos mercados financeiros.

O S&P 500 reflete diretamente os ciclos da economia americana, mas a história mostra que, no longo prazo, a tendência continua de crescimento.

O Futuro Repetirá o Passado?

Dê uma olhada no gráfico que mostra os 150 anos de história do índice S&P 500® que representa o mercado de ações dos EUA. Como você pode ver, o mercado de ações dos EUA realmente decolou após a Segunda Guerra Mundial. Observe que o crescimento é ainda mais dramático do que o mostrado no gráfico porque está em uma escala logarítmica . O que explica este crescimento impressionante e explosivo?

Após a Segunda Guerra Mundial, os EUA emergiram como o maior vencedor em todos os sentidos da palavra. Os EUA tornaram-se o maior motor económico mundial, o dólar americano tornou-se a moeda de reserva mundial, os americanos criaram todas as principais instituições internacionais (Banco Mundial, FMI, etc.), as empresas americanas dominaram o mundo e a ordem mundial americana foi estabelecida. Como resultado, invariavelmente, o mercado accionista dos EUA reflectiu os últimos 80 anos de crescimento económico e abundância, dando a impressão de que as ações sobem sempre no longo prazo.

Mas agora, considere isto. Os tempos estão mudando. Todo o clube G-7 das 7 nações mais ricas do mundo, que inclui os Estados Unidos, já não representa mais de metade da economia mundial como antes. É por isso que o G-20 foi introduzido. A China está agora a competir seriamente com os EUA nas indústrias topo de gama de hoje e nas indústrias mais promissoras de amanhã (IA, computação quântica, novos materiais, etc.) e a vencer a corrida em muitos domínios, como veículos eléctricos, energia verde, Outra indicação desta tendência pode ser vista no número de patentes que os países registam todos os anos: só em 2019, a China registou 2x o número de patentes que os EUA registaram e cerca de 44% de todo o mundo.

Ganhar dinheiro no mercado americano até então tem sido relativamente "fácil". O real sempre se desvalorizou em relação ao dólar. As bolsas nos Estados Unidos subiam sempre. Hoje isso está mudando. Crashes e correções aumentaram desde 2018 e a média da volatilidade também aumentou.

Para navegar neste admirável mundo novo, a necessidade de gerir os riscos de forma proativa e de tomar medidas precoces contra os movimentos adversos do mercado é maior do que nunca.

SMIGRM foi criado na hora certa. Investir sem uma ferramenta que faça tudo o que RISP 500™ faz pelos investidores no mercado de ações dos Estados Unidos é extremamente não aconselhável em pleno século 21.

Capítulo 24. A Oportunidade Trazida por um Conhecimento que Transforma Vidas

O Conhecimento Certo é Aquele que Transforma Vidas

Parabéns pela leitura! Você acabou de dar um enorme passo em direção à uma nova realidade para você, expandindo seus horizontes que certamente farão uma diferença significativa em sua vida. Não é sempre que encontramos uma oportunidade na vida tão poderosa capaz de mudar vidas. Como sabemos, dinheiro não é tudo na vida, mas dinheiro pode resolver uma grande parte dos problemas que enfrentamos na vida, não é mesmo? Quem não quer fazer o dinheiro duramente conquistado trabalhar duramente por nós multiplicando nosso patrimônio? Acelerar crescimento de patrimônio significa encurtar a distância da jornada para que metas financeiras possam ser atingidas mais rápido.

Mas de que adianta se isso não for feito de forma segura? Se a cada três passos que der, tiver que voltar dois (ou mais), que é o que acontece quando se encontra uma crise financeira com crash da bolsa pelo caminho (que a gente já viu que uma bem forte acontece pelo menos uma vez a cada década), a sua jornada será truncada e provavelmente nunca chegará à terra prometida. Esse fenômeno é o que mais acontece com a maioria, talvez 99% das pessoas que tentam a sorte na bolsa de valores? Foi justamente para resolver esse problema gravíssimo que assola todos os investidores do planeta que SMIGRM foi criado!

Se temos uma limitação em nossas vidas, essa limitação é o TEMPO. Todos temos um relógio biológico que começa a fazer contagem regressiva com o tick tock logo que nascemos. Até o momento de começarmos a andar com nossas próprias pernas e ganhar nosso dinheirinho, e botá-lo para trabalhar por nós, já se foram talvez uns 20 anos pelo menos? Isso se tivermos tido a mentalidade afiada e disciplinada de começar a investir cedo, o que infelizmente não é a verdade para a maioria das pessoas. Aos 20 anos de idade, o foco da maioria das pessoas ainda está em outras coisas, estudos, esporte, namoro, e em ganhar dinheiro como arrumar um bom emprego, etc. Nessa idade, pouco se sabe ainda sobre como investir e a base inicial ainda é muito pequena. A realidade é que até aprendermos com a experiência da realidade nua e fria dos mercados e descobrirmos a fórmula certa para investir com inteligência e segurança, lá se foi mais uma década da vida, pelo menos, não é verdade? Com tanta desinformação, da própria mídia enviesada a servir grandes interesses corporativos da indústria financeira de auto-enriquecimento às custas do público, de falsos gurus na internet, e todo tio de informação conflitante e desencontrada causando confusão, não é fácil mesmo! Por tudo isso, para muita gente, a ficha só finalmente cairá mesmo aos 40 ou 50 anos de idade. Conclusão: todo mundo precisa uma fórmula segura e confiável que tenha um track record real (que tenha não apenas sobrevivido mas vencido no campo de batalha da vida) que acelere e multiplique formação de patrimônio de forma segura. Essa fórmula precisa também ser de fácil aplicação, de forma que mesmo pessoas sem formação em finanças, possam implementar sem grandes esforços e dispêndios de tempo. Este livro foi criado exatamente para preencher essa lacuna na vida financeira das pessoas e poder leva-las a atingir esse objetivo de forma fácil, segura, e rápida.

Assim que você der os primeiros passos nessa jornada, ficará claro para você que ter lido este livro foi mais do que apenas consumir informação; foi embarcar em uma jornada de aprendizado que tem o poder de **transformar sua vida financeira para sempre**. Você se permitiu explorar um mundo novo, cheio de possibilidades, e agora tem em suas mãos o conhecimento necessário para **acelerar o crescimento do seu patrimônio de forma fácil e segura, diversificando no maior mercado de ações do planeta**.

A verdade é que a maioria das pessoas passa a vida inteira sem nunca descobrir essas oportunidades, presas a um sistema financeiro limitado e a crenças que as impedem de expandir suas fronteiras. Mas você fez diferente. Você abriu os olhos para uma nova realidade e tomou para si a responsabilidade de construir um futuro financeiro sólido, **investindo de forma inteligente e estratégica nos EUA**.

O Relógio Não Pára: O Momento da Transformação é Agora

Agora, pare por um momento e reflita sobre sua situação atual. Onde você está hoje em sua jornada financeira? Seus investimentos estão realmente trabalhando a seu favor? Você já está satisfeito com o status quo atual? Já sentou para pensar e calcular na ponta do lápis seu futuro financeiro? Ou você ainda sente que está preso às limitações do mercado brasileiro, exposto à inflação, juros altos e desvalorização do real que parece fazer você dar sempre dois passos para trás após três para a frente? E se você já investiu na bolsa americana, você já sentiu o drama de investir sem uma formulação sólida ou um método capaz de te proteger nas baixas e te empurrar para frente nas altas? Ou você decidiu terceirizar suas finanças a um especialista, ou botou todo o dinheiro num fundo e esqueceu, ou então fez buy & hold e sentiu o drama dos crashes e o peso das taxas e comissões no resultado dos seus investimentos no longo prazo? A pergunta realmente importante a se fazer é essa: **O que você realmente deseja alcançar?** Se seu objetivo é construir um futuro financeiro mais sólido, protegido e com maior potencial de valorização, então a solução que você descobriu neste livro pode ser a chave para essa transformação. Você não precisa mais adiar essa decisão — tudo o que é necessário para começar já está ao seu alcance. Este livro foi o primeiro passo, mas o próximo depende de você. O Método SMIGRM não existia antes. Mas agora está aqui bem ao seu alcance. Está disposto a dar esse passo e mudar sua realidade financeira para sempre?

Agora, é hora de transformar conhecimento em ação. Você já tem **as ferramentas e estratégias certas** para começar, e o melhor de tudo: **suas primeiras vitórias podem vir mais rápido do que imagina!** Com os conceitos que aprendeu aqui, você pode dar os primeiros passos imediatamente e já sentir o impacto positivo em sua carteira.

E a sensação de ver seu dinheiro crescer, protegido da instabilidade econômica brasileira e se valorizando em dólar, será a confirmação de que valeu a pena cada minuto desse aprendizado.

Então, vamos em frente! Seu destino está traçado, e ele aponta para um futuro de **maior segurança, crescimento patrimonial acelerado e acesso às melhores oportunidades do mercado financeiro global**. O momento de agir é agora!

Trocando em Miúdos um Grande Conhecimento

Ao longo desta jornada, exploramos profundamente todos os aspectos essenciais para que você possa investir com confiança no maior mercado de ações do mundo. Começamos estabelecendo a base para o sucesso em **Wall Street**, destacando a importância da **preparação, da mentalidade certa e da psicologia do investidor** (Capítulos 1 e 2). Afinal, **antes de qualquer estratégia técnica, é fundamental desenvolver o mindset correto para lidar com os desafios e oportunidades que o mercado oferece**.

Em seguida, mergulhamos no funcionamento do **sistema financeiro dos EUA**, entendendo a dinâmica dos **bancos, da economia, do mercado de renda fixa e do mercado de ações** (Capítulos 3 a 5). Conhecer o ambiente em que você está investindo é crucial para tomar decisões mais embasadas. Também analisamos o papel do **Federal Reserve (Fed)** e dos **indicadores econômicos** (Capítulo 6), pois esses fatores influenciam diretamente os preços dos ativos e a direção do mercado.

Com essa base estruturada, avançamos para um dos pilares mais importantes de qualquer investidor bem-sucedido: **a gestão de riscos** (Capítulo 7). Sem um plano claro de gerenciamento de riscos, mesmo a melhor estratégia pode levar a resultados desastrosos. Foi aqui que você começou a entender a importância de antecipar problemas e proteger seu capital contra oscilações adversas.

Aprofundamos ainda mais esse conhecimento ao estudar o **VIX (Índice do Pânico) e o mercado de opções** (Capítulo 8), ferramentas poderosas para entender a volatilidade e utilizar derivativos a seu favor. Também discutimos a **alocação dinâmica contextual** (Capítulo 9), essencial para otimizar seu portfólio e ajustar sua exposição ao risco conforme o cenário de mercado muda.

Foi então que apresentamos o **método SMIGRM (Stock Market Investing Guided by Risk Management)** (Capítulo 10), o grande diferencial que **permite a você acelerar o crescimento do seu patrimônio de forma fácil e segura, superando o desempenho da maioria dos gestores profissionais**. Esse método incorpora tudo o que aprendemos até aqui: **análise de risco, alocação dinâmica e proteção contra grandes perdas, enquanto maximiza os retornos de longo prazo**.

Depois, abordamos as **duas principais abordagens de investimento: ativo e passivo** (Capítulo 11). Para quem deseja uma abordagem ativa, trabalhamos os conceitos de **análise fundamentalista, valuation e análise técnica** (Capítulo 12), bem como estratégias para **alocação ativa e construção de carteiras** (Capítulo 13) e o embasamento teórico da **Teoria Moderna de Portfólio** (Capítulo 14). Já para aqueles que preferem uma abordagem passiva, discutimos **investimentos em ETFs de índice** (Capítulo 15). Em seguida, encerramos essa parte com uma importantíssima discussão sobre **indicadores de performance** que ajudam a medir seus resultados pois só assim você saberá se está indo na direção e na velocidade corretas para que se possa fazer ajustes ou até mudar de método se necessário (Capítulo 16).

Mas investir nos EUA não significa apenas comprar ativos — é também sobre acessar o mercado da maneira mais eficiente, barata, e segura. Por isso, dedicamos um capítulo ao **home trading** (Capítulo 17), ensinando como operar diretamente dos EUA sem depender de intermediários.

Além disso, exploramos **ações de dividendos** (Capítulo 18) para quem busca renda passiva em dólar, e estratégias mais avançadas, como **opções de ações** (Capítulo 19). Também falamos sobre **planos de previdência e seguros de vida nos EUA** (Capítulos 20 e 21), que são ferramentas pouco exploradas pelos brasileiros, mas extremamente eficazes para quem deseja proteger e acelerar a formação de patrimônio e um planejamento mais holístico. Finalizamos com **aspectos tributários e regulatórios para brasileiros** (Capítulo 22), garantindo que você possa investir de forma legal e tributariamente eficiente.

Tudo Isso Leva a um Único Objetivo: Acelerar Seu Crescimento Patrimonial de Forma Fácil e Segura

Cada conceito apresentado, cada estratégia discutida e cada ferramenta compartilhada têm um propósito claro: **te equipar com o conhecimento e os meios necessários para investir com segurança e alta performance no mercado acionário americano**.

O **método SMIGRM** é o **grande diferencial**, pois une **gestão de risco inteligente, estratégias comprovadas e um sistema objetivo de tomada de decisões**, permitindo que você **supere o mercado e proteja seu patrimônio sem precisar passar horas estudando ou tentando adivinhar para onde o mercado vai**.

Agora, a decisão está em suas mãos. Você já tem o conhecimento e as ferramentas. **O próximo passo é a ação.** O mercado americano está ao seu alcance — e com ele, a chance real de acelerar sua trajetória financeira. **Seu novo futuro começa agora.**

Respondendo às Principais Objeções e Reforçando Sua Confiança na Solução

Ao longo deste livro, apresentamos uma abordagem testada e validada para acelerar o crescimento do seu patrimônio de forma **fácil, rápida e segura** no maior mercado de ações do planeta. No entanto, é natural que surjam dúvidas e objeções antes de dar o próximo passo. Aqui, vamos responder às principais preocupações que podem estar passando pela sua mente – e mostrar por que **nenhuma delas deve impedi-lo de aproveitar essa grande oportunidade**.

📌 **"Não tenho tempo, meu trabalho e rotina são muito corridos."**

Exatamente por isso este livro foi escrito! Sabemos que muitas pessoas ocupadas desejam investir de forma eficiente, mas não podem passar horas analisando o mercado.

✅ **A solução:** Para quem realmente não tem tempo, criamos o **Atalho Super-Abreviado do SMIGRM**, que exige **apenas 1 a 5 minutos por dia**. Você pode simplesmente seguir dois passos fáceis:

1. **Adotar a filosofia de investimento passivo com ETFs de índice**, garantindo exposição ao mercado americano com mínima necessidade de gerenciamento.

2. **Assinar o RISP 500™, nosso indicador de risco baseado no Método SMIGRM**, que indica os melhores momentos para estar dentro ou fora do mercado.

Essa abordagem **é muito mais barata do que pagar conselheiros financeiros e gera retornos muito superiores. Se você consegue gastar 5 minutos no celular por dia, já consegue executar essa estratégia.**

📌 **"Não tenho confiança suficiente para executar sozinho."**

A confiança vem com a prática. Pense em como aprendeu a andar de bicicleta ou dirigir um carro. No início, parecia difícil, mas depois de algumas tentativas, tornou-se natural. O mesmo acontece com investimentos.

✅ **A solução:** Se o medo for um obstáculo, você pode começar com o **Atalho Super-Abreviado do SMIGRM**. Ele simplifica tudo, permitindo que você siga o método sem precisar tomar decisões complexas. **Mesmo sem experiência, você poderá ter excelentes resultados sem estresse.**

📌 **"Parece bom demais para ser verdade. Como sei que o Método SMIGRM realmente funciona?"**

Ceticismo é natural – e saudável! Afinal, muitas promessas vazias circulam no mercado.

✅ **A solução: Os resultados do SMIGRM são 100% verificáveis e públicos!**

- Desde **2022**, postamos **diariamente** no **Facebook e X** os resultados de **8 estratégias baseadas no SMIGRM**.
- Todos os resultados são **registrados com data e hora**, provando sua autenticidade.
- Diferente de métodos que se baseiam apenas em **backtests**, o SMIGRM **demonstra sua eficácia ao vivo, em tempo real.**

Ou seja, não há como enganar – os números estão lá para qualquer um ver e confirmar. **A melhor maneira de vencer o ceticismo não é por**

testimônios (podem ser pagos, etc.) mas é através de provas concretas. E nós temos essas provas para todo mundo ver e conferir: www.facebook.com/risp500 ou www.X.com/risp500.

📌 **"E se eu fracassar?"**

O medo do fracasso é comum, mas geralmente vem do **desconhecido**.

✅ **A solução:** O conhecimento elimina o medo. Pense nos primeiros humanos quando encontraram o fogo: um misto de medo e fascínio. Mas assim que entenderam seu funcionamento, passaram a utilizá-lo para cozinhar, se aquecer e evoluir. O mesmo acontece com investimentos.

- Este livro, os **cursos e mentorias** foram criados exatamente para ajudá-lo a **dominar esse conhecimento**, passo a passo.
- Além disso, o **Atalho Super-Abreviado do SMIGRM** reduz drasticamente a complexidade, facilitando sua implementação e garantindo **segurança na execução**.

Não há razão para temer algo **que você pode aprender a controlar**.

📌 **"São muitas informações para processar. Não sei se consigo aprender tudo isso."**

Sabemos que investir nos EUA pode parecer um desafio para quem nunca fez isso antes.

✅ **A solução:**

- O livro foi escrito para **quem já tem alguma experiência com investimentos no Brasil** e deseja expandir para um novo mercado.
- Mas para quem quer um **aprendizado ainda mais fácil e interativo, teremos cursos e mentorias**.
- Nessas mentorias, o aprendizado será **progressivo**, permitindo que conceitos mais complexos sejam absorvidos **de maneira natural e interativa**.

Ou seja, você **não precisa aprender tudo de uma vez**. O caminho foi desenhado para que você **possa evoluir no seu próprio ritmo**.

📌 **"E se o autor não for confiável? Como posso saber que ele realmente sabe do que está falando?"**

Essa é uma das objeções **mais importantes** – e completamente válida! O mercado está cheio de falsos gurus e vendedores de cursos que nunca tiveram experiência real no setor financeiro.

✅ **A solução: Aqui está o que diferencia este livro e seu autor de qualquer outro "especialista" do mercado:**

🔹 **Formação em uma das melhores escolas do mundo:** O autor é formado pela **prestigiosa Wharton School, nos EUA**.

🔹 **Mais de 25 anos de experiência real nos EUA:** Diferente de muitos "gurus" que nunca moraram ou trabalharam nos Estados Unidos, o autor vive no país há **mais de duas décadas** e conhece o mercado por dentro.

◆ **Carreira em instituições financeiras de prestígio nos EUA, Brasil e China:** Atuou como **trader, gestor de portfólio, gerente de risco e especialista em derivativos**.

◆ **Gerenciamento de grandes fortunas:** Durante crises financeiras globais, foi responsável por administrar **mais de 10 bilhões de dólares** em ativos para seus empregadores.

◆ **Track record público e verificável:** Diferente de falsos especialistas que vivem de teorias, **o autor desenvolveu e implementou o Método SMIGRM ao longo de 10 anos, provando sua eficácia na prática**.

◆ Você provavelmente já ouviu o famoso ditado "Quem sabe, faz; quem não sabe, ensina." **Diferentemente dos outros que se intitulam gurus e vendem cursos online, que só ensinam mas não fazem - o autor não apenas ensina mas faz e prova o que faz todos os dias**.

✅ **Conclusão:** Você está aprendendo com alguém **que já esteve no campo de batalha**, que já passou por **crises financeiras reais**, gerenciou bilhões e **agora compartilha esse conhecimento com você. Se há alguém realmente qualificado para ensinar isso, é ele.**

Por que o diploma do curso superior e <u>onde</u> a pessoa se formou são indicadores tão importantes?

Hoje em dia, falar onde você se formou parece que virou um sacrilégio ou um pecado mortal de arrogância soberba. Mas não é nada disso. Para professores e instrutores de qualquer coisa que tenha valor para seus alunos, essa informação é de extrema importância e vital. Tenho orgulho sim, modéstia à parte, de dizer que lutei muito como um aluno saído de escola estadual da periferia de Suzano-SP, conquistei uma vaga na Escola Politécnica da USP (1986) e no programa de MBA na Wharton School da University of Pennsylvania (2002), considerada a Nº. 1 do ranking das melhores escolas do mundo (naquela época e hoje em 2025 também). Mas o importante não é nem a qualidade do curso, o conteúdo programático ou a qualidade do corpo docente. Isso tudo é importante mas o mais importante é o selo atestando que você é um cara diferenciado, bastante acima da média. Tive que enfrentar concorrência em Wharton de 19 candidatos por 1 vaga, que eram americanos e gente do mundo inteiro. Esse é o diferencial. Em Harvard e Wharton, alunos cujas performances caírem no último 10º. percentil são expulsos das escolas e nunca se formam por elas. O controle de qualidade não é só na admissão.

Hoje em dia, tem muita gente no Brasil (e no mundo) que diz que fez Wharton, Harvard, Oxford, etc. mas na verdade apenas fizeram um curso de verão ou qualquer outro de curta duração na qual não há nenhuma concorrência para participar: basta pagar e pronto! É muito fácil para eles saírem espalhando a marca e exibirem no perfil do LinkedIn e em seus currículos, mas qual é o valor disso? O nome Harvard por si não quer dizer muita coisa. Por não terem passado pelo funil e competido com ninguém para serem aceitos e feito graduação ou pós-graduação, não tem o selo de qualidade, e só a marca Harvard quer dizer muito pouco.

🚀 Conclusão: Nada Mais Pode Impedir Você de Começar Agora!

Agora que respondemos às principais objeções, a pergunta final que fica é: **o que ainda te impede de dar o próximo passo?**

✔ **Não tem tempo?** → O **Atalho Super-Abreviado do SMIGRM** resolve isso em **1 a 5 minutos por dia**.
✔ **Não tem confiança?** → Confiança vem com prática, e o método facilita sua execução.
✔ **Está cético?** → Os resultados são **públicos e verificáveis**.
✔ **Tem medo de fracassar?** → Conhecimento elimina o medo.
✔ **Acha que é muita informação?** → O livro, cursos e mentorias foram feitos para **simplificar** o aprendizado.
✔ **Tem dúvidas sobre o autor?** → O histórico dele fala por si só.

Agora é com você. **Seu patrimônio, seu futuro financeiro e sua liberdade estão ao seu alcance.** Você já tem todas as ferramentas para crescer e investir com confiança no maior mercado de ações do planeta.

Não deixe essa oportunidade passar. Comece agora.

Casos Reais de Transformação de Vida com o Método SMIGRM

O que diferencia um investidor de sucesso de alguém que apenas "tenta a sorte" no mercado é a existência de um **método comprovado**. Stefan J. e Rachel W. são apenas dois exemplos de como **o SMIGRM tem mudado vidas**, proporcionando segurança, consistência e liberdade financeira.

📌 Stefan J.: Um Médico Alemão Que Encontrou Segurança Financeira em Meio à Incerteza

A história de **Stefan J.**, médico alemão de 42 anos, residente em Frankfurt, é um testemunho impressionante do poder do SMIGRM. Pai dedicado de duas meninas, Stefan sempre teve uma vida ocupada entre seu trabalho, seus pacientes e sua família. Durante anos, investiu suas economias por meio de um advisor financeiro nas bolsas de valores alemã e americana, mas com resultados mistos, como a maioria das pessoas.

Com a deterioração da economia alemã com a guerra da Ucrânia, a preocupação com o futuro financeiro da sua família se tornou um alerta vermelho. Os prejuízos em seus investimentos começaram a preocupar seus planos de aposentadoria e o futuro de suas filhas. O problema? Ele não tinha tempo para estudar uma saída e mesmo trocando de advisors, sentiu que simplesmente parecia trocar seis por meia dúzia. Nenhum plano apresentado conseguiu dar a tranquilidade que ele precisava.

Quando Stefan conheceu o SMIGRM, algo mudou. Apesar da sua rotina exaustiva, ele decidiu que precisava agir – e agiu rápido. Estudou a metodologia com disciplina, aplicou SMIGRM imediatamente e, em pouco tempo, seus resultados começaram a aparecer. Ele conseguiu recuperar não apenas suas perdas anteriores, mas finalmente encontrou um caminho seguro para seu crescimento patrimonial e de forma mais rápida como jamais havia imaginado ser possível.

Seu depoimento fala por si só:

"I really have no words to describe this feeling of joy but only to thank. You rescued my life, professor Shauy. Literally. This SMIGRM thing works like magic. Now I am confident all my goals will be reached. Thank you."

📌 **Rachel W.: De Cética e Desiludida a Confiante e Bem-Sucedida como Investidora em Ações**

Rachel W., de 39 anos, residente em Atlanta, Geórgia, contadora e mãe solteira de um menino de 11 anos, sempre teve um bom entendimento sobre finanças, mas o mercado de ações era para ela um grande cassino, onde os grandes players se enriqueciam ainda mais às custas do dinheiro dos pequenos.

Ainda na faculdade, ela tentou investir em ações, mas sua experiência foi frustrante e desastrosa. A decepção foi tão grande que ela nunca mais comprou uma única ação. Para ela, o mercado acionário não era justo e nem fazia sentido.

Mas depois de seu divórcio, a realidade financeira mudou e isso a preocupou profundamente. Agora, apesar de ter um excelente salário, mas como a única provedora da família, Rachel sabia que precisava fazer algo diferente para garantir um futuro melhor para ela e seu filho. Mas o medo a impedia de dar o primeiro passo. E o pior foi que na busca por uma saída, Rachel caiu no conto do vigário duas vezes. Ela adquiriu um curso e uma mentoria caríssimos de falsos gurus que conheceu no YouTube e Instagram. O primeiro não fez diferença alguma nos resultados dela. O segundo a fez perder muito dinheiro e quando confrontou o guru, ele culpou o mercado e culpou ela por não ter seguido suas recomendações à risca. Decepcionada, Rachel pensou em desistir de vez.

Foi quando ela conheceu o SMIGRM através de um amigo do mercado financeiro, que já foi meu aluno também. Mesmo cética no início, ela decidiu experimentar. Os resultados falaram por si só. Em poucas semanas, ela começou a ganhar confiança, vendo na prática que o método realmente funciona.

O depoimento dela deixa claro o impacto dessa mudança:

"SMIGRM gave me the confidence I never really had. I was very skeptical at first because I've been cheated before. But the impressive results I have using SMIGRM is the source of my newly discovered confidence."

📌 O Que Essas Histórias Têm em Comum?

O caso de Stefan e Rachel não são exceções. **Muitos outros investidores passaram por experiências semelhantes.** Pense sobre isso:

- Abrir conta em uma corretora, transferir dinheiro e comprar ações, qualquer um faz. Isso pode ser feito em questão de horas.
- Mas ter sucesso com consistência, mês a mês, ano a ano, é outra história. Isso exige método – um método comprovado.
- O SMIGRM não é qualquer método. Ele foi testado, refinado e validado por anos, oferecendo um caminho claro e seguro para acelerar a formação de patrimônio de forma fácil, rápida e segura.

Se você está hesitante, eu entendo. Tentar investir dinheiro em outro país pode dar um friozinho na barriga na primeira vez. E se não ver os resultados esperados? O medo de cometer erros, de perder dinheiro, de não saber se está tomando as decisões certas. A insegurança de entrar em um mercado que parece dominado por gigantes, onde as regras do jogo nem sempre são claras, além de um idioma estrangeiro. Talvez você já tenha tentado investir na bolsa dos EUA antes e se decepcionou. Ou talvez nunca tenha dado o primeiro passo porque simplesmente não sabia por onde começar. Mas uma coisa é certa: você não está sozinho. Eu já vi muitas pessoas enfrentarem essas mesmas dificuldades — e sei que há um caminho para mudar essa realidade. Assim como ajudei Stefan e Rachel, assim como ajudei tantos outros investidores ao redor do mundo, eu também posso ajudar você. Podemos juntos reescrever sua história financeira e criar um futuro de prosperidade, segurança e liberdade.

Agora, a decisão está em suas mãos. O que fazer com tudo o que aprendeu? A melhor estratégia, o método mais eficiente e as ferramentas certas não valem nada se não forem colocadas em prática. Mas a boa notícia é que você não precisa fazer isso sozinho. Marcelo, Stefan e Rachel deram o primeiro passo, e já estão mudando suas vidas. Agora finalmente chegou a sua vez!

Próximos Passos para a Definitiva Aceleração de Resultados

Este livro foi escrito para te dar uma super-introdução e visão geral do ambiente de investimentos nos Estados Unidos, uma base teórica fundacional e ferramentas práticas para começar a dar o primeiro passo ainda hoje. Introduzimos o Método SMIGRM e o indicador de risco RISP 500 para que fique bem amparado e orientado desde o dia 1. No entanto, o livro não tem como ensinar tudo ou senão terá facilmente 10.000 páginas (melhor encadernar como enciclopédia, nesse caso!). Para poder dar profundidade a cada um dos tópicos ensinados nesse livro, ou seja, cada capítulo desse livro poderia virar outro(s) livro(s). Por exemplo, discutimos análise fundamentalista, grafista, *valuation*, etc. mas não ensinamos nenhum desses métodos com a profundidade necessária. Para realmente ensinar análise fundamentalista, teríamos que pelo menos ensinar um pouco de *financial statements* e contabilidade como análise de balanços e demonstrativo de resultados. Não é raro encontrar livros de análise fundamentalista de 500 páginas ou mais. Ou seja, seria impossível ensinar tudo num único livro. O meu objetivo com o livro é que você tenha uma introdução bastante completa cobrindo os mais diversos aspectos que você precisa minimamente saber, antes de sair comprando ações nos Estados Unidos, se você quiser ter algum sucesso na empreitada. Além do Método SMIGRM, RISP 500, dei também no livro checklists importantes como o Macro Scenario Scorecard (MSS) e o GPS de Implementação com o Passo a Passo Essencial para investir nos Estados Unidos, de forma que você já possa estar equipado para dar seus primeiros passos adentrando o maior e mais bem sucedido mercado do planeta.

Cursos Online, Workshops, Desafios, e Mentoria

Produzimos constantemente novos cursos e mentorias para ajudar alunos que queiram um aprofundamento maior nas técnicas apresentadas ao longo do livro ou acompanhamento interativo para que possam atingir resultados com maior precisão e mais rapidamente. O foco sempre é baseado na execução prática e atingimento de objetivos concretos – sejam eles específicos de curto alcance (como por exemplo, como ler indicadores econômicos, como operar estratégias com opções, ou como impulsionar resultados com exploração de oportunidades de trading que aparecem ocasionalmente, etc.) ou objetivos mais amplos e longo alcance (como se tornar um investidor completo em Wall Street, ou liberdade financeira acelerada 2x a 10x mais rápido, etc.).

Os cursos permitirão dar uma amplitude e aprofundamento muito maior para realmente transferir o conhecimento construído ao longo de pelo menos três décadas de trabalho na área. Só assim, poderei realmente ajudar alunos a acelerar a formação de patrimônio delas de forma fácil, rápida, e segura – de uma vez por todas.

Visite nosso website: www.WallStreetparaBrasileiros.com.br e se registre como nosso leitor. Quais as vantagens?

- Extensão extra de 60 (sessenta dias) de Free Trial (grátis) do Indicador RISP 500.
- E mais... Desconto de 15% na assinatura anual do Indicador RISP 500.
- Assinatura sem custo de nosso blog Engineering Finance de análises periódicas do algoritmo RISP 500, novas iniciativas, novas estratégias experimentais e análises de mercado e economia.
- Notificação prioritária de novos cursos, workshops, desafios, e mentorias.
- Acesso gratuito a novas edições do livro (por PDF) assim como erratas e atualizações.

Desafio Troféu Wall Street Wizards

Planejamos lançar desafios na qual competidores usando RISP 500 disputarão pelo troféu de melhores resultados em um período de tempo específico. A meta mínima é bater o S&P 500 como também superar os demais participantes. O objetivo é prover uma forma de aprendizado em grupo em um ambiente competitivo porém de conhecimento e experiências compartilhadas.

Gratidão

Espero ter conseguido atender às suas expectativas quando você começou a ler este livro. Meu objetivo era empoderar você e abrir novos horizontes para que possa definitivamente acelerar sua jornada à formar o patrimônio que gostaria de forma acelerada, fácil, e segura. Escrever o livro levou meses, mas espero ter conseguido entregar valor real a você. Também espero que você consiga fazer bom uso do que aprendeu aqui para transformar sua vida, alcançando o sonho da liberdade financeira, aposentadoria tranquila, ou qualquer outra meta financeira que tenha em mente.

Gostaria de oferecer minhas sinceras palavras de gratidão por sua confiança. Depois de "falar" tanto, agora desejo ouvir o que você tem a dizer. Peço apenas que me deixe sua avaliação honesta como feedback para me ajudar a melhorar como autor e comunicador. Eu realmente valorizo o que você pensa! Eu apreciaria muito uma avaliação honesta na Amazon:

https://www.Amazon.com/review/create-review?&asin=________

Sua contribuição guiará meus próximos passos para criar melhor conteúdo, fazer mudanças, melhorar e ajudar melhor a todos.

Obrigado!

Sidney Shauy, MBA

Livros do Autor

Livros do Autor disponíveis na Amazon ou através do site:

www.Engineering-Finance.com

www.WallStreetParaBrasileiros.com.br

Referências Bibliográficas

Para a escrita deste livro, consultamos múltiplas fontes de informação:

- Risk Scientific LLC – RISP 500™
- Stock Market Investing Guided by Risk Management, by Sidney Shauy and Rodrigo Bittencourt Shauy (2024)
- Achieving Wealth Preservation with High Returns, by Sidney Shauy (2024)
- Fire Your Stock Analyst, by Harry Domash
- Wealth Management, by Harold R. Evensky
- Spiraling Up, by Steven Medland
- Finance, Barron Business Review Series
- S&P Dow Jones Indices – S&P 500®
- RiskMetrics – Documento Técnico da MSCI
- S&p 500 Daily Risk Control 5% Index
- @RISK – Configuração de Percentis
- Investopedia
- Wikipedia
- Morningstar
- U.S. Securities and Exchange Commission (SEC)
- Federal Reserve, FOMC
- MSCI, RiskMetrics
- NASDAQ e NYSE
- Dartmouth College
- Business Insider
- The Guardian
- AP News
- Cinco Dias, El Pais
- The Australian
- The Times UK
- InfoMoney

Made in United States
Orlando, FL
04 November 2026

90201131R00288